U0819743

本书是辽宁省教育厅智库项目成果

2018 辽宁沿海经济带发展研究报告

渤海大学辽宁沿海经济带发展研究院　著

中国财经出版传媒集团
中国财政经济出版社

图书在版编目（CIP）数据

2018辽宁沿海经济带发展研究报告 / 渤海大学辽宁沿海经济带发展研究院著. --北京：中国财政经济出版社，2019.12

ISBN 978-7-5095-1692-8

Ⅰ.①2… Ⅱ.①渤… Ⅲ.①沿海经济－经济带－经济发展－研究报告－辽宁－2018 Ⅳ.①F127.31

中国版本图书馆CIP数据核字（2019）第278685号

责任编辑：彭　波　　　　责任印制：党　辉

封面设计：卜建辰　　　　责任校对：张　凡

中国财政经济出版社 出版

URL：http：//www.cfeph.cn

E-mail：cfeph@cfemg.cn

（版权所有　翻印必究）

社址：北京市海淀区阜成路甲28号　邮政编码：100142

营销中心电话：010-88191537

北京财经印刷厂印装　各地新华书店经销

710×1000毫米　16开　18.5印张　310 000字

2019年12月第1版　2019年12月北京第1次印刷

定价：68.00元

ISBN 978-7-5095-1692-8

（图书出现印装问题，本社负责调换）

本社质量投诉电话：010-88190744

打击盗版举报热线：010-88191661　QQ：2242791300

本书编著委员会

主 任 委 员： 赵 晖　闫 涛　李庆满

副主任委员： 金彦龙　张征超　马廷玉　鲁小波　戴万亮

编著委员会成员：（按姓氏笔画排序）

毛 强　王 乐　邓 雪　孙 悦　纪茂利　刘 宏　刘安业　李大庆　李一芳　杨皎平　张满林　孟 雷　单丽娟　徐 雷　贾 宇　靖 飞　韩光强

本书各部分研究人员

专题报告

专题报告一：辽宁沿海经济带经济综合实力评价报告

课题组组长：毛　强

课题组成员：赵　晖　金彦龙　单丽娟　靖　飞　马廷玉

报告撰写人：毛　强　金彦龙

专题报告二：基于动能转换的辽宁沿海经济带构建现代产业体系研究报告

课题组组长：李庆满

课题组成员：阎秀丽　刘　宏　孟　雷　李一芳　杨皎平　戴万亮

报告撰写人：李庆满　阎秀丽　孟　雷

专题报告三：辽宁沿海经济带 PPP 发展研究报告

课题组组长：李一芳

课题组成员：闫　涛　纪茂利　韩光强　张满林　贾　宇

报告撰写人：李一芳　贾　宇

专题报告四：辽宁沿海经济带乡村旅游发展研究报告

课题组组长：鲁小波

课题组成员：闫　涛　陈晓颖　张满林　吕俊芳　单福彬　邱　明　马淑红　王万山　赵明成

报告撰写人：鲁小波　闫　涛

专题报告五：辽宁沿海经济带营商环境发展研究报告

课题组组长：张征超

课题组成员：储慧琳　王俊才　吴　男　孙　彤　李金江　李金浩

报告撰写人：张征超　储慧琳　王俊才　吴　男　孙　彤　李金江　李金浩

专题报告六：辽宁沿海经济带绿色发展研究报告

课题组组长：王　乐

课题组成员：单丽娟　李大庆　刘安业　孙　悦　邓　雪

报告撰写人：王　乐　单丽娟

专题报告七：创新驱动背景下我国产业转型升级对辽宁沿海经济带的启示

课题组组长：戴万亮

课题组成员：李庆满　王　乐　路文玲　单亦函　吴红翠

报告撰写人：戴万亮　路文玲　单亦函

地方建言

建言一：打造全国现代海洋经济体系示范基地　实现辽宁海洋经济高质量发展

课题组组长：付　强

课题组成员：孙才志　马　跃　王万全　彭　飞　刘天宝　郭建科
王泽宇　李　博

报告撰写人：孙才志　彭　飞　刘天宝　郭建科　王泽宇　李　博

建言二：规划建设丹东渔港经济示范区　推进辽宁海洋渔业持续健康发展

课题组组长：唐　亮

课题组成员：李利源　鲁广杰　关　欣

报告撰写人：李利源　鲁广杰　关　欣

建言三：以园区和产业高质量发展　促进辽宁沿海经济带的振兴

课题组组长：韩　彤

课题组成员：林桂芳　白树彬　李　烨　洪向军　王年冬　周秋香

报告撰写人：白树彬　洪向军　王年冬

建言四：发展沿海现代服务业　推动辽宁沿海经济高质量发展

课题组组长：董　勇

课题组成员：林桂芳　王年冬　张　佳　周秋香

报告撰写人：王年冬

建言五：以自由贸易试验区为引领　扩大辽宁沿海经济带对外开放

课题组组长：王笑柳

课题组成员：贾维东　郭彩学　卢　岩　张雪松　王振鹏

报告撰写人：卢　岩　王振鹏

建言六：推动“发展保护”向“保护发展”转变　打造国家湿地保护工程和国家湿地城市

课题组组长：詹兆义

课题组成员：詹兆义　王佰军　赵　彬

报告撰写人：詹兆义

建言七：关于深度对接京津冀协同发展战略　切实加快辽宁海洋经济发展的几点建议

课题组组长：石文光

课题组成员：张　飚　那　军　李　军　林　东

报告撰写人：李　军

建言八：加快营口自贸区建设为沿海开发开放增添新动能

课题组组长：陈柯先

课题组成员：刘殿辉　刘　宏

报告撰写人：吴雨阳　刘　宏

序

2017年，辽宁经济运行呈现筑底企稳、稳中向好的良好态势，发展质量和效益逐步提高；辽宁沿海经济带作为东北振兴重要开放平台，各项工作取得了新成绩。2018年，是全面贯彻党的十九大精神的开局之年，辽宁沿海经济带地区生产总值约为1.26万亿元，占全省比重达到51.13%，成为推动辽宁全面振兴、全方位振兴的重要动力。

2019年辽宁省政府工作报告提出要加快沿海经济带开放发展，强调“统筹六市联动，加强协同协调，大力发展临港产业和海洋经济，着力建设产业结构优化的先导区、经济社会发展的先行区。强化海陆统筹，促进陆域经济与海洋经济互动联动发展。”为此，《2018辽宁沿海经济带发展研究报告》在梳理2017~2018年辽宁沿海经济带发展状况基础上，结合面临的新形势和新要求，针对当前发展的热点和重点问题进行研究。全书主要内容如下：

专题报告部分：包括七个分报告。其中，“专题报告一：辽宁沿海经济带经济综合实力评价报告”对辽宁沿海经济带14个省辖市的经济综合实力和工业企业发展实力进行了评价，并提出发展建议；“专题报告二：基于动能转换的辽宁沿海经济带构建现代产业体系研究报告”依次论述了从“旧动能”到“新动能”“动能转换”是构建“现代产业体系”的必由之路、党的十八大以来国内主要地区实施动能转换发展的实践和启示、辽宁沿海经济带产业发展的现状和问题、辽宁沿海经济带构建现代产业体系的对策等几个问题。“专题报告三：辽宁沿海经济带 PPP 发展研究报告”从理论基础及研究现状出发，介绍了国内外 PPP 发展概况，分析了辽宁沿海经济带 PPP 发展现状，提出了推动辽宁沿海经济带 PPP 发展的对策和建议；“专题报告四：辽宁沿海经济带乡村旅游发展研究报告”对辽宁沿海经济带旅游发展进行了回顾，探讨了乡村旅游与乡村振兴的关系，分析了乡村振兴过程中乡村旅游典型模式，最后对辽宁沿海经济带六市乡村旅游进行了系统的论述；“专题报告五：辽宁沿海经济带营商环境发展研究报告”介绍了辽宁沿海经济带营商环境建设总体情况，在构建评价指标体系的基础上评价和分析了辽宁沿海经济带的营商环境，最后提出了进一步优化辽宁沿海经济带内营商环境的对策；“专题报告六：辽宁沿海经济带绿色发展研究报告”从绿色发展理念出发，系统分析了辽宁沿海经济带的水资源、能源和土地资源利用以及污水治理、固体废物治理、大气污染防治等情况，提出了辽宁沿海经济带绿色发展的对策建议；“专题报告七：创新驱动背景下我国产业转型升级对辽宁沿海经济带的启示”从我国实施创新驱动发展战略的背景出发，将产业转型升级描述为内涵质量与外显效应的集合，从创新投入与创新产出两个维度分别考量各维度对产业转型升级内涵质量与外显效应的影响机制，并在此基础上，分析了辽宁沿海经济带创新驱动产业转型升级面临的问题，提出了相应的对策建议。

资政建言部分：包括八个建言报告。内容涵盖了打造全国现代海洋经济体系示范基地、规划建设丹东渔港经济示范区、园区和产业高质量发展、发展沿海现代服务业、扩大对外开放、打造国家湿地保护工程和国家湿地城市、深度对接京津冀协同发展战略、加快营口自贸区建设等内容。报告来源于沿海各市政协和政府部门。

《2018 辽宁沿海经济带发展研究报告》的撰写得到了辽宁省政府和沿海 6 市政府相关部门、省政协及沿海各市政协、企事业单位和社会友人的大力支持，以及中国财政经济出版社的鼎力相助，在此一并表示衷心的感谢！由于时间仓促和自身水平限制，我们的研究成果可能还存在偏误，希望有关部门、专家学者、广大读者给予批评指正。

赵　晖

二〇一九年三月十八日于渤海大学

目　录

专题报告

专题报告一　辽宁沿海经济带经济综合实力评价报告 …………………………… 3

一、研究背景 ……………………………………………………………… 3

二、辽宁 14 个省辖市经济综合实力评价 ………………………………… 4

三、辽宁 14 个省辖市工业企业发展实力评价 …………………………… 14

四、结论与展望 …………………………………………………………… 20

专题报告二　基于动能转换的辽宁沿海经济带构建现代产业体系研究报告 ………………………………………………………………… 22

一、从"旧动能"到"新动能" ……………………………………………… 23

二、"动能转换"是构建"现代产业体系"的必由之路 …………………… 27

三、党的十八大以来国内主要地区实施动能转换发展的实践和启示 …… 29

四、辽宁沿海经济带产业发展的现状和问题 …………………………… 35

五、辽宁沿海经济带构建现代产业体系的总体思路 …………………… 39

六、辽宁沿海经济带构建现代产业体系的对策 ………………………… 40

专题报告三　辽宁沿海经济带 PPP 发展研究报告 ……………………………… 50

一、引言 …………………………………………………………………… 50

二、理论基础及研究现状 ………………………………………………… 52

三、国内外 PPP 发展概括 ………………………………………………… 59

四、辽宁沿海经济带 PPP 发展现状 ……………………………………… 68

五、辽宁沿海经济带 PPP 模式发展存在的问题 ………………………… 77

六、促进辽宁沿海经济带 PPP 模式发展的对策和建议 ………………… 83

专题报告四　辽宁沿海经济带乡村旅游发展研究报告 …… 90
一、辽宁沿海经济带旅游发展回顾 …… 90
二、乡村旅游与乡村振兴 …… 96
三、乡村振兴过程中乡村旅游典型模式 …… 100
四、辽宁沿海经济带六市乡村旅游研究 …… 104
五、辽宁沿海经济带乡村旅游发展与乡村振兴研究 …… 139

专题报告五　辽宁沿海经济带营商环境发展研究报告 …… 145
引言 …… 145
一、辽宁沿海经济带营商环境建设情况 …… 146
二、辽宁沿海经济带营商环境评价指标体系构建 …… 157
三、辽宁沿海经济带营商环境评价 …… 163
四、辽宁沿海经济带营商环境分析 …… 168
六、进一步优化辽宁沿海经济带内营商环境的对策 …… 173

专题报告六　辽宁沿海经济带绿色发展研究报告 …… 177
引言 …… 177
一、水资源利用情况 …… 178
二、能源利用情况 …… 181
三、土地资源利用 …… 186
四、污水治理 …… 189
五、固体废物治理 …… 192
六、大气污染防治 …… 195
七、辽宁沿海经济带绿色发展的对策建议 …… 197

专题报告七　创新驱动背景下我国产业转型升级对辽宁沿海经济带的启示研究报告 …… 202
一、基本概念与研究假设 …… 203
二、模型设定与数据说明 …… 206
三、实证结果分析 …… 208
四、理论贡献与研究结论 …… 211

五、对辽宁沿海经济带创新驱动产业转型升级的启示 …………………… 212

资政建言

资政建言一　打造全国现代海洋经济体系示范基地　实现辽宁海洋经济高质量发展 ………………………………………………………………… 227

资政建言二　规划建设丹东渔港经济示范区　推进辽宁海洋渔业持续健康发展 ………………………………………………………………………… 233

资政建言三　以园区和产业高质量发展　促进辽宁沿海经济带的振兴 ……… 238

资政建言四　发展沿海现代服务业　推动辽宁沿海经济高质量发展 ………… 240

资政建言五　以自由贸易试验区为引领　扩大辽宁沿海经济带对外开放 …… 244

资政建言六　推动“发展保护”向“保护发展”转变　打造国家湿地保护工程和国家湿地城市 ……………………………………………………… 257

资政建言七　关于深度对接京津冀协同发展战略　切实加快辽宁海洋经济发展的几点建议 ………………………………………………………… 264

资政建言八　加快营口自贸区建设为沿海开发开放增添新动能 ……………… 270

专题报告

专题报告一

辽宁沿海经济带经济综合实力评价报告

一、研究背景

辽宁沿海经济带处在我国环渤海地区和东北地区的重要结合部，拥有大陆海岸线2290公里，占全国的1/8，居全国第五位，组成城市包括大连、营口、锦州、丹东、盘锦、葫芦岛。沿海6市资源禀赋优良，工业实力较强，交通体系发达，但其发展水平与同处沿海区域的山东、江苏、浙江、广东等省差距明显，加快辽宁沿海经济带发展，对于振兴东北老工业基地，完善我国沿海经济布局，促进区域协调发展和扩大对外开放，具有重要战略意义。本报告在坚持树立和落实科学发展的基础上，借鉴《辽宁沿海经济带发展研究报告（2012）》所制定的指标体系，为挖掘被评价对象的比较优势，建立差别竞争和错位发展的高效率的区域分工合作体系，故采用基于利益相关者视角的评价方法分别对辽宁14个省辖市的经济综合实力及工业企业发展实力进行评价，为决策需求部门提供参考。

二、辽宁 14 个省辖市经济综合实力评价

（一）原理及方法

1. 基本概念及定义

设由 n 个被评价对象 o_1，o_2，…，o_n，m 个指标 x_1，x_2，…，x_m构成的多指标评价系统，$x_{ij} = x_j(o_i)(i = 1,2,\cdots,n; j = 1,2,\cdots,m)$为被评价对象 o_i在指标 x_j下的取值。评价数据矩阵可表示为

$$\mathbf{A} = [x_{ij}]_{n \times m} = \begin{bmatrix} x_{11} & x_{12} & \cdots & x_{1m} \\ x_{21} & x_{22} & \cdots & x_{2m} \\ \vdots & \vdots & \cdots & \vdots \\ x_{n1} & x_{n2} & \cdots & x_{nm} \end{bmatrix}$$

由评价数据矩阵 **A** 可知，若两个被评价对象指标值（矩阵 **A** 中的行向量）越接近，则说明这两个被评价对象越有可能具有共同利益。基于此，下面从向量的接近程度角度给出利益相关系数的定义。

定义 1.1：称 r_{ik}为两个被评价对象 o_i与 $o_k(i,k = 1,2,\cdots,n)$的利益相关系数，$r_{ik} = x_i \cdot x_k / \| x_i \| \cdot \| x_k \|$，其中 $\mathbf{x}_i = (x_{i1}, x_{i2}, \cdots, x_{im})$，$\mathbf{x}_k = (x_{k1}, x_{k2}, \cdots, x_{km})$，$\| x_i \|$、$\| x_k \|$分别是 $\mathbf{x}_i$与 $\mathbf{x}_k$的模。若数据事先经过极值化处理，则有 $r_{ik} \in [0, 1]$，r_{ik}越大，合作带来利益也越大。

为更直观地描述两个被评价对象之间的关系，决定是否应该展开合作，定义如下。

定义 1.2：称 c_{ik}为被评价对象之间的净利益系数，$c_{ik} = r_{ik} - (1 - r_{ik}) = 2r_{ik} - 1$，其代表两个被评价对象产生的共同利益与危害互抵后所剩下利益的相对值。

不难得出，$c_{ik} \in [0,1]$。当 $c_{ik} > 0$ 时，被评价对象 o_i和 o_k的合作是利大于弊，应相互支持，是潜在合作者；当 $c_{ik} = 0$ 时，利弊对等，不予支持；当 $c_{ik} < 0$ 时，两个被评价对象 o_i和 o_k的合作是弊大于利，应相互打压，是潜在竞争者。支持程度和打压程度的强弱由 c_{ik}值的大小来确定。

2. 权重计算模型

在评价过程中，每个被评价对象都会尽可能的突出自身优势以获得自身利益最大化。一般地，每个利益相关者都有与自己不同程度的相似优势，由此在突出利益相关者的优势的同时，也是在突显自身的优势。因此我们假设如下：

假设：每个被评价对象不单要尽力突出自身的固有的优势，还要利用利益相关者的优势，以尽可能地扩大自身优势。

根据假设我们可得出模型如下：

$$\begin{aligned}&\max \sum_{k=1}^{n} c_{ik} \sum_{j=1}^{m} x_{kj} w_j^{(i)} \\ &\text{s.t.}\quad 0.5^{m-1} \leqslant w_j^{(i)} \leqslant 0.5 \\ &\sum_{j=1}^{m} w_j^{(i)} = 1 \\ &i, k \in \mathbf{N}; j \in \mathbf{M}\end{aligned} \tag{1.1}$$

式（1.1）中，$w_j^{(i)}$表示基于o_i视角下各评价指标权重值，由于权重值的非独裁性，即任一指标对于其余重要性较低的指标全体而言是非主导性的[1]，则添加限制条件为：$0.5^{m-1} \leqslant w_j^{(i)} \leqslant 0.5, \sum_{j=1}^{m} w_j^{(i)} = 1$。

整理模型（1.1）中的目标函数，可得模型：

$$\begin{aligned}&\max \sum_{j=1}^{m} z_{ij} w_j^{(i)} \\ &\text{s.t.}\quad 0.5^{m-1} \leqslant w_j^{(i)} \leqslant 0.5 \\ &\sum_{j=1}^{m} w_j^{(i)} = 1\end{aligned} \tag{1.2}$$

式（1.2）中，$z_{ij} = \sum_{k=1}^{n} c_{ik} x_{kj}$。

求解规划模型（1.2），可得被评价对象在o_i视野下的权向量$\mathbf{w}^{(i)*} = (w_1^{(i)*}, w_2^{(i)*}, \cdots, w_m^{(i)*})^T$，由此可得各被评价对象在$o_i$视野下的综合评价值，其中

$$y_k^{(i)} = \sum_{j=1}^{m} x_{kj} w_j^{(i)*} \tag{1.3}$$

记$\mathbf{y}^{(i)} = (y_1^{(i)}, y_2^{(i)}, \cdots, y_n^{(i)})^T$，$y_k^{(i)} = y_{ki} (i, k \in N)$，可得评价值矩阵

$\mathbf{Y} = (\mathbf{y}^{(1)}, \mathbf{y}^{(2)}, \cdots, \mathbf{y}^{(n)}) = [y_{ki}]_{n \times n}$

$$= \begin{bmatrix} y_{11} & y_{12} & \cdots & y_{1n} \\ y_{21} & y_{22} & \cdots & y_{2n} \\ \vdots & \vdots & & \vdots \\ y_{n1} & y_{n2} & \cdots & y_{nn} \end{bmatrix} \tag{1.4}$$

以各被评价对象在 o_i 视野下的综合评价值 y_{ki} 的算术平均数作为被评价对象 o_i 最终的评价结论 y_{ki}，即

$$y_i = \sum_{i=1}^{n} y_{ki}/n \tag{1.5}$$

3. 评价步骤

将上述思路整理成具体步骤，归纳如下：

步骤 1：获取极大型（非极大型指标可转换为极大型的）评价指标的原始数据 $\{x_{ij}\}$；

步骤 2：将数据按式（1.6）进行极值化处理；

$$x_{ij}^* = \frac{x_{ij} - m_j}{M_j - m_j} \tag{1.6}$$

式中，M_j 与 m_j 分别为第 j 个指标的最大值和最小值。

步骤 3：按定义 1 计算被评价对象之间的利益相关系数 r_{ik}；

步骤 4：按定义 2 计算被评价对象的净利益系数 c_{ik}；

步骤 5：由式（1.2）规划问题计算 z_{ij}，确定各自视野权重 $\mathbf{w}^{(i)*}$；

步骤 6：按式（1.3）计算 $y_k^{(i)}$，得评价值矩阵 $\mathbf{Y}$；

步骤 7：按式（1.5）计算 y_i，得到评价结果 $\mathbf{y}^*$。

（二）模型应用结果分析

1. 模型应用

步骤 1：获取数据。借鉴《辽宁沿海经济带发展研究报告（2012）》[2]关于经济综合实力评价中构建的评价指标及《辽宁统计年鉴（2018）》[3]，获取到的指标观测值见表 1.1。其中，x_1 为地区生产总值（亿元）、x_2 为公共财政收入（万元）、x_3 为社会消费品零售总额（万元）、x_4 为货物出口额（万美元）、x_5 为当年实际使用外资金额（万美元）、x_6 为全年新增固定资产（万元）；o_1 为沈阳，o_2 为

大连，o_3为鞍山，o_4为抚顺，o_5为本溪，o_6为丹东，o_7为锦州，o_8为营口，o_9为阜新，o_{10}为辽阳，o_{11}为盘锦，o_{12}为铁岭，o_{13}为朝阳，o_{14}为葫芦岛。

表 1.1　　2017 年辽宁省 14 个省辖市经济综合实力评价的相关数据

	x_1（亿元）	x_2（万元）	x_3（万元）	x_4（万美元）	x_5（万美元）	x_6（万元）
o_1	5784.7	6562406	39898331	469172	101263	8870190
o_2	6989.8	6576367	37225011	2615965	324870	7238536
o_3	1613.1	1402169	9381057	201428	4052	1352989
o_4	949.9	880639	6856652	42007	2831	928881
o_5	777.1	645570	3721371	262763	1337	742106
o_6	787	727389	5724073	237435	15363	1025724
o_7	1077.5	912722	6346281	99456	13034	1632276
o_8	1270.5	1136805	5305447	317768	12038	2461089
o_9	409.1	381775	2894816	23127	23908	827167
o_{10}	762.9	806938	2881167	44171	3494	468415
o_{11}	1087.2	1188642	3932545	31644	19744	3955690
o_{12}	594.5	491492	4380160	17473	1147	549545
o_{13}	762.7	578832	4545899	47948	6542	823723
o_{14}	717.9	727999	4979548	77301	3885	1170213

步骤 2：数据处理。指标均为正指标，无须进行指标类型一致化处理。但由于数据量纲不同，根据式（1.6）进行无量纲化处理，可获取经预处理后的数据见表 1.2。

表 1.2　　　　经预处理后的评价指标值

	x_1	x_2	x_3	x_4	x_5	x_6
o_1	0.8169	0.9977	1	0.1738	0.3093	1
o_2	1	1	0.9278	1	1	0.8058
o_3	0.183	0.1647	0.1756	0.0708	0.009	0.1053
o_4	0.0822	0.0805	0.1074	0.0094	0.0052	0.0548
o_5	0.0559	0.0426	0.0227	0.0944	0.0006	0.0326

续表

	x_1	x_2	x_3	x_4	x_5	x_6
o_6	0. 0574	0. 0558	0. 0768	0. 0846	0. 0439	0. 0663
o_7	0. 1016	0. 0857	0. 0936	0. 0316	0. 0367	0. 1385
o_8	0. 1309	0. 1219	0. 0655	0. 1156	0. 0336	0. 2372
o_9	0	0	0. 0004	0. 0022	0. 0703	0. 0427
o_{10}	0. 0538	0. 0686	0	0. 0103	0. 0073	0
o_{11}	0. 103	0. 1303	0. 0284	0. 0055	0. 0574	0. 4151
o_{12}	0. 0282	0. 0177	0. 0405	0	0	0. 0097
o_{13}	0. 0537	0. 0318	0. 045	0. 0117	0. 0167	0. 0423
o_{14}	0. 0469	0. 0559	0. 0567	0. 023	0. 0085	0. 0835

步骤 3：计算利益相关系数 r_{ik}。根据定义 1. 1 计算利益相关系数，计算结果见表 1. 3。

表 1. 3　　城市之间利益相关系数值

	o_1	o_2	o_3	o_4	o_5	o_6	o_7	o_8	o_9	o_{10}	o_{11}	o_{12}	o_{13}	o_{14}
o_1	1	0. 88	0. 95	0. 96	0. 66	0. 88	0. 98	0. 88	0. 41	0. 68	0. 77	0. 88	0. 97	0. 98
o_2	0. 88	1	0. 88	0. 82	0. 83	0. 97	0. 88	0. 85	0. 56	0. 68	0. 62	0. 73	0. 9	0. 85
o_3	0. 95	0. 88	1	0. 98	0. 77	0. 88	0. 92	0. 83	0. 2	0. 76	0. 61	0. 93	0. 96	0. 92
o_4	0. 96	0. 82	0. 98	1	0. 63	0. 82	0. 91	0. 77	0. 2	0. 69	0. 6	0. 97	0. 95	0. 91
o_5	0. 66	0. 83	0. 77	0. 63	1	0. 88	0. 7	0. 8	0. 16	0. 63	0. 46	0. 54	0. 7	0. 71
o_6	0. 88	0. 97	0. 88	0. 82	0. 88	1	0. 89	0. 88	0. 46	0. 57	0. 63	0. 74	0. 89	0. 88
o_7	0. 98	0. 88	0. 92	0. 91	0. 7	0. 89	1	0. 94	0. 48	0. 62	0. 85	0. 82	0. 97	0. 99
o_8	0. 88	0. 85	0. 83	0. 77	0. 8	0. 88	0. 94	1	0. 47	0. 58	0. 89	0. 62	0. 87	0. 95
o_9	0. 41	0. 56	0. 2	0. 2	0. 16	0. 46	0. 48	0. 47	1	0. 07	0. 59	0. 1	0. 41	0. 41
o_{10}	0. 68	0. 68	0. 76	0. 69	0. 63	0. 57	0. 62	0. 58	0. 07	1	0. 38	0. 58	0. 67	0. 6
o_{11}	0. 77	0. 62	0. 61	0. 6	0. 46	0. 63	0. 85	0. 89	0. 59	0. 38	1	0. 43	0. 73	0. 85
o_{12}	0. 88	0. 73	0. 93	0. 97	0. 54	0. 74	0. 82	0. 62	0. 1	0. 58	0. 43	1	0. 9	0. 8
o_{13}	0. 97	0. 9	0. 96	0. 95	0. 7	0. 89	0. 97	0. 87	0. 41	0. 67	0. 73	0. 9	1	0. 94
o_{14}	0. 98	0. 85	0. 92	0. 91	0. 71	0. 88	0. 99	0. 95	0. 41	0. 6	0. 85	0. 8	0. 94	1

步骤4：计算净利益系数 c_{ik}。根据定义1.2计算被评价对象的净利益系数，计算结果见表1.4。

表1.4　　城市之间净利益系数值

	o_1	o_2	o_3	o_4	o_5	o_6	o_7	o_8	o_9	o_{10}	o_{11}	o_{12}	o_{13}	o_{14}
o_1	1	0.76	0.91	0.93	0.32	0.75	0.96	0.76	-0.19	0.36	0.54	0.75	0.94	0.95
o_2	0.76	1	0.75	0.64	0.65	0.94	0.77	0.7	0.11	0.35	0.24	0.46	0.79	0.71
o_3	0.91	0.75	1	0.96	0.54	0.77	0.85	0.66	-0.6	0.52	0.21	0.85	0.92	0.84
o_4	0.93	0.64	0.96	1	0.27	0.65	0.83	0.53	-0.6	0.37	0.2	0.94	0.9	0.82
o_5	0.32	0.65	0.54	0.27	1	0.75	0.4	0.61	-0.68	0.26	-0.07	0.08	0.41	0.42
o_6	0.75	0.94	0.77	0.65	0.75	1	0.78	0.76	-0.07	0.15	0.26	0.49	0.77	0.77
o_7	0.96	0.77	0.85	0.83	0.4	0.78	1	0.89	-0.05	0.24	0.7	0.63	0.95	0.98
o_8	0.76	0.7	0.66	0.53	0.61	0.76	0.89	1	-0.05	0.17	0.79	0.24	0.75	0.9
o_9	-0.19	0.11	-0.6	-0.6	-0.68	-0.07	-0.05	-0.05	1	-0.85	0.17	-0.8	-0.18	-0.19
o_{10}	0.36	0.35	0.52	0.37	0.26	0.15	0.24	0.17	-0.85	1	-0.25	0.16	0.34	0.19
o_{11}	0.54	0.24	0.21	0.2	-0.07	0.26	0.7	0.79	0.17	-0.25	1	-0.14	0.45	0.71
o_{12}	0.75	0.46	0.85	0.94	0.08	0.49	0.63	0.24	-0.8	0.16	-0.14	1	0.79	0.6
o_{13}	0.94	0.79	0.92	0.9	0.41	0.77	0.95	0.75	-0.18	0.34	0.45	0.79	1	0.89
o_{14}	0.95	0.71	0.84	0.82	0.42	0.77	0.98	0.9	-0.19	0.19	0.71	0.6	0.89	1

步骤5：由式（1.2）规划问题计算 z_{ij}，计算结果见表1.5。

表1.5　　考虑被评价对象竞合关系经处理后的评价指标值

	x_1	x_2	x_3	x_4	x_5	x_6
o_1	2.27	2.40	2.31	1.26	1.22	2.47
o_2	2.20	2.29	2.19	1.47	1.38	2.24
o_3	2.16	2.27	2.21	1.24	1.13	2.19
o_4	2.02	2.13	2.10	1.08	1.01	2.07
o_5	1.30	1.32	1.25	1.00	0.78	1.19
o_6	2.15	2.24	2.15	1.43	1.31	2.21
o_7	2.26	2.39	2.28	1.28	1.24	2.55

续表

	x_1	x_2	x_3	x_4	x_5	x_6
o_8	1.96	2.07	1.92	1.18	1.11	2.29
o_9	-0.33	-0.34	-0.33	-0.06	0.11	-0.16
o_{10}	0.90	0.95	0.89	0.53	0.43	0.70
o_{11}	1.06	1.16	1.04	0.50	0.55	1.57
o_{12}	1.53	1.61	1.65	0.78	0.71	1.44
o_{13}	2.24	2.36	2.28	1.29	1.23	2.40
o_{14}	2.19	2.32	2.20	1.22	1.17	2.48

由此可得到被评价对象各自视野下的最优指标权重 $w^{(i)*}$，计算结果见表1.6。

表1.6　被评价对象各自视野下的最优指标权重值

	w_1	w_2	w_3	w_4	w_5	w_6
o_1	0.0625	0.25	0.125	0.03125	0.03125	0.5
o_2	0.125	0.5	0.0625	0.03125	0.03125	0.25
o_3	0.0625	0.5	0.25	0.03125	0.03125	0.125
o_4	0.0625	0.5	0.25	0.03125	0.03125	0.125
o_5	0.25	0.5	0.125	0.03125	0.03125	0.0625
o_6	0.125	0.5	0.0625	0.03125	0.03125	0.25
o_7	0.0625	0.25	0.125	0.03125	0.03125	0.5
o_8	0.125	0.25	0.0625	0.03125	0.03125	0.5
o_9	0.0625	0.03125	0.03125	0.25	0.5	0.125
o_{10}	0.25	0.5	0.125	0.03125	0.03125	0.0625
o_{11}	0.125	0.25	0.0625	0.03125	0.03125	0.5
o_{12}	0.125	0.25	0.5	0.03125	0.03125	0.0625
o_{13}	0.0625	0.25	0.125	0.03125	0.03125	0.5
o_{14}	0.0625	0.25	0.125	0.03125	0.03125	0.5

步骤6：按式（1.3）计算 $y_k^{(i)}$，可得各被评价对象视野下的综合评价值见表1.7（限于篇幅，表中省略 o_3、o_4、o_5、o_{12}、o_{13} 视野下的综合评价值）。

表 1.7　　各被评价对象视野下的综合评价值

	o_1	o_2	…	o_6	o_7	o_8	o_9	o_{10}	o_{11}	…	o_{14}
y_1	0.9406	0.9286	…	0.9286	0.9406	0.9291	0.4366	0.9057	0.9291	…	0.9406
y_2	0.8939	0.9469	…	0.9469	0.8939	0.8984	0.9735	0.9788	0.8984	…	0.8939
y_3	0.1297	0.1450	…	0.1450	0.1297	0.1302	0.0574	0.1591	0.1302	…	0.1297
y_4	0.0666	0.0714	…	0.0714	0.0666	0.0650	0.0228	0.0781	0.0650	…	0.0666
y_5	0.0362	0.0408	…	0.0408	0.0362	0.0383	0.0335	0.0431	0.0383	…	0.0362
y_6	0.0643	0.0605	…	0.0605	0.0643	0.0631	0.0591	0.0600	0.0631	…	0.0643
y_7	0.1109	0.0982	…	0.0982	0.1109	0.1114	0.0555	0.0907	0.1114	…	0.1109
y_8	0.1701	0.1454	…	0.1454	0.1701	0.1742	0.0894	0.1213	0.1742	…	0.1701
y_9	0.0237	0.0130	…	0.0130	0.0237	0.0236	0.0410	0.0050	0.0236	…	0.0237
y_{10}	0.0211	0.0416	…	0.0416	0.0211	0.0244	0.0117	0.0483	0.0244	…	0.0211
y_{11}	0.2521	0.1855	…	0.1855	0.2521	0.2567	0.0934	0.1223	0.2567	…	0.2521
y_{12}	0.0161	0.0173	…	0.0173	0.0161	0.0153	0.0048	0.0216	0.0153	…	0.0161
y_{13}	0.039	0.0369	…	0.0369	0.039	0.0395	0.0223	0.0385	0.0395	…	0.0390
y_{14}	0.0667	0.0592	…	0.0592	0.0667	0.0661	0.0269	0.0530	0.0661	…	0.0667

步骤7：按式（1.5）计算 y_i，由此可知2017年辽宁省14个省辖市经济综合实力排名（见表1.8）。

表 1.8　　2017 年辽宁省 14 个省辖市经济综合实力排名

城市名	评价值	排序
大连	0.9332	1
沈阳	0.8954	2
盘锦	0.1845	3
营口	0.1422	4
鞍山	0.1366	5
锦州	0.0983	6
抚顺	0.0690	7
丹东	0.0627	8
葫芦岛	0.0584	9
本溪	0.0380	10

续表

城市名	评价值	排序
朝阳	0.0373	11
辽阳	0.0304	12
铁岭	0.0179	13
阜新	0.0171	14

2. 结果分析

从评价结果来看，沈阳和大连较其他城市发展得更好，其中大连的地区生产总值、公共财政收入、货物出口额、实际使用外资金额领跑全省，其核心地位显著提高。大连需进一步发挥龙头作用，统筹六市联动，加强协同协调，大力发展临港产业和海洋经济。盘锦在公共财政收入及利用外资排在全省第四位，新增固定资产方面仅次于大连、沈阳，大幅领先其他城市，因此也取得了较高的名次，体现出较强的经济竞争力。其余沿海 4 市的经济竞争力排名也相对较高，这是沿海经济带区位优势的表现。通过计算过程可以发现，本部分所使用方法具有如下特点：

（1）将自主式评价的思想引入到城市经济综合实力评价中，充分发挥被评价对象的主体地位，体现评价民主的思想，评价结果能够能到大多数人的认可；

（2）基于利益相关者视角的自主式评价方法与基于竞争视野视角的自主式评价方法相比，计算过程更为简单；与传统的标杆比较法、打分加权求和法相比，更容易发现在自身优势、劣势、潜力所在，发现潜在的竞争或合作对象，为评价需求者进一步提供决策支持服务。

（三）提升辽宁省辖市经济综合实力的建议

1. 以供给侧结构性改革为主线，推动经济高质量发展

以习近平同志为核心的党中央适时提出“推进供给侧结构性改革”，目的就是要实现更高水平的供需平衡，以真正实现中国经济由高速增长阶段转向高质量发展阶段。按照“巩固、增强、提升、畅通”要求，扎实推进供给侧结构性改革能充分释放新技术、新产品、新产业和新服务的供给潜力，有助于探索到质量更高、效益更好、结构更优、优势充分释放的振兴发展新路。

2. 加大重点领域改革力度，激发全面振兴活力

深入落实习近平总书记在辽宁考察时和在深入推进东北振兴座谈会上重要讲话精神，聚焦补齐“四个短板”，坚持深化重点领域改革。全面完成机构改革，进一步调整理顺事业单位管理体制和运行机制，提高效率效能。坚定不移推动民营经济发展壮大，深化国资国企改革，进一步加大防范风险力度。大力优化营商环境，着力激发微观主体活力，切实解决企业开办、运营、退出全流程各环节存在的问题，大幅提升市场主体规模，加快构建“亲”“清”新型政商关系。

3. 大力实施创新驱动战略，全面推进创新型省份建设

主动顺应全球新一轮科技革命和产业变革大势，坚持以创新引领产业转型升级，推动新技术、新业态、新模式加快成长，努力实现高质量发展。围绕产业链部署创新链，以骨干企业为主体，组织开展一批重大产品研制和关键技术攻关，打造全链条、贯通式产业技术创新支撑体系。加快推进重大创新平台建设，完善人才发展机制。

4. 全面扩大高水平开放，持续加大招商引资力度

深度融入共建“一带一路”，加快辽宁“一带一路”综合试验区建设。促进外贸稳中提质，落实已出台的各项政策，开拓一批区域重点市场，推动出口市场多元化，促进外贸优进优出。大力促进跨区域合作。主动对接京津冀协同发展、长江经济带和粤港澳大湾区发展战略，承接高端产业转移、创新要素辐射，加强重点领域合作。持续加大招商引资力度，坚持做到内资外资、国资民资、三次产业、大小投资和存量增量一起抓。

5. 强化统筹协调联动，加快沿海经济带开放发展

推动海港、陆港、空港融合发展，大力发展临港产业和海洋经济，着力建设产业结构优化的先导区、经济社会发展的先行区。强化海陆统筹，促进陆域经济与海洋经济互动联动发展。大力发展县域经济，坚持以城带乡、以乡促城、城乡融合发展，引导公共财政向农业倾斜、公共资源向农村延伸、社会保障向农民覆盖。

三、辽宁 14 个省辖市工业企业发展实力评价

（一）模型应用结果分析

1. 模型应用

步骤 1：获取数据。本节采用报告第二部分“辽宁 14 个省辖市经济综合实力评价”中提出的方法对辽宁 14 个省辖市的企业发展实力进行评价。参照《2012 辽宁沿海经济带发展研究报告》确定了本报告工业企业发展实力评价的评价指标及评价对象，借鉴《辽宁统计年鉴（2018）》获取到的评价指标值见表 1.9。其中，x_1为规模以上工业企业总产值（万元）、x_2为当年实际使用外资金额（万美元）、x_3为规模以上工业企业资产总计（万元）、x_4为规模以上工业企业成本费用利润率（%）、x_5为规模以上工业企业产品销售率（%）；o_1为沈阳，o_2为大连，o_3为鞍山，o_4为抚顺，o_5为本溪，o_6为丹东，o_7为锦州，o_8为营口，o_9为阜新，o_{10}为辽阳，o_{11}为盘锦，o_{12}为铁岭，o_{13}为朝阳，o_{14}为葫芦岛。

表 1.9　2017 年辽宁 14 个省辖市工业企业发展情况的相关经济数据

	x_1	x_2	x_3	x_4	x_5
o_1	52726995	101263	82749119	6.07	98.94
o_2	55410753	324870	85230293	7.07	99.36
o_3	15064902	4052	38751764	6.35	99.77
o_4	9710805	2831	11998612	4.85	99.08
o_5	11903136	1337	18947255	1.97	99.85
o_6	4601576	15363	8004950	4.65	97.5
o_7	8187962	13034	9791876	5.68	98.67
o_8	14986492	12038	24208134	3.86	100.16
o_9	2553637	23908	6732763	4.81	98.1
o_{10}	8805868	3494	19053577	6.56	97.89
o_{11}	18821400	19744	21719329	-2.91	97.87
o_{12}	4427237	1147	9267609	2.38	97.91
o_{13}	5179023	6542	8459252	6.74	100.15
o_{14}	7510842	3885	9027607	2.11	92.51

步骤2：数据处理。指标均为正指标，无需进行指标类型一致化处理。但由于数据量纲不同，根据式（1.6）进行无量纲化处理后的数据见表1.10。

表1.10　　　　无量纲化处理后的相关经济数据

	x_1	x_2	x_3	x_4	x_5
o_1	0.9492	0.3093	0.9684	0.8998	0.8405
o_2	1	1	1	1	0.8954
o_3	0.2367	0.0090	0.4079	0.9279	0.9490
o_4	0.1354	0.0052	0.0671	0.7776	0.8588
o_5	0.1769	0.0006	0.1556	0.4890	0.9595
o_6	0.0387	0.0439	0.0162	0.7575	0.6523
o_7	0.1066	0.0367	0.0390	0.8607	0.8052
o_8	0.2352	0.0336	0.2226	0.6784	1
o_9	0	0.0703	0	0.7735	0.7307
o_{10}	0.1183	0.0073	0.1570	0.9489	0.7033
o_{11}	0.3078	0.0574	0.1909	0	0.7007
o_{12}	0.0354	0	0.0323	0.5301	0.7059
o_{13}	0.0497	0.0167	0.022	0.9669	0.9987
o_{14}	0.0938	0.0085	0.0292	0.5030	0

步骤3：计算利益相关系数 r_{ik}。根据定义1.1计算利益相关系数，计算结果见表1.11。

表1.11　　　　城市之间利益相关系数值

	o_1	o_2	o_3	o_4	o_5	o_6	o_7	o_8	o_9	o_{10}	o_{11}	o_{12}	o_{13}	o_{14}
o_1	1	0.95	0.86	0.74	0.76	0.70	0.73	0.82	0.67	0.77	0.74	0.69	0.69	0.60
o_2	0.95	1	0.79	0.69	0.70	0.66	0.68	0.75	0.64	0.71	0.68	0.63	0.64	0.56
o_3	0.86	0.79	1	0.97	0.95	0.95	0.96	0.98	0.94	0.97	0.73	0.95	0.95	0.69
o_4	0.74	0.69	0.97	1	0.96	0.99	1	0.98	0.99	0.98	0.71	0.99	1	0.68
o_5	0.76	0.70	0.95	0.96	1	0.91	0.93	0.99	0.92	0.90	0.87	0.97	0.94	0.47
o_6	0.70	0.66	0.95	0.99	0.91	1	1	0.94	1	0.99	0.60	0.98	1	0.75

续表

	o_1	o_2	o_3	o_4	o_5	o_6	o_7	o_8	o_9	o_{10}	o_{11}	o_{12}	o_{13}	o_{14}
o_7	0.73	0.68	0.96	1	0.93	1	1	0.96	0.99	0.99	0.65	0.98	1	0.73
o_8	0.82	0.75	0.98	0.98	0.99	0.94	0.96	1	0.94	0.94	0.83	0.98	0.96	0.58
o_9	0.67	0.64	0.94	0.99	0.92	1	0.99	0.94	1	0.98	0.61	0.98	1	0.71
o_{10}	0.77	0.71	0.97	0.98	0.90	0.99	0.99	0.94	0.98	1	0.59	0.95	0.98	0.80
o_{11}	0.74	0.68	0.73	0.71	0.87	0.60	0.65	0.83	0.61	0.59	1	0.73	0.65	0.09
o_{12}	0.69	0.63	0.95	0.99	0.97	0.98	0.98	0.98	0.98	0.95	0.73	1	0.99	0.60
o_{13}	0.69	0.64	0.95	1	0.94	1	1	0.96	1	0.98	0.65	0.99	1	0.69
o_{14}	0.60	0.56	0.69	0.68	0.47	0.75	0.73	0.58	0.71	0.80	0.09	0.60	0.69	1

步骤 4：计算净利益系数 c_{ik}。根据定义 1.2 计算被评价对象的净利益系数，计算结果见表 1.12。

表 1.12　　城市之间净利益相关系数值

	o_1	o_2	o_3	o_4	o_5	o_6	o_7	o_8	o_9	o_{10}	o_{11}	o_{12}	o_{13}	o_{14}
o_1	1	0.91	0.72	0.49	0.53	0.39	0.46	0.63	0.34	0.54	0.48	0.38	0.38	0.20
o_2	0.91	1	0.58	0.37	0.39	0.31	0.36	0.51	0.28	0.42	0.37	0.27	0.28	0.13
o_3	0.72	0.58	1	0.94	0.89	0.90	0.92	0.96	0.88	0.94	0.47	0.90	0.90	0.39
o_4	0.49	0.37	0.94	1	0.92	0.98	0.99	0.96	0.97	0.96	0.42	0.99	0.99	0.36
o_5	0.53	0.39	0.89	0.92	1	0.82	0.87	0.98	0.84	0.79	0.74	0.95	0.88	-0.05
o_6	0.39	0.31	0.90	0.98	0.82	1	1	0.88	1	0.98	0.20	0.95	0.99	0.50
o_7	0.46	0.36	0.92	0.99	0.87	1	1	0.92	0.99	0.98	0.29	0.97	0.99	0.46
o_8	0.63	0.51	0.96	0.96	0.98	0.88	0.92	1	0.88	0.88	0.65	0.95	0.92	0.15
o_9	0.34	0.28	0.88	0.97	0.84	1	0.99	0.88	1	0.96	0.22	0.96	0.99	0.43
o_{10}	0.54	0.42	0.94	0.96	0.79	0.98	0.98	0.88	0.96	1	0.18	0.91	0.96	0.61
o_{11}	0.48	0.37	0.47	0.42	0.74	0.20	0.29	0.65	0.22	0.18	1	0.46	0.31	-0.83
o_{12}	0.38	0.27	0.90	0.99	0.95	0.95	0.97	0.95	0.96	0.91	0.46	1	0.98	0.20
o_{13}	0.38	0.28	0.90	0.99	0.88	0.99	0.99	0.92	0.99	0.96	0.31	0.98	1	0.38
o_{14}	0.20	0.13	0.39	0.36	-0.05	0.50	0.46	0.15	0.43	0.61	-0.83	0.20	0.38	1

步骤 5：由式（1.2）规划问题计算 z_{ij}，计算结果见表 1.13。

表 1.13 考虑被评价对象竞合关系经处理后的评价指标值

	x_1	x_2	x_3	x_4	x_5
o_1	2.66	1.35	2.65	5.68	6.14
o_2	2.49	1.38	2.49	4.82	5.13
o_3	2.51	1.04	2.45	8.56	9.19
o_4	2.09	0.77	2	8.48	9.14
o_5	2.15	0.79	2.06	7.66	8.84
o_6	1.83	0.66	1.76	8.29	8.64
o_7	2	0.74	1.92	8.46	8.93
o_8	2.4	0.95	2.32	8.31	9.28
o_9	1.75	0.62	1.67	8.14	8.57
o_{10}	2.09	0.82	2.02	8.5	8.74
o_{11}	1.6	0.64	1.55	3.24	4.89
o_{12}	1.86	0.63	1.77	8.06	8.88
o_{13}	1.83	0.64	1.75	8.24	8.79
o_{14}	0.49	0.24	0.54	3.69	2.44

由此可得到被评价对象各自视野下的最优指标权重 $w^{(i)*}$，计算结果见表 1.14。

表 1.14 被评价对象各自视野下的最优指标权重值

	w_1	w_2	w_3	w_4	w_5
o_1	0.125	0.0625	0.0625	0.25	0.5
o_2	0.125	0.0625	0.0625	0.25	0.5
o_3	0.125	0.0625	0.0625	0.25	0.5
o_4	0.125	0.0625	0.0625	0.25	0.5
o_5	0.125	0.0625	0.0625	0.25	0.5
o_6	0.125	0.0625	0.0625	0.25	0.5
o_7	0.125	0.0625	0.0625	0.25	0.5
o_8	0.125	0.0625	0.0625	0.25	0.5
o_9	0.125	0.0625	0.0625	0.25	0.5
o_{10}	0.125	0.0625	0.0625	0.25	0.5

续表

	w_1	w_2	w_3	w_4	w_5
o_{11}	0. 125	0. 0625	0. 0625	0. 25	0. 5
o_{12}	0. 125	0. 0625	0. 0625	0. 25	0. 5
o_{13}	0. 125	0. 0625	0. 0625	0. 25	0. 5
o_{14}	0. 0625	0. 0625	0. 125	0. 5	0. 25

步骤 6：按式（1. 3）计算 $y_k^{(i)}$，可得各被评价对象视野下的综合评价值见表 1. 15。

表 1. 15　　各被评价对象视野下的综合评价值

	o_1	o_2	…	o_6	o_7	o_8	o_9	o_{10}	o_{11}	…	o_{14}
y_1	0. 8437	0. 8437	…	0. 8437	0. 8437	0. 8437	0. 8437	0. 8437	0. 8437	…	0. 8597
y_2	0. 9477	0. 9477	…	0. 9477	0. 9477	0. 9477	0. 9477	0. 9477	0. 9477	…	0. 9739
y_3	0. 7621	0. 7621	…	0. 7621	0. 7621	0. 7621	0. 7621	0. 7621	0. 7621	…	0. 7675
y_4	0. 6452	0. 6452	…	0. 6452	0. 6452	0. 6452	0. 6452	0. 6452	0. 6452	…	0. 6207
y_5	0. 6339	0. 6339	…	0. 6339	0. 6339	0. 6339	0. 6339	0. 6339	0. 6339	…	0. 5149
y_6	0. 5241	0. 5241	…	0. 5241	0. 5241	0. 5241	0. 5241	0. 5241	0. 5241	…	0. 5490
y_7	0. 6358	0. 6358	…	0. 6358	0. 6358	0. 6358	0. 6358	0. 6358	0. 6358	…	0. 6455
y_8	0. 7150	0. 7150	…	0. 7150	0. 7150	0. 7150	0. 7150	0. 7150	0. 7150	…	0. 6338
y_9	0. 5631	0. 5631	…	0. 5631	0. 5631	0. 5631	0. 5631	0. 5631	0. 5631	…	0. 5738
y_{10}	0. 6139	0. 6139	…	0. 6139	0. 6139	0. 6139	0. 6139	0. 6139	0. 6139	…	0. 6777
y_{11}	0. 4043	0. 4043	…	0. 4043	0. 4043	0. 4043	0. 4043	0. 4043	0. 4043	…	0. 2219
y_{12}	0. 4919	0. 4919	…	0. 4919	0. 4919	0. 4919	0. 4919	0. 4919	0. 4919	…	0. 4478
y_{13}	0. 7497	0. 7497	…	0. 7497	0. 7497	0. 7497	0. 7497	0. 7497	0. 7497	…	0. 7400
y_{14}	0. 1398	0. 1398	…	0. 1398	0. 1398	0. 1398	0. 1398	0. 1398	0. 1398	…	0. 2615

步骤 7：按式（1. 3）计算 y_i，由此可知 2017 年辽宁 14 个省辖市工业企业发展综合实力排名（见表 1. 16）。

表 1.16　2017 年辽宁 14 个省辖市工业企业发展实力排名

城市名	评价值	排序
沈阳	0.845	2
大连	0.950	1
鞍山	0.762	3
抚顺	0.643	6
本溪	0.625	8
丹东	0.526	11
锦州	0.636	7
营口	0.709	5
阜新	0.564	10
辽阳	0.618	9
盘锦	0.391	13
铁岭	0.489	12
朝阳	0.749	4
葫芦岛	0.148	14

2. 结果分析

从评价结果来看，沈阳和大连较其他城市工业企业发展得更好，其中大连的规模以上工业企业总产值、当年实际使用外资金额、规模以上工业企业资产总计、规模以上工业企业成本费用利润率领跑全省，其经济核心地位显著提高。盘锦的工业成本费用利润率、葫芦岛的工业产品销售率、丹东的工业总产值及资产总计等指标仍有待进一步提升，故排名不够理想，在提升城市工业企业综合经济实力方面仍存在较大阻力，急需采取具有针对性且有操作性的改善措施。

（二）提升辽宁沿海经济带工业企业综合实力的建议

1. 深入推进工业供给侧结构性改革

按照“巩固、增强、提升、畅通”总要求，着力巩固“三去一降一补”成果，加大破、立、降力度，继续推进去产能。着力提升产业链水平，实施科技创新引领产业振兴专项行动，强化工业基础能力建设，培育和发展新的产业集群。着力畅通经济循环，加快建设统一开放、竞争有序的现代市场体系，畅通生产、流通、分配、消费循环，努力形成市场和生产主体、经济增长和就业扩大、金融和实体经济的良性循环，为高质量发展打下坚实基础。

2. 大力增强制造业创新能力

坚持把创新作为引领全面振兴的第一动力，依靠创新培育新动能、改造提升传统动能，加快推动实体经济、科技创新、人力资源协同发展。进一步推进信息化与工业化深度融合。继续实施质量品牌建设工程，着力培育一批工业名牌产品，抓好智能制造、智能服务示范项目建设。积极推进军民融合深度发展。

3. 持之以恒优化营商环境

要强化服务意识，提升服务水平，为市场主体添活力。减少行政审批，优化环保、消防、市场监管等执法方式，降低合规成本。提高电力交易市场化程度，降低用电成本。提高综合交通运输网络效率，降低高速公路、机场、港口等收费，减少通关时间，降低物流成本，让企业轻装上阵、聚力振兴发展。

四、结论与展望

当前，辽宁面临的发展机遇前所未有，遇到的风险挑战前所未有，我们既要增强责任意识，更要坚定发展信心。信心来自党中央、国务院实施的新一轮振兴战略；来自全省政治生态的不断净化和修复；来自辽宁业已形成的产业基础和科教实力；特别是来自经济稳中向好的势头。2018 年，全省地区生产总值 2.53 万亿元，比上年增长 5.6% 左右。地方财政总收入 4525 亿元，增长 7.8%；一般公共预算收入 2616 亿元，增长 9.3%；一般公共预算支出 5323.6 亿元，增长 9.1%。规模以上工业增加值增长 9.8%，提高 5.4 个百分点。城镇登记失业率 3.98%，新增就业 49.3 万人，超额完成全年任务。居民消费价格上涨 2.5%。城乡居民人均可支配收入 37342 元和 14656 元，分别增长 6.7% 和 6.6%。这些都反映辽宁经济筑底企稳、稳中有进、进中向好的积极变化。

限于时间、能力有限，本报告仅从经济综合实力方面对辽宁省辖市经济综合实力、工业企业发展状况进行了分析，而实际上衡量某些地区经济发展水平还要考虑经济运行效率、增长能力、经济发展质量等方面。另外，本报告从被评价对象的角度出发，从模型机理上寻求提升各被评价对象相对实力的思路，但在应用过程中如何具体支持评价需求者的决策，仍需结合效用理论、博弈论等理论展开讨论，这些将是进一步研究工作的主要方向。

参考文献

[1] 毛强，郭亚军，郭英民．基于利益相关者视角的评价者权重确定方法[J]．系统工程与电子技术，2013，35（5）：1008－1012.

[2] 渤海大学辽宁沿海经济带发展研究院．辽宁沿海经济带发展研究报告（2012）[M]．北京：经济科学出版社，2013.

[3] 辽宁省统计局．辽宁统计年鉴（2018）[M]．北京：中国统计出版社，2018.

专题报告二

基于动能转换的辽宁沿海经济带构建现代产业体系研究报告

构建现代产业体系是落实党的十九大提出的“贯彻新发展理念，建设现代化经济体系”的主要内容。早在 2013 年 3 月 8 日，习近平总书记在参加江苏代表团审议时强调，要深化产业结构调整，构建现代产业发展新体系，使经济发展提高质量、增加效益、增强后劲①。2018 年 9 月 28 日下午，习近平总书记在沈阳主持召开的深入推进东北振兴座谈会上指出，“以培育壮大新动能为重点，激发创新驱动内生动力。要依靠创新把实体经济做实、做强、做优，坚持凤凰涅槃、腾笼换鸟，积极扶持新兴产业加快发展，尽快形成多点支撑、多业并举、多元发展的产业发展格局。②”按照总书记的指示，加速动能转换，构建辽宁沿海经济带现代产业体系是当前我省推动经济高质量发展的重要课题。本报告采用系统分析的方法对辽宁沿海经济带通过动能转换构建现代产业体系问题进行了初步探讨。

---

① 人民网，http://politics.people.com.cn/n/2013/0308/c1001-20728123.html

② 东北网，https://heilongjiang.dbw.cn/system/2018/09/29/058079780.shtml

一、从“旧动能”到“新动能”

（一）什么是“动能”

1.“动能”的内涵

“动能”一词来源于物理学术语，是指物体由于运动而具有的能量。它的大小定义为物体质量与速度平方乘积的一半。因此，质量相同的物体，运动速度越大，它的动能越大；运动速度相同的物体，质量越大，具有的动能就越大。

2. 将“动能”引入经济活动

从学术层面来看，经济领域首先探讨“动能与经济发展”的是2004年刊载于“经济管理”杂志上的一篇论文。而研究“动能转换”的学术论文则出现在2015年。刘瑞在《中国发展动能转换的必然性与可行性》一文中指出，“现在人们之所以谈论和区分发展的新旧动力，更多的是因为经济增长从一个阶段上升到另一个阶段，发生了动力转化的必然性和可能性。伴随中国经济进入新常态，若干刺激经济增长的要素需要给予重新认识。”

从公共政策层面来看，2015年10月13日，李克强总理主持召开部分省（区、市）负责人经济形势座谈会时指出，“当前我国经济正处在新旧动能转换的艰难进程中。旧动能的弱化加大了经济下行压力，但新动能也在加快成长，地区经济走势呈现分化[①]。”在此之后，“动能转换”陆续出现在国家“十三五”规划纲要、政府工作报告及相关政策文件里。

在经济活动当中，“动能”实质上是广义的，任何影响经济发展速度、规模和质量的因素，都属于“动能”。例如，发展理念是传统理念还是新理念，发展主体是高污染、高耗能的传统类型产业，还是高新技术产业，势必影响经济发展质量，都属于发展动能范畴。

① 中国共产党新闻网：http：//cpc. people. com. cn/n1/2016/0412/c64094 -28269477. html

（二）什么是“旧动能”

1.“旧动能”的内涵

目前，关于“旧动能”最完善的定义是国务院发展研究中心李佐军（2017）提出的。他认为，“旧动能”主要是指规模速度型目标导向、模仿跟踪型主体支撑、GDP 导向制度引领、传统低端产业发展、粗放投入型要素配置，具体表现为：大目标 GDP 增速、大国企外企主导、大规模造城运动、大规模基础设施建设、大规模开发区建设、大规模要素投入、大规模招商引资、大规模模仿复制等。

笔者认为，简单来说，旧动能就是经济社会发展中注重规模速度、忽视创新驱动的传统动力源及效能。

2.“旧动能”的缺陷

（1）发展理念陈旧。主要表现在：对创新和发展质量重视不够；各地区发展存在各自为战、条块分割和低水平重复建设现象；对生态和环境保护不够；封闭发展或开放度不高；发展成果共享不足。

（2）发展主体动能不足。发展主体是指市场经济活动中的供求双方以及相关主体。主要表现为：政府部门服务意识不足，创新能力不强；产业（提供产品和服务的企业集合）以传统产业为主导，新产业培育缓慢；需求主体（组织顾客和消费者）消费不足；高校、科研机构和社会组织参与服务经济发展的意愿不强，能力不足。

（3）发展载体功能单一，开发粗放。地方经济发展主要依靠建设经济技术开发区、高新区、专业性产业园区等载体，功能单一；园区大片闲置，土地产出效率不高；招商引资重规模，轻质量；产业结构同质化严重。

（4）发展平台形式少，功能落后。主要依靠主管部门认定的孵化器、创新中心（例如：工程中心、技术中心、重点实验室）等。

（5）发展要素主要依靠土地、资源、劳动力等传统要素。在科技创新匮乏的时代，传统要素可以推动经济增长，但取得成绩的同时，带来的问题不容忽视，例如科技落后、环境污染、生态破坏和资源短缺等。在新形势下，这些要素对经济增长的作用越来越有限，必须改变。

（6）发展管理的质量不高。主要表现为：管理体制和机制落后，管理模式较为僵化，制度效率较低，发展战略与策略相对保守，决策科学性不强。

（三）什么是“新动能”

1. 重要背景

2012 年 11 月，党的十八大提出实施创新驱动发展战略。2015 年 10 月，党的十八届五中全会提出创新、协调、绿色、开放和共享的新发展理念。

中国知网显示，关于“新动能”的讨论与研究成为热点，是在中国经济进入“新常态”以后。2014 年 11 月 9 日，习近平总书记在亚太经合组织工商领导人峰会上对新常态的特点进行了系统阐述：“一是从高速增长转为中高速增长；二是经济结构不断优化升级，第三产业、消费需求逐步成为主体，城乡区域差距逐步缩小，居民收入占比上升，发展成果惠及更广大民众；三是从要素驱动、投资驱动转向创新驱动[①]。”其中，第三点的“转向”实质是强调了动能转换问题。

2017 年 1 月，国务院办公厅出台的《国务院办公厅关于创新管理优化服务培育壮大经济发展新动能加快新旧动能接续转换的意见》（国办发〔2017〕4 号）提出，“我国经济发展进入新常态，创新驱动发展战略深入实施，大众创业万众创新蓬勃兴起，诸多新产业、新业态蕴含巨大发展潜力，呈现技术更迭快、业态多元化、产业融合化、组织网络化、发展个性化、要素成果分享化等新特征，以技术创新为引领，以新技术、新产业、新业态、新模式为核心，以知识、技术、信息、数据等新生产要素为支撑的经济发展新动能正在形成。”

2017 年 10 月，党的十九大再次强调了贯彻新发展理念，深入实施创新驱动发展战略，建设创新型国家等问题。关于培育新动能明确提出：“加快建设制造强国，加快发展先进制造业，推动互联网、大数据、人工智能和实体经济深度融合，在中高端消费、创新引领、绿色低碳、共享经济、现代供应链、人力资本服务等领域培育新增长点、形成新动能。”

2018 年 1 月，国务院原则同意《山东新旧动能转换综合试验区建设总体方案》，为辽宁开展“新旧动能转换”提供了经验借鉴。

---

① 新华网，http://www.xinhuanet.com/politics/2016-12/14/c_1120111083.htm

2. “新动能”的内涵

李佐军（2017）认为，新动能主要指质量效益型目标导向、创新型主体支撑、可持续制度引领、新兴高端产业发展、高级要素配置，具体表现为：新动能驱动（新制度、新要素、新市场）；新产业形态（新产业、新产品、新业态、新模式、新品牌）；新主体支撑（新企业、新企业家、新居民、新平台）。

笔者认为，新动能就是经济社会发展中以创新驱动为主要表现形式、注重质量和效率的新动力源及效能。

3. “新动能”的特征

（1）时代性。新动能与旧动能是相对的、是动态发展的，旧动能经过升级改造可以变成新动能，新动能随着时代发展、技术革新也会衰减为旧动能。

（2）地域性。在不同国家、不同地区，同一种动能表现出的成熟度不同。电脑芯片产业在我国相对落后，而在美国则相对成熟；大数据产业在辽宁锦州是“萌芽”事物，在贵州则已经进入千亿俱乐部。中国信息通信研究院发布的《中国数字经济发展和就业白皮书（2018 年）》指出，数字经济增速方面，2017 年排名前十五位的省区分别为贵州、江西、广西、四川、陕西、山西、新疆、安徽、宁夏、江苏、福建、河北、河南、广东和云南。

4. “新动能”的表现

（1）发展理念“新”。要坚持创新、协调、绿色、开放和共享的新发展理念。

（2）发展主体“新”。要培育创新型主体（政府、企业、科研院所、高校、社会组织、公众）、新产业、新业态和新市场（新顾客群）。

（3）发展载体“新”。要深入发展经济带、国家级新区、试验区、示范区、示范基地、创新基地、示范城市和跨国合作产业区等新型载体。

（4）发展平台“新”。要注重创客空间、协同创新中心、科技创新中心、产业研究院、技术创新联盟、教育创新创业综合体等新型平台建设。

（5）发展要素“新”。新动能更要依靠人才、知识、技术、信息和数据。

（6）发展管理“新”。要创新体制和机制，加强科技、经济和政府治理改革；加快发展模式创新，如“双创”；强化制度创新、战略与策略创新；更要注重协同、合作、互动、对接、融合与一体化发展。

（四）什么是“动能转换”

1. 新旧动能转换的内涵

所谓新旧动能转换，就是在经济社会发展中要逐步控制或减少旧动能，增加新动能，或用新动能改造提升旧动能。

2. 新旧动能转换的路径

（1）动力结构转换。从片面重视科技创新和产业升级向多动力源并重转变，包括发展理念转换、主体转换、管理转换、载体转换、平台转换和要素转换。

（2）方向内容转换。包括控制、减少旧动能，用新动能改造提升旧动能，增加新动能三个方面。

二、“动能转换”是构建“现代产业体系”的必由之路

（一）现代产业体系的内涵

1. 现代产业体系的基本概念

学者们普遍认为，现代产业体系是在中国语境下提出的概念，出自于决策层对现实经济发展取向的思考，国外的相关研究则主要集中在产业结构理论的研究上（周权雄，2010；刘钊，2011；斯劲，2014）。2007 年，党的十七大报告首次提出“发展现代产业体系”；2012 年，党的十八大报告将其扩展为“要着力构建现代产业发展新体系”；2016 年，国务院发布的《“十三五”国家战略性新兴产业发展规划》提出：“十三五”时期，要把战略性新兴产业摆在经济社会发展更加突出的位置，大力构建现代产业新体系，推动经济社会持续健康发展。2017 年，党的十九大报告进一步提出，“着力加快建设实体经济、科技创新、现代金融、人力资源协同发展的产业体系”。

早在 2008 年 7 月，《中共广东省委广东省人民政府关于加快建设现代产业体系的决定》提出，现代产业体系是以高科技含量、高附加值、低能耗、低污染、

自主创新能力强的有机产业群为核心，以技术、人才、资本、信息等高效运转的产业辅助系统为支撑，以环境优美、基础设施完备、社会保障有力、市场秩序良好的产业发展环境为依托，并具有创新性、开放性、融合性、集聚性和可持续性特征的新型产业体系。刘钊（2011）认为，现代产业体系是在产业创新的推动下，由新型工业、现代服务业、现代农业等相互融合、协调发展的以产业集群为载体的产业网络系统，是新时期我国转变经济发展方式的产业载体。斯劲（2014）提出，现代产业体系是以创新为主要动力、以产业集群为载体的产业网络系统。

2. 现代产业体系的基本特征

参考相关文献，现代产业体系具备六方面的特征：

（1）基础特征。主导产业具有先进性、特色化、引领性和示范性。

（2）空间特征。呈现地理集聚和技术关联的特点。

（3）结构特征。相关主体协同发展，融合渗透。

（4）动力特征。实施创新驱动发展。

（5）运行特征。推行清洁生产和绿色发展方式。

（6）时代特征。更加强调动态开放和国际化。

（二）构建现代产业体系，必须加速“动能转换”

从内涵来看，推动“新旧动能转换”和构建“现代产业体系”不是两条平行线，而是一个统一体，新旧动能转换的实质就是推动产业结构优化和升级，形成现代产业体系。只有通过动能转换才能做大、做强、做优经济发展的增量，才能实现经济高质量发展。

从实践来看，地方经济发展容易受思维惯性和路径依赖的影响。尤其是传统产业比重较大、发展相对落后的地区，实施新旧动能转换并不容易。需要持续探索，科学决策，需要支付时间成本、体力成本和转换成本。为了发展新产业，地方政府可能要放弃唾手可得的招商项目及预期的经济增长。需要决策者坚定信心决心，敢于担当，面对转型失败风险，把推进新旧动能转换作为构建现代产业体系的唯一选项。

三、党的十八大以来国内主要地区实施动能转换发展的实践和启示

（一）发展实践[①]

1. 北京

近年来，北京市委市政府在推进动能转换方面主要做了以下几方面的工作：一是推动城市发展理念和发展方式加快转变。制定实施严格的新增产业禁止和限制目录，关停退出一般制造业企业。二是推动京津冀协同发展，全力支持雄安新区规划建设。三是提升科技创新能力，提高经济发展质量。深入推进供给侧结构性改革，着力构建高精尖经济结构。落实全国科技创新中心建设总体方案，加速“三城一区[②]”主平台建设，发挥中关村国家自主创新示范区引领带动作用，涌现一批重大标志性原创性成果和创新型企业。实施《中国制造2025》北京行动纲要，发布新一代信息技术等10个高精尖产业发展指导意见及财政、土地、人才等一揽子支持政策，形成了全市上下推动高精尖产业发展的良好氛围。四是加大改革开放力度。扎实推进“放管服”改革，“先照后证”等商事制度改革落地见效，持续优化营商环境，经济领域改革多点突破。率先开展服务业扩大开放综合试点，开放型经济达到新水平。五是大力实施乡村振兴战略，积极推动美丽乡村建设，努力发展现代农业。

2. 上海

通过创新驱动，上海初步形成以现代服务业为主体、战略性新兴产业为引领、先进制造业为支撑的现代产业体系。第一，制度创新是上海实施动能转换的突破口。上海在全国先行先试，率先建设自由贸易试验区，自贸试验区制度框架基本形成。积极参与和主动服务“一带一路”建设，加快构建全面开放新格局。参与长江经济带发展、促进长三角一体化发展取得新进展。加快构建更具竞争力

① 本部分内容主要参考了相关省和直辖市的2018、2019年政府工作报告，时间跨度为2013~2018年。

② 指中关村科学城、怀柔科学城、未来科学城和北京经济技术开发区。

的人才集聚制度和灵活的人才管理机制。深入推进全面创新改革试验，启动建设国家科技成果转移转化示范区。第二，上海实施动能转换的基点是创新。以全球视野、国际标准建设张江综合性国家科学中心，张江科学城规划启动实施。6 个共性技术研发与转化平台启动建设，科创中心重要承载区特色发展格局初步形成，大众创业、万众创新蓬勃发展。北斗导航等一批重大战略项目和基础工程启动实施，量子计算机等一批关键核心技术取得突破。第三，着眼于更高效率、更加公平和更可持续，推动经济高质量发展。积极落实“中国制造 2025”和“互联网 +”行动计划，深入推进聚焦新技术、新产业、新业态、新模式的“四新”经济和智能制造、产业创新、工业强基、质量提升等系列工程，新能源汽车、工业机器人、高端医疗装备等新兴产业产值年均增速超过 20%。高能耗、高污染、高危险和低效益的落后产能每年淘汰 1000 项左右。军民融合深度发展成效明显。加快建设国际经济、金融、贸易、航运、科技创新“五个中心”，全力打响上海服务、上海制造、上海购物、上海文化“四大品牌”。

3. 广东

促进实体经济提质增效、健康发展，大力推动产业转型升级。加快构建开放型经济新体制。高标准推进粤港澳大湾区建设，深入推进自贸试验区体制机制创新，扎实推进与“一带一路”沿线国家的基础设施互联互通，国际航空枢纽、世界级港口群建设取得重大进展，开放合作水平进一步提升。加大营商环境改革力度，出台进一步扩大开放积极利用外资的 10 项措施。推进国际科技创新中心建设，积极打造广深港澳科技创新走廊。强化制度供给和政策创新，落实国家减税降费政策，出台推动实体经济、民营经济发展的系列政策措施，进一步激发微观主体活力。大力推进制造业提质增效，启动新一轮工业技改三年行动计划，推动 3000 家工业企业“上云上平台”，大力发展先进制造业和高技术制造业。全力打造国家科技产业创新中心。出台广深科技创新走廊规划，着力打造全国创新发展重要一极。深入实施高新技术企业培育等八项举措，扎实推进重大创新平台建设。深入推动产学研合作，开展高新技术企业树标提质行动，国家级高新技术企业数量超过 4 万家，总数、总收入、净利润等均居全国第一。智能电视、工业机器人、新能源汽车产量分别增长快速，新经济增加值占地区生产总值比重达 25% 左右。大力实施乡村振兴战略。

4. 山东

加快供给侧结构性改革，强力推进“三去一降一补”，努力压减粗钢产能、生铁产能、煤炭产能。圆满完成违法违规电解铝关停和“地条钢”清理整顿工作。积极创建新旧动能转换综合试验区，谋划推出各类政策100余项。持续做好“去增提”三篇文章，在压减过剩产能、淘汰落后产能的同时，促进新兴动能和传统动能协调并进。新技术、新产业、新业态、新模式快速发展，“四新”经济企业数量迅速增长。高新技术产业产值占规模以上工业比重达到35%。制定推动国有企业改革、支持非公有制经济健康发展两个10条意见，省管企业公司制改制基本完成。商事制度改革深入推进。农村集体产权制度改革、农村土地“三权”分置稳步推进，供销社综合改革成效明显。

5. 江苏

调整优化产业结构，大力发展高新技术产业、战略性新兴产业。深入实施创新驱动发展战略，加快推进产业科技创新中心和先进制造业基地建设。区域发展展开新布局，启动实施“1+3”重点功能区战略，扬子江城市群转型升级迈开新的步伐，江淮生态经济区确立生态优先发展的鲜明导向，沿海经济带发展取得新的成效，徐州淮海经济区中心城市建设扎实推进，区域协调发展迸发出新的活力。坚持生态优先、绿色发展，持续打好污染防治攻坚战。综合应用环保、能耗、质量、安全等相关标准，引导退出低端低效产能，依法依规退出落后产能，进一步压减钢铁、水泥、平板玻璃等重点行业过剩产能。大力推进化工钢铁煤电行业转型升级、优化空间布局。加大“僵尸企业”破产清算和重整力度。同时，创造条件帮助企业整改达标、提升水平。加强创新制度供给，增强发展动力活力。全面取消非行政许可审批事项，“放管服”改革取得重大成效，营商环境进一步优化。出台推动民营经济高质量发展的意见，有力促进民营经济发展。科技体制改革、生态文明制度改革等试点顺利开展。深化开发区体制机制改革，复制上海自贸区经验，开发区向现代产业园区转型发展、特色发展步伐加快。认真落实国家长江经济带发展战略，积极推进长三角区域发展一体化，加大对口支援工作力度，加强区域和省际合作。

加快培育具有自主知识产权和自主品牌的创新型领军企业、独角兽企业和“瞪羚”企业。聚焦产业升级需求，有力推进关键核心技术攻关。进一步完善科技成果转化政策体系，积极推动重大科技平台建设，加快军民融合发展。新产业、新业态、新模式发展迅猛。城市轨道车辆、新能源汽车、3D 打印设备、智能电视、商务服务业、软件和信息技术服务业、互联网和相关服务业快速增长。乡村振兴战略深入实施，农村改革发展稳步推进，农业现代化步伐加快，绿色农业、智慧农业、订单农业快速发展。统筹推进沿江产业结构调整、生态文明建设、交通枢纽建设和城市规划发展，沿江地区转型发展步伐加快。以“一带一路”交汇点建设统揽全省对外开放。发挥好苏州工业园区、南京江北新区的引领作用，扎实推进中以（常州）创新园、中韩（盐城）产业园、昆山深化两岸产业合作试验区、淮安台资集聚示范区、苏澳合作园区建设，加快各类开发园区转型升级，打造新一轮改革开放“试验田”。深化苏港澳、苏台合作。

6. 浙江

围绕企业投资、支持民营企业发展、国有企业改革、对内对外开放、推进军民融合发展等领域全面深化改革。处置“僵尸企业”，淘汰企业落后产能。深入实施“10+1”传统产业改造提升行动计划，积极推进产业创新服务综合体和小微企业园区建设，启动实施绍兴传统产业改造提升试点，减轻企业负担和成本。大力推进农业供给侧结构性改革，积极发展高效生态农业。切实加强科技创新，高新技术企业和科技型中小微企业增长迅猛。统筹推进创新平台建设、创新主体培育、创新人才集聚。启动实施数字经济“一号工程”，制定实施数字经济五年倍增计划。杭州成为全国“互联网+”科技创新高地，阿里巴巴迈入世界一流企业，网购和移动支付走向全球。统筹推进标准强省、质量强省、品牌强省建设，努力打造“浙江制造”标准，“互联网+”“机器人+”“标准化+”成效明显，三次产业结构不断优化。高起点谋篇布局杭州湾经济区。大力培育和发展新产业、新业态、新模式“三新”经济。扎实推进城乡区域深度融合，美丽乡村建设全面推进。坚定不移扩大开放，国际影响力不断提升。宁波舟山港成为全球首个货物吞吐量突破 10 亿吨的港口，集装箱吞吐量 2018 年跃居全球第三。

（二）发展启示

纵观北京、上海、广东、山东、江苏和浙江，在党的十八大以来，坚持以创新为引领，通过动能转换构建现代产业体系，推动经济高质量发展，有以下几个共同特点：

1. 从动力结构维度来看，上述各地区已经从传统模式的单一环节、单一维度的改革创新转向系统性、多维度创新

（1）坚持新发展理念。各地区都紧紧围绕创新、协调、绿色、开放和共享新发展理念开展工作。例如，在创新方面，上海自贸区建设的先行先试，成为全国制度创新的样板；各地狠抓科技创新，成为推动产业发展的强劲动能。坚持“绿水青山就是金山银山”的理念，践行绿色发展方式。在协调发展方面，江苏启动实施“1+3”重点功能区战略，推动扬子江城市群、江淮生态经济区、沿海经济带、徐州淮海经济区中心城市建设协调发展是一个很好的案例。

（2）把创新主体建设作为新旧动能转换的核心任务。一是持续开展行政体制机制改革和“放管服”改革，推进依法行政，提高政府创新管理能力；二是建设创新型企业。企业是市场经济最重要的主体，企业强，产业才强。上述地区都十分重视国家级高新技术企业和科技型小微企业培育。以广东省为例，其国家级高新技术企业数量已经超过4万家，总数、总收入、净利润等均居全国第一，成为现代产业体系的强有力支撑。此外，各地区都重视当地科教资源，支持高校和科研院所建设，深度开展产学研合作，为构建现代产业体系提供辅助力量。

（3）积极推动产业园区等载体转型升级。传统的专业或综合性产业园区在管理体制机制方面已经不适应现代产业发展，大力发展新型产业载体势在必行。例如，江苏着力发挥苏州工业园区、南京江北新区的引领作用，扎实推进中以（常州）创新园、中韩（盐城）产业园、昆山深化两岸产业合作试验区、淮安台资集聚示范区、苏澳合作园区建设，加快各类开发园区转型升级。这些载体强调“创新驱动”“跨国合作”和“试验示范”，运行模式和机制发生变化，势必对所承载产业的规模扩张和高质量发展产生积极促进作用。

（4）重视创新平台建设。创新平台是创新主体从事创新活动的依托，各地都十分重视，尤其是重大科技创新平台建设。例如，上海以全球视野、国际标准建设张江综合性国家科学中心，超强超短激光、转化医学等重大科学设施开工建设，张江实验室、李政道研究所挂牌成立，张江科学城规划启动实施。智能制造、类脑芯片、石墨烯等6个共性技术研发与转化平台启动建设，各类众创空间超过500家。其他几个地区也都有一批重要科技创新平台建设或投入运行。

（5）发展要素普遍依靠人才、知识、技术、信息和数据。各地都出台了更适合人才引进和成长的政策。例如，2018年1月，山东省5部门联合发布了《关于支持和鼓励事业单位专业技术人员创新创业的实施意见》，从四大方面支持和鼓励高校、科研院所等事业单位的专业技术人员创新创业。各地都聚焦高新技术产业和战略性新兴产业，把知识、技术、信息和数据作为推动产业发展的着力点，而不是再围绕传统产业上项目、扩产能，这是动能转换的重要表现。

（6）创新管理，为构建现代产业体系提供保障。计划是管理的首要职能。上述各地区都十分重视发展规划的制定和实施。管理方法也要创新。习近平总书记指出，“无论抓什么工作，最紧要的就是掌握正确的世界观和方法论”。2019年2月11日，山东召开“担当作为、狠抓落实”工作动员大会，提出创新“责任管理”机制、创新“效率管理”机制、创新“精准督查”机制、创新“写实考核”机制、创新“公开监督”机制、创新“条块协同”机制，对于全国各地区在实施创新驱动发展战略过程中实施管理创新具有重要借鉴意义。

2. 从转换方向内容来看，上述六个地区推进动能转换涵盖了“控减”“改造”和“增加“三个方面

（1）控制、减少旧动能。北京、上海、广东等地区坚持新发展理念，在环保、能耗、质量、安全等方面严格执行相关标准，坚决“控减”低端、落后产能。对于低端低效产能，实施引导退出；对于落后产能，实施依法依规退出；对于钢铁、水泥、平板玻璃等传统行业过剩产能，进一步压减；对于“僵尸企业”，加大破产清算和重整力度。同时，创造条件帮助企业整改达标、提升水平。加强大气污染治理，加大水环境综合整治力度。

（2）用新动能改造提升旧动能。例如，江苏大力推进化工钢铁煤电行业转型升级、优化空间布局。编制了《智能制造发展规划》，推进互联网、云计算、大数据等与制造业深度融合，先后组织实施了600多项、总投资1500多亿元的企业智能化改造升级计划，带动全省制造业水平迈向“中高端”。

（3）增加新动能。上述六个地区经济发展一个共同特点是注重增加新动能，包括新理念、新技术、新产业、新业态、新模式、新制度等。例如，江苏把推动战略性新兴产业和高新技术产业发展作为新动能。2013年以来，江苏全省战略性新兴产业产值年均增长10%以上，高新技术产业产值占比从37%提高到2018年的43.8%[①]。

① 新浪新闻中心：https：//news. sina. com. cn/c/xl/2019－02－13/doc－ihrfqzka5546159. shtml

四、辽宁沿海经济带产业发展的现状和问题

（一）发展现状

2009 年 7 月，辽宁沿海经济带开发开放上升为国家战略以来，承接了大量的产业项目，整体进展迅速，成果比较突出。以制造业为主体的区域产业体系初现雏形，优势工业整体实力进一步提升，竞争力不断增强。船舶和汽车等先进制造业发展迅速；石化、冶金和有色工业等原材料工业生产加工能力大幅提升；新能源、新材料和生物医药等高技术产业亮点突出。现代服务业和现代农业也取得了长足发展。

产业园区作为辽宁沿海经济带开发开放的重要载体，在承接产业项目、体制机制改革试点、优化空间布局、产业集聚等方面发挥了重要作用。近 10 年来，经过多次扩充和整合，辽宁沿海曾经确立了 45 个省级重点园区，主要涉及第二、第三产业，培育发展了多个重点产业集群①。大连涉及软件和信息技术服务、装备制造、汽车及零部件、电子信息、生物医药、石油化工、精品钢材、新材料、农产品深加工、家具、轴承、服装、电力设备器材等重点产业集群；丹东主要涉及汽车及零部件、仪器仪表、防护纺织制品、满族医药及健康产业集群；锦州涉及光伏及新能源、石化及精细化工、钛及特种金属、汽车及零部件、冶金材料等产业集群；营口涉及镁产品及深加工、钢铁深加工、汽车保修装备、石化等产业集群；盘锦涉及石化及精细化工、石油天然气装备、塑料新材料和海洋工程装备产业集群。葫芦岛涉及聚氨酯、泳装、海工装备、钼金属深加工、泵阀、数字技术等产业集群。

其中，海洋产业持续发展。海洋交通运输业、滨海旅游业、海洋渔业等传统产业规模不断扩大，海洋科研教育管理服务业发展迅速，造船及海洋工程装备制造业发展较为突出。

从 2013 年到 2017 年，辽宁沿海各市努力推进创新发展，在产业结构优化升级方面取得积极进展②。其中：大连市推进协调发展，产业结构调整取得可喜

① 资源来源：调研资料。

② 相关资料和数据参考了 2018 年辽宁沿海经济带各市的政府工作报告。

成效。高技术产业和装备制造业增加值占规模以上工业增加值比重分别由5.5%、44%提高到17.3%、47.8%，服务业占GDP比重由41.6%提高到52.1%。丹东市以创新驱动为引领，产业结构呈现新格局。特色农业蓬勃发展，形成了特色鲜明的农业产业体系。工业转型升级步伐加快，建成省内首个中科院产业技术创新与育成中心；高新技术企业达到91户，高新技术增加值年均增长10%以上，居全省前列；东方测控、克隆集团、东发集团等一批“小巨人”和“专精特新”企业不断做大做强。营口市坚持新发展理念，产业结构进一步优化。三次产业比重调整到8.8∶43.2∶48，高新技术产品增加值、战略性新兴产业增加值占比分别达到25.6%、18%。盘锦市制定实施《中国制造2025盘锦行动纲要》，工业主导产业向高端化、集群化方向发展，世界级石化及精细化工产业基地建设实现新突破，国内领先的能源装备制造产业基地建设取得新进展。临港粮食物流加工、快递物流、电子商务等现代服务业蓬勃兴起。锦州市坚持推进经济转型升级，三次产业比例调整为17.6∶35.2∶47.2。现代农业加快发展，种植结构不断优化。实施工业强市五项工程，光伏及电子信息、石化及精细化工、汽车及零部件、生物医药等新兴产业产值以年均两位数的速度高速增长。现代服务业蓬勃发展。葫芦岛市深入推进供给侧结构性改革，协调发展三次产业，实现了效益增长、质量提升。农业经济更新换代、提质升级，工业经济筑底企稳、持续向好，传统服务业加快转型，现代服务业蓬勃发展。

（二）存在的问题

2013年以来，受国际、国内及省内若干因素的影响，辽宁沿海经济带总体发展速度有所放缓。从2013～2017年，辽宁沿海经济带生产总值占全省比重徘徊在50%左右，并未实现稳步提升。纵观辽宁沿海经济带发展现状，目前仍然存在着创新发展要素投入不足、协调发展格局尚未形成、生态保护和环境治理还不到位、开发方式较为粗放、产业结构不尽合理、对外开放仍有差距、营商环境尚需进一步优化等诸多问题。单从产业结构、形态和分工的角度来看，辽宁沿海经济带构建现代产业体系的任务仍然十分艰巨。具体总值见表2.1。

表 2.1　2013～2017 年辽宁沿海经济带生产总值占全省比重　单位：亿元

年份	辽宁沿海经济带生产总值①	全省生产总值②	比重 =①/②
2013	13742.3	27246.2	50.44%
2014	13614.7	28612.3	47.58%
2015	13534.3	28555.6	47.40%
2016	11410.4	21896.2	52.11%
2017	11929.9	23409.2	50.96%

注：表中数据来源于 2017 年、2018 年《辽宁统计年鉴》。

1. 现代农业发展需要突破

存在的主要问题是：农业基础设施投入不足；农业科技水平不高；农村土地所有权、承包权、经营权分置改革需向纵深推进；耕地集约化、规模化经营水平有待提升；农业种植的组织模式需要创新；绿色农业、休闲农业、旅游农业等新型农业形态发展不足。

2. 制造业体系亟须优化升级

目前，石化、冶金、农产品加工、机械制造等传统产业仍居主导地位；自主创新能力不强，产学研协同创新力度不够，大部分产业仍处在产业链条中低端，产品附加值不高；真正的高新技术产业和战略新兴产业所占比重不高；根据 2018 年 3 月科技部发布的《2017 年中国独角兽企业发展报告》，估值在 10 亿美元以上的 164 家企业，没有一家在辽宁沿海经济带，全东北唯独沈阳有一家企业（蓝卡健康，排名在 99 位）。规模较大、优势突出、有带动作用的龙头企业数量少。产业园区内企业之间关联度不强，产业集聚效应没有充分显现。沿海各市相互之间产业缺乏互补性，产业特色不够鲜明，石化产业同构现象比较严重。

3. 现代服务业发展相对滞后

生产性服务业对制造业的支撑作用不强，科技中介发展比较落后，研发外包、创意设计、技术转移等市场主体亟须培育和壮大，科技创新和科技成果转化动力不足。生活服务业有待提档升级，在商业模式和业态上需要进一步创新。

4. 海洋及相关产业发展存在较大空间

向海而生是辽宁沿海经济带的基础优势，区域发展应该充分考虑利用海洋空间和资源。当前，海洋及相关产业发展还存在几个突出问题：一是发展海洋经济的意识还有待于进一步增强，全省及沿海各市的海洋产业定位需要进一步强化。二是缺少整体的战略规划。“十二五”期间，出台了《辽宁省海洋环境保护办法》《辽宁省海域使用管理办法》。2017 年 8 月，省政府发布《辽宁省海洋主体功能区规划》。但是到具体产业，除了渔业、港口物流、旅游等个别专项规划，缺乏针对“海洋产业”整体发展的统筹规划。三是海洋空间开发利用不合理。“我省 60% 以上的海域开发利用，集中于近岸 10 米等深线以浅海域，海洋空间资源开发利用不均衡问题表现突出。海岸和近岸海域空间的高密度、高强度开发，导致近岸海域开发利用潜力、可持续发展能力明显降低。①”四是产业结构尚需优化，产业规模不大。如图 2.1 所示②，辽宁海洋产业结构仍以传统的渔业、港口运输、滨海旅游等产业为主，海洋第二产业规模和实力有待于提高，海洋战略新兴产业发展滞后。2017 年，全国海洋生产总值为 77611 亿元③，辽宁省海洋

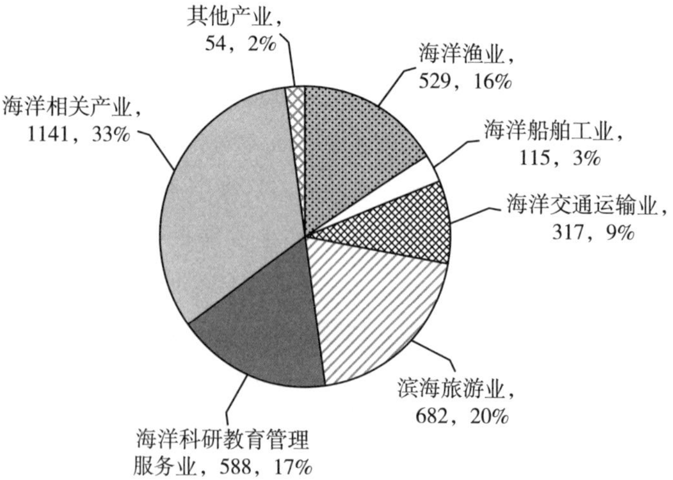

图 2.1　2017 年辽宁海洋产业结构（单位：亿元）

---

① 资料来源：《辽宁省海洋主体功能区规划》。

② 数据来源：调研资料。

③ 数据来源：《2017 年中国海洋经济统计公报》。

经济总量只有3426亿元①，占比4.41%，追赶的空间还很大。五是海洋产业管理职能分散在各部门，目前还没有建立统一口径、完善的海洋产业统计体系。2006年，国家已经出台了海洋产业统计标准（GB/T 20794－2006《海洋及相关产业分类》），国家海洋局每年发布海洋经济统计公报，但辽宁有关部门及沿海各市还不能及时发布"海洋经济"公开统计数据，对相关研究与决策缺乏必要支撑。

辽宁沿海经济带存在上述问题的实质是：新旧动能转换不到位，旧动能仍在发挥重要作用，新动能培育发展缓慢。辽宁沿海经济带如果不积极实施动能转换，产业发展就只能停留在产业结构不优、层级水平不高、发展质量不高的状态。

五、辽宁沿海经济带构建现代产业体系的总体思路

构建现代产业体系是创新工程、系统工程、协同工程。习近平总书记曾经指出②，创新是一个复杂的社会系统工程，涉及经济社会各个领域。坚持创新发展，既要坚持全面系统的观点，又要抓住关键，以重要领域和关键环节的突破带动全局。他认为，改革越深入，越要注意协同，既抓改革方案协同，也抓改革落实协同，更抓改革效果协同，促进各项改革举措在政策取向上相互配合、在实施过程中相互促进、在改革成效上相得益彰，朝着全面深化改革总目标聚焦发力。

因此，辽宁沿海经济带新一轮发展一定要坚持系统思维、协同思维和创新思维，从产业结构和动力结构两个维度，以产业结构优化升级（产业结构维度）为主要内容，从发展理念、发展主体、发展载体、发展平台、发展要素和发展管理（动力结构维度）六个方面全方位实施动能转换（如图2.2所示）；在强化区位优势和产业特色的基础上，控制或减少落后产能，改造提升传统产业，大力培育发展新兴产业，尤其要做大、做强海洋及相关产业，特别是海洋第二产业；着力构建实体经济、科技创新、现代金融、人力资源协同发展，互联网、大数据、人工智能和实体经济深度融合的产业体系。

---

① 调研资料。

② 人民网：https：//news. youth. cn/sz/201808/t20180811_11695305. htm

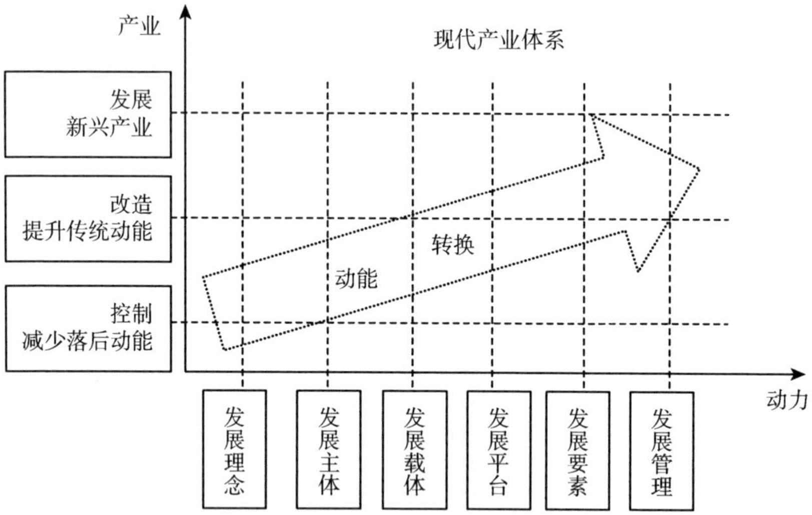

图 2.2　动能转换与现代产业体系融合发展矩

辽宁沿海经济带构建现代产业体系的关键在于高质量发展制造业，在于现代农业发展取得新突破，在于有效提档升级发展现代服务业，在于新技术、新产业、新业态和新模式的有效开发与实践，在于产业和区域融合发展的广度和深度。

六、辽宁沿海经济带构建现代产业体系的对策

（一）将贯彻新发展理念贯穿于决策和执行的全过程，是构建现代产业体系的根本要求

新发展理念是对传统发展理念的改变和升级。新发展理念包含的“创新、协调、绿色、开放、共享”是一个具有内在联系的集合体，体现着辩证思维和统筹兼顾的科学方法论。各地区要在学习理解的基础上将新发展理念贯穿于发展决策和执行的全过程。2018 年 5 月，习近平总书记在中国科学院第十九次院士大会、中国工程院第十四次院士大会上强调，“要充分认识创新是第一动力，提供高质量科技供给，着力支撑现代化经济体系建设；要把握数字化、网络化、智能化融合发展的契机，以信息化、智能化为杠杆培育新动能，优先培育和大力发展一批战略性新兴产业集群，推进互联网、大数据、人工智能同实体经济深度融合，推

动制造业产业模式和企业形态根本性转变，促进我国产业迈向全球价值链中高端①。”真正贯彻新发展理念要做到以下几方面：首先，正确理解创新的科学内涵。创新是致力创造价值的改变，创新的对象不只是科学技术，而是以科技创新为核心的全面创新，还包括制度、文化、管理、产品、业态、商业模式等多方面。其次，切实把创新作为发展的第一动力。为此，各市发展的关注焦点就必须从大石化、大冶金、大基建、房地产推动经济增长向上转移，更多关注在哪儿创新，如何创新。要切实将创新理念转化为创新行动。再次，创新是一个系统化的过程。眼睛盯在一个点上，顾此失彼，创新的效果会受到影响。最典型的表现就是有的地方重视招商引资，但不注重优化营商环境，不注重人才的培育、引进和留用，忽视其他相关配套工作。结果是企业入驻少，产业成长缓慢。此外，还要向区域协调发展、绿色发展、扩大开放要增长；推动成果共享，以共享成果促进新动能形成。新发展理念能否有效落实，依靠发改、工信、科技、商贸、环保等多部门协同配合，“撸起袖子加油干”。

（二）以创新型主体建设助推产业结构优化升级，是构建现代产业体系的核心任务

1. 加速创新型主体建设

（1）建设创新型政府。创新型政府是拥有创新意识和创新能力的政府，其本质要求是由创新型人才来管理运营，其外在表现是服务创新。为此，政府部门应该继续创新管理体制、机制，以创新驱动为导向重塑部门考核指标体系；建设创新意识足、创新能力强、敢于创新、敢于担当、年轻化的干部队伍；着力推进“放、管、服”改革，深化“证照分离”“多证合一”改革，持续优化营商环境；建立健全企业家参与涉企政策制定机制；主动作为，提高服务质量，建设人民满意的服务型政府。

（2）培育创新型企业。国有企业改革必须有本质突破，着力点是推进产权结构（混合所有制）改革和决策体制、机制创新。推动民企创新发展，引导企业建立现代企业制度，构建科学管理体系，强化企业家创新意识，培育企业家精神，为民营企业提供良好的发展环境。推进国有企业和民营企业协调发展、融合发展。创新型企业建设的一个重要任务是培育“独角兽”企业。其中：大连市

① 央视网，http://tv.cctv.com/2018/05/29/ARTIJ0SAgksjtI1FDWq0t7LG180529.shtml

作为辽宁沿海经济带的核心城市，要发挥创新示范作用，其工作重点应该放在创新型领军企业培育和竞争力提升上。一是重视培育“隐形冠军”“单项冠军”和“瞪羚”企业，力争在“独角兽”企业上实现零的突破。二是推动高新技术企业倍增成长，成为产业发展的主力军。三是做强做优装备制造企业。积极推动机床产业重整和光洋智能制造装备产业园建设，把“大连机床”培育成为享誉世界的知名品牌；同时推动造船及海工装备制造企业提升创新能力和产业链延伸。大连创新型企业建设要对“渤海冀”和“黄海冀”的企业形成示范效应。丹东市和营口市，要以创新驱动为引领，努力打好“小升规、规升巨、强龙头、集群化”组合拳，推动企业走“专精特新”发展之路。盘锦市、锦州市和葫芦岛市，应该深入实施企业自主创新能力提升计划，推动科技型中小企业和高新技术企业快速发展。

（3）推动产学研真正有效合作，协同创新，突破高校服务地方经济的体制机制障碍。加强区域创新体系建设，强化战略科技力量。深化科技体制改革，建立以企业为主体、市场为导向、产学研深度融合的技术创新体系，加强对中小企业创新的支持，促进科技成果转化。探索高校服务地方经济发展的新模式，构建产学研创新合作、教育教学合作的新机制，力推校企合作办学，为人才驻留省内提供发展平台。推动企业、高校和科研院所开放创新资源，设立创新创业载体。要充分发挥大连和锦州的区域教育中心地位，深度推动产学研合作，可以考虑高校与产业园区的企业集群开展合作，建立研究生联合培养基地，以企业创新项目为抓手，把研究生培养工作嵌入企业研发活动，实现高校和企业的双赢。

（4）加强科技服务业等服务组织建设。大力发展信息服务、专业技术服务、环境监测及治理服务、科技培训、科技咨询、人才市场、知识产权及相关法律服务、科技成果转化服务等服务业，为创新型主体建设提供支撑。推动生产性服务业标准化、国际化和生活性服务业便利化、精细化、品质化发展，增强对沿海经济带的服务功能。优先发展融资租赁、港航物流、电子商务等生产性服务业，提质发展医疗健康、育幼养老、商贸流通等生活性服务业。

（5）创新需求主体，积极开拓新市场（新顾客）。深化“一带一路”建设，引导企业走出去，积极拓展“一带一路”沿线国家和美洲、东盟、中东欧、非洲、南美等新兴市场。推动企业产品和服务提档升级，满足中高端消费需求；重视开拓边缘市场。建议大连充分利用核心城市地位，大力推进特色商业街区建设，继续办好“慕尼黑大棚”、啤酒节、服博会、大连购物节等活动。各城市应该积极推动教育消费、信息消费、汽车消费、文化消费等领域优化升级。促进滨海旅游提升形象品质，吸引更多国外游客来域内旅游。

2. 推动产业结构优化升级

（1）控制和淘汰落后产能，聚焦新动能。对技术含量低、高耗能、高污染的化工、冶金、造纸等产业进行产能控制，对相关企业实施能耗、土地等指标约束，加大监管力度，针对环保不达标企业，坚决按要求、按计划实施淘汰。在招商引资环节，要坚决避免再引进本属于应该控制和淘汰的所谓“重大项目”或“一号工程”，各地方要凝心聚力，切实聚焦创新发展和绿色发展，把经济增量的重点转移到新动能的培育和发展上来。

（2）改造升级传统产业，形成新动能。利用新体制、新机制、新模式、新技术、新工具，做好改造升级“老字号”，深度开发“原字号”，推进传统产业改造升级。推动石化、冶金、农产品深加工等传统优势产业智能化、绿色化、品牌化发展。深化土地流转改革，强化区域特色，创新商业模式，探索农户与现代农业对接的新型载体建设，推动传统农业向现代农业转变；推动互联网、大数据、人工智能与制造业深度融合，做强提升装备制造业；深入推进智能制造及智能服务试点示范项目。加强技术创新，拓展升级原材料工业；推动技术创新和商业模式创新，提档升级生产和生活服务业。山东世纪开元电子商务有限公司以C2B和S2B2C模式为指导，专注为个人用户和中小微企业用户提供影像、印刷包装及企业定制类的一站式场景化解决方案，通过商业模式创新，实现了高速成长，连续三年获评中国印刷电商第一名。世纪开元于2001年成立，原是一家街边冲印小店，一度陷入停业的困境。2008年全面转型“线上”，迅速成为中国最大的影像冲印商，占据了“线上”冲印市场70%的市场份额，2015年又切入印刷市场，2017年又开始进军新零售，开启了未来10年的战略布局①。世纪开元通过实施“互联网+”战略，成长为中国印刷电商第一名，充分说明传统产业只要勇于实施创新驱动，完全可以实现转型升级。对于辽宁沿海经济带，改造升级传统产业是新旧动能转换的一个重要内容。

（3）培育壮大新兴产业，增添新动能。加快发展工业互联网、物联网，支持数字经济、平台经济发展。以现有产业为牵引，利用区位优势，持续优化营商环境，大力发展新一代信息技术、先进装备制造、大数据、人工智能、节能环

① 资料来源：根据2018年10月22日，世纪开元主管在2018中国·实践·管理论坛（山东大学）上的主题报告以及企业安排的参观考察记录整理。

保、生命健康、新材料、新能源、新能源汽车和生物等产业。贵州发展大数据产业充分利用了气候和用电成本等独特优势，而且较早抓住了发展新经济的有利时机。相关企业已经从 2013 年的不足 1000 家增长至 2018 年的 8500 多家。苹果、高通、微软、戴尔、惠普、英特尔、甲骨文等世界知名企业，阿里巴巴、华为、腾讯、百度、京东等全国大数据、互联网领军企业扎根贵州发展，大数据产业规模总量超过 1100 亿元。2017 年，贵州以大数据为引领的电子信息制造业增加值增长 86.3%，对工业经济增长的贡献率达到 15.3%，与电力并列成为工业第二大增长点，大数据成为推动贵州经济社会发展的战略引擎①。

（4）做强做优临港特色产业，提升新动能。锦州的钛及特种金属产业、光伏及新能源、新能源汽车、生物医药产业，营口的镁产品及深加工、汽车保修装备、乐器产业，丹东的仪器仪表、防护纺织品、汽车增压器（占全国产量的 20%）、满族医药及健康产业，大连的造船、装备制造、电子信息、生物医药、精品钢材、新材料和轴承等产业，盘锦的石油天然气装备、塑料新材料、海洋工程装备产业，葫芦岛的泳装、透平机械、泵阀和数字技术等产业，要立足于技术创新，走差异化和专精化发展之路，不断提升产业竞争力。

（5）大力发展海洋及相关产业，壮大新动能。提升海洋及相关产业发展定位，制定整体发展规划，打造辽宁沿海“蓝色经济带”；由统计部门牵头，相关部门参与，构建完善的产业统计体系，同时建立部门之间协同管理的体制机制。此外，还要做好以下工作：第一，要推动海洋渔业结构调整，由数量型向质量效益型转变，探索发展海洋农林业。创建现代化海洋生态牧场、深远海智能化养殖等新模式，构建智慧养殖、智能捕捞和绿色加工等新生产体系。第二，要做大做强海洋第二产业。重点发展海洋船舶工业、海洋设备制造业、海洋产品及材料制造业、海洋生物医药业、海洋化工业、海洋电力业；推动海洋水产品精深加工，将水产品产业链延伸到保健品、海洋药物等领域；强化海水化学资源利用，包括海水制盐、海水提钾、海水提溴、海水提镁等。建议相关城市把发展“私人游艇”纳入未来发展规划，满足中高端消费需求，促进产业转型升级。第三，创新发展海洋服务业。整合提效海洋交通运输业，提档升级滨海旅游业；强化发展海洋信息服务业、海洋环境监测预报服务业、海洋保险与社会保障业、海洋科学研究与海洋技术服务业、海洋环境保护业、海洋教育与管理业、海洋批发与零售业及其他涉海服务业。

---

① 新浪贵州，http：//gz. sina. com. cn/news/city/2018 - 07 - 08/detail - ihezpzwt3184805. shtml

2018 年 6 月 12 日，习近平总书记在山东考察的第一站，来到位于青岛蓝谷的青岛海洋科学与技术试点国家实验室。他强调，海洋经济发展前途无量。建设海洋强国，必须进一步关心海洋、认识海洋、经略海洋，加快海洋科技创新步伐[①]。青岛蓝谷建设有青岛海洋科学与技术试点国家实验室、“蛟龙”号母港国家深海基地、国家海洋设备质检中心等 20 余个“国字号”重大科研平台和山东大学、北京航空航天大学、天津大学、四川大学等 20 余所全国知名大学建设的校区、研究院或创新园，形成了高端科研平台竞相聚集、创新活力涌动迸发的海洋科研教育高地，一大批海洋领域“国之重器”逐渐形成了核心竞争力[②]。因此，发展海洋及相关产业，基础在于创新，尤其是科技创新，没有科技创新，就没有发达的海洋产业体系。

其中，大连要发挥海洋经济基础相对较好的优势，实施海洋经济强市战略。大力发展海洋渔业、海洋交通运输业、滨海旅游业、造船及海洋工程装备制造业等现代海洋经济五大主导产业，加快发展海洋生物制药、海洋清洁能源、海洋新材料等新兴产业，积极推进海洋信息服务、涉海金融保险、涉海法律服务等海洋服务业。高质量建设现代海洋牧场，叫响“大连海鲜”品牌，打造“蓝色粮仓”。盘锦要把海工装备制造业做大做强。丹东、营口、盘锦、锦州和葫芦岛要积极推动海洋交通运输、海洋渔业和滨海旅游业提档升级，通过科技创新，积极发展海洋制造业和服务业。

（三）推动发展载体升级融合，创新产业发展摇篮

不断提高对外开放水平，努力将辽宁自贸区片区扩展到整个辽宁沿海经济带，同时深化体制机制改革，逐渐向自由港转变。推动沿海经济带各市协同发展，积极创建辽宁“一带一路”综合试验区、中国——中东欧“16 + 1”经贸合作示范区。以辽宁沿海经济带、京津冀、山东半岛的环渤海、黄海区域为基础，比邻韩国和朝鲜，探索构建“渤黄海大湾区”；推动烟大海底隧道建设，优化与韩国、朝鲜的海运通道，借助“一带一路”建设，创新体制机制，提升区域融合发展水平。推动大连金普新区、沈大国家自主创新示范区及各类国家级经开区、高新区、专业产业园区提档升级，注入新内涵、新模式、新功能和新要素，

---

① 新华网，http：//www. xinhuanet. com/politics/2018 - 06/14/c_1122987584. htm

② 大众网，http：//paper. dzwww. com/dzrb/content/20181023/Articel09002MT. htm

促进军民融合、区域融合、央地融合和跨界融合。推动自创区、自贸区、金普新区、国家级产业园区在科技管理体制、人才激励机制、科技金融结合等方面大胆探索，示范引领，通过科技创新和制度创新“双轮驱动”，实现“联动发展”“错位发展”和“特色发展”。加快沿海港口整合步伐，推动海港、陆港、空港融合发展，推动“港产城创”一体化发展。

发挥大连作为沿海经济带核心城市的辐射带动作用，以沈大国家自主创新示范区为核心载体，以金普新区、各国家级高新技术产业园区、国家级经济技术开发区为支撑，积极创建科技成果转移转化示范区、制造业高质量发展级示范区。大连要利用海洋经济相对优势，积极创建海洋经济创新发展示范城市和国家海洋经济发展示范区；探索建立“中日韩国际合作示范区”和“对日经贸合作试验区”。大连、葫芦岛要积极创建军民融合创新示范区，加快建设军民融合高技术产业基地。丹东要积极引导高新技术产业和战略性新兴产业向高新区集聚，争创国家级高新技术产业园区；突出旅游业龙头引领作用，积极申创国家边境旅游试验区；加快丹东新区发展，加快申建综合保税区。营口要积极推动高新区、自贸区、综合保税区“三区”融合发展，加快集聚创新创业要素，推动高新区转型升级。盘锦要加快实施创新驱动发展战略，争取高新技术产业开发区晋升为国家级高新区。锦州要推动国家高新区产城融合示范区建设，推动国家级经济技术开发区提质升级。葫芦岛要加快军民融合产业园建设；努力壮大泳装产业集群，培育龙头企业，创新技术标准，打造国际泳装产业创新高地。

（四）创新发展平台运行机制，提高产业创新能力

以沿海各市主导产业、特色产业、新兴产业为主攻方向，以沿海园区为载体，布局建设一批高水平的研发中心和创新平台。各城市要构建完善以产业高质量发展为需求导向的、以企业为主体的“产校地企融”一体化创新机制，充分利用区域内高校院所资源，共建开放、协同、高效的共性技术研发平台。建立健全协同创新中心、科技创新中心、产业研究院、技术创新联盟、创客空间的运行机制，提高运行效率。以产业园区为载体，创建集高校教育、产学研合作、科技创新、成果转化、创业孵化、投资融资、产业发展于一体的新型平台，推动创新创业发展。大连要利用丰富的高校院所资源，加快推进国家重点实验室、工程技术中心、研究院、产业共性和专业技术创新平台、专利联盟、国家技术标准创新基地以及国家和省“双创”示范基地建设。加强沿海经济带与京沪苏在平台共

建领域对口合作。

（五）科学配置运用新发展要素，增强产业发展活力

把人才、知识、技术、信息和数据作为新时代发展要素。人才配置要重点解决发展环境、岗位待遇和发展空间问题。要避免人才引进政策的趋同现象，重视以区域产业定位培养、引进人才。抓好人才“引育用留”配套工程。把作为教育大省的高校资源用足，推行政府、企业、科研院所、高校教师挂职锻炼制度，让高校教师进政府、进企业。推动政府部门和企业贯彻新理念，提高创新能力。建立全省经济发展大数据公共平台，建设沿海产业园区公共信息平台，构建人才、技术数据库。大力推行“企业上云”行动计划，通过企业上云搭建统一的研发、生产、管理、营销平台，创新业务流程、提高运营效率，实现跨系统、跨地域、跨应用的全面协同。以政策引导企业运用知识、技术、信息和数据推动企业创新发展，从而推进新旧动能转换，促进经济转型升级，提质增效。

（六）深化区域管理创新，为建设现代产业体系提供保障

提升锦州的发展定位，建议把锦州建设“辽西区域中心城市”上升为省级战略，加大支持力度，确立形成全省“三心（沈阳、大连、锦州）＋两圈（沈阳经济圈、辽西经济圈）＋两带（辽宁沿海经济带、沈大高新技术产业带）”的发展格局，以此助推“一带五基地”和“五大区域”战略协同发力。

主动对接京津冀协同发展、长江经济带和粤港澳大湾区发展战略，承接高端产业转移、创新要素辐射，加强重点领域合作。推动辽宁西部城市承接京津冀产业转移。辽宁西部的朝阳、葫芦岛以及更远的锦州、阜新等城市承接“京津冀”产业转移要有新思路：“接点补链、借点成链、承接扩散”。所谓“接点补链”是指积极承接“京津冀”地区向外转移的、能弥补本地产业链节点的企业；“借点成链”是指对于京津冀地区的企业，即使不向外转移，但能够弥补本地产业链条的，也可以主动合作，构建产业供销联盟或创新联盟；“承接扩散”是指积极引进京津地区创新创业成果（知识产权或创业项目），使之在本区域产业园区开花结果。葫芦岛和朝阳等市要建立“京津冀”产业转移对接平台，开展不同层次、不同行业、不同规模的产业转移对接活动。鼓励跨省市共建产业转移合作园区，创新合作体制机制，促进要素汇集、资源共享，实现互利共赢。丹东要强化

与东北东部区域城市合作，积极对接吉林“向南发展”战略，推进“白通丹”区域经济一体化发展、东北东部区域物流一体化进程。

推动大连对丹东的产业转移和技术扩散，助力“黄海翼”腾飞。大连是辽宁沿海经济带开发开放战略布局的核心，拥有良好的经济基础和较强的科技实力，具备产业转移和技术扩散的势能。一方面，推动大连的产业向丹东转移，主要形式有：第一，在大连与丹东之间寻求产业链合作：“零部件/原材料—组装/加工—销售”或“研发——制造”等模式；第二，丹东要主动争取大连的“低关联度产业”向本地转移，如大连的家居制造、服装服饰、农产品加工、生产性服务业。另一方面，大连丰富的学研资源也可以助力丹东的产业技术创新或向丹东进行技术成果转移，主要途径有：第一，直接转移及产业化延伸，学研机构将已有技术成果直接转让给丹东有需求的企业，也可以联合企业对技术进行二次开发或适应性改造，在落地企业实现产业化。第二，丹东的企业按需向大连学研机构委托科研服务。第三，丹东和大连的产学研主体通过协议或联盟的形式开展联合研发。

推动“港、产、城、乡村”协调发展，加强海陆互动，加快乡村振兴。深入推进园区创新发展，持续深化“管委会 + 公司”运行机制。依托园区，大力发展“飞地经济”。大力推广 PPP 投资模式，减轻政府负担，提高投资质量和效率。推行清洁生产模式，不折不扣地贯彻国家生态建设和环保治理政策，践行绿色发展方式。加快高等学校整合重组，明确应用型高校发展定位，推动产学研协同创新、合作办学。加强人才晋升、利益分配、医疗、住房和保险等制度建设，为吸引人才和产业发展提供新动能。

综上所述，辽宁沿海经济带构建现代产业体系是贯彻党的十九大报告关于“建设现代化经济体系，实现经济高质量发展”的必然要求。构建现代产业体系必须通过新旧动能转换来完成。辽宁沿海经济带产业发展现存问题的实质是新旧动能转换不到位，新动能培育和发展缓慢。通过动能转换构建现代产业体系必须坚持系统思维、协同思维和创新思维，以创新为第一发展动力，从产业结构和动力结构两个维度，以产业结构优化升级（产业结构维度）为主要内容，从发展理念、发展主体、发展载体、发展平台、发展要素、发展管理（动力结构维度）六方面全方位推进。在现有发展基础上，要充分利用区位优势，强化区域产业特色，提升海洋及相关产业（尤其是海洋第二产业）发展地位，打造辽宁沿海“蓝色经济带”。

参考文献

[1] 刘瑞．中国发展动能转换的必然性与可行性［J］．人民论坛，2015(9)：22－24

[2] 李佐军．培育壮大新动能，推动经济发展动力变革［EB/OL］．人民论坛网，http：//www. rmlt. com. cn/2017/1027/501267. shtml

[3] 周权雄．现代产业体系构建的背景条件与动力机制［J］．科技进步与对策，2010（10）：49－52

[4] 刘钊．现代产业体系的内涵与特征［J］．山东社会科学，2011（5）：160－162

[5] 斯劲．现代产业体系的形成机理研究［J］．经济体制改革，2014（5）：29－32

| 专题报告三 |

辽宁沿海经济带 PPP 发展研究报告

一、引　　言

随着改革开放的不断深入和市场经济的高速发展，调整经济结构、完善基础设施建设、推进新型城镇化建设、进而提高民生保障水平已成为我国新时代特色社会主义建设进程中的一项重大战略。2017 年 10 月，第十九次全国人民代表大会中习近平总书记明确指出我国已进入特色社会主义发展的新时代，社会的主要矛盾已经转化为人民日益增长的美好生活需要和不平衡不充分的发展之间的矛盾，经济运行已由高速增长阶段转向了高质量发展阶段，因此从现阶段开始，优质的基础设施与公共服务体系的配套建设、满足公众需求等将逐渐成为各地方经济发展的主要关注领域。然而，经济增速放缓、财政支出压力过大、政府性债务风险蓄积等问题使公共产品的投资需求仅依靠传统融资模式将越来越难以满足，因此，寻求多元化的资金投放方式和创新融资模式成为各地方政府亟待解决的问题。

政府和社会资本合作（Public - Private Partnership，PPP）是政府部门与社会私营部门合作的一种融资模式，在减轻政府公共财政支出压力的同时，提升了私营企业、民营资本的社会责任参与力，带动了企业的发展。凭借政府部门、社会私营企业和社会公共共同受益的特点 PPP 模式备受地方政府关注，成为目前我国新型城镇化建设过程中公共基础设施建设的主要资金筹集方式之一。2014 年以来，财政部和国家发展和改革委员会积极展开对 PPP 模式推广工作的全面部署，推出了大量鼓励社会资本参与建设营运的示范项目，范围涉及传统基础设施、信息基础设施、清洁能源、油气、煤化工、石化产业等，且项目合作模式多样化。北京地铁 4 号线项目是我国城市轨道交通领域首次探索和实施市场化 PPP 融资模式，有效缓解了当时北京市政府财政支出压力，实现了轨道交通行业投资和运营主体多元化突破，形成同业激励的格局，促进了技术进步和管理水平及服务水平的提升。从该项目的落实情况和成效来看，项目实施效果非常好。固安工业园区新型城镇化项目借鉴了英国道克兰港口新城和韩国松岛新城等国际经典 PPP 合作案例的主要经验，把平等、契约、诚信、共赢等公私合作理念融入政企协作开发和建设运营中，采取整体式外包合作方式，将园区基础设施和公共设施建设整体工程外包给企业，避免了因投资者众多而增加的投资、建设、运营成本，减少了分散投资的违约风险，形成规模经济效应和委托代理避险效应，从而带动了当地经济社会的发展。除了轨道交通与市政公共事业领域，PPP 融资模式在水利工程、社会事业、医疗、生态环境保护等众多领域的运用都取得了良好成效。然而，由于我国地方经济发展差异过大，PPP 模式的发展并不均衡，整体而言，成功率还是比较低的，据相关数据统计约 70% 的 PPP 模式在运作初期和执行过程中困难重重。

辽宁沿海经济带发展是我国振兴东北老工业基地的重大战略决策，是加快沿海与腹地互动发展的重要布局。近年来，在国家一系列强力政策的刺激下，辽宁沿海经济带各市政府也开始广泛探索 PPP 模式。2014 年，国务院印发了《国务院关于近期支持东北振兴若干重大政策举措的意见》，明确提出要鼓励民间资本进入公共基础设施建设，拓宽社会资本的投资领域和范围，激活社会资本在国家各地方重大项目上的重要作用，倡导政府联手社会资本实现合作共赢，推进 PPP 模式在生态智力、基础建设等方面的应用，为辽宁沿海经济带 PPP 模式的发展提供了良好的政策环境。但是由于配套产业发展水平不高、规章制度不健全、政府职能发挥不足、政策效果不显著等因素，辽宁沿海经济带的 PPP 模式发展严重滞后于其他地区，表现为社会资本参与度低、民营资本参与积极性不高、PPP 项目签约落地率低、效益低、无法保证公共利益最大化等。因此，调查 PPP 模式在辽宁沿海经济带的应用情况，分析比较辽宁沿海经济带各市 PPP 模式实施成效，对加快辽宁沿海经济带的新型城镇建设、助推新一轮东北老工业基地振兴具有重大的理论意义和现实指导意义。

本报告通过调查研究辽宁沿海经济带 PPP 模式发展情况及实施成效，将辽宁沿海经济带 PPP 模式推进情况与全国其他地区进行比较，揭示了 PPP 模式在辽宁沿海经济带应用过程中存在的问题与原因，为经济带各市政府对 PPP 模式的广泛推广提供参考，并有针对性地提出了各市在推行 PPP 模式进程中的问题关键及解决措施，为辽宁沿海经济带新型城镇化的建设提供理论依据，进而促进经济带的整体发展。

二、理论基础及研究现状

（一）理论基础

1. PPP 模式的产生与发展

PPP，又称 PPP 模式，即政府和社会资本合作，是公共基础设施中的一种项目运作模式。在该模式下，鼓励私营企业、民营资本与政府进行合作，参与公共基础设施的建设。PPP 模式最早缘于英国公私共同维系收费公路的运行模式，而后，在经济危机的冲击下，英国政府为保障公共服务的提供，在基础设施领域引入社会资本，被称为私人融资启动，即 PFI（private finance initiative），主要用于公路、水务、国防、教育、卫生等部门以及政府办公和业务用房等方面。PFI 模式是政府根据社会需求，通过公开招标，由获取特许经营权的私营部门进行基础设施项目的投资、建设与运营，私营部门以得到政府补贴或向使用方收取费用来收回成本，并在约定的特许期结束后将经营项目移交给政府的融资模式，该方法提出使英国政府在经济困难中仍然能够满足公共基本需求。随后，由于合作方式、所有权关系结构的多样化以及外资企业的介入，使政府与私营部门的合作模式难以用单一的 PFI 模式来诠释，因此，PPP 应运而生。广义来讲，PPP 模式的概念更为宽泛，只要存在公私部门长期的、广度的合作，都可以被称作 PPP 模式，而 PFI 模式通常也被看做是政府与私营部门众多合作方式的一种。PPP 模式提出后，迅速在全球范围内得到广泛推广和应用，成为各国政府发展国民经济，促进社会投资，提高公共产品及服务水平的重要融资方式。

我国 PPP 模式的尝试始于 1984 年沙角 B 电厂 BOT 项目，在此后 30 多年的发展进程中，大致经历了三个阶段：

第一个阶段是前期探索阶段（1995～2003 年），改革开放后，我国急需吸引和利用外资推动经济建设，PPP 模式被作为一种新兴的项目融资方式引入中国，大多社会资本是外资，基本没有中国民营企业参与公共领域的运营，加上当时我国的相关法律法规极不完善，此阶段 PPP 模式在我国的应用遇到了水土不服的困境，与此相关的顶层设计难以推进与完成，试点项目也没起到由点到面的示范效应。但是，在此时期，项目相关各方对中国式 PPP 的规范化、专业化及本土化进行了有益尝试，形成了相对成熟的项目结构和协议文本，为中国式 PPP 的下一阶段的发展奠定了良好基础，且外商直接投资的方式为 BOT（Build - Operate - Transfer）模式的引入创造了条件。

第二个阶段是快速发展阶段（2004～2013 年），党的十六大提出的“要更大程度发挥市场在资源配置中的基础性作用”成为此时 PPP 模式在我国大范围推广的助燃剂。2004 年，建设部颁布并实施了《市政公共事业特许经营管理办法》，将特许经营的概念正式引入市政公共事业，并在城市供水、污水处理及燃气供应等领域大规模实践。另一方面，随着市场经济的不断深化改革，民营经济得到充分发展，并成为 PPP 项目的重要参与者。但是在 PPP 项目推进中，公私双方各顾己利，且对处于项目核心地位的交付效率、风险管控、社会及经济效益等环节关注减少，致使在此阶段的后期，非理性定价与竞标、国资进民资退的现象层出不穷。然而，经过此时期的实践过程，使项目参与各方对 PPP 模式在中国本土化的应用上有了更加深刻的认识，投放项目更加综合、复杂，影响项目实施的因素也趋于多元化，从不断的实践中总结归纳，促进了 PPP 理论体系的深化发展。实践与理论共识初步成型，政策法规框架、项目结构与合同范式基本确立。

第三个阶段是规范化建设阶段（2014 年至今），党的十八大提出“让市场在资源配置过程中发挥决定性作用”“允许社会资本通过特许经营等方式参与城市基础设施投资和运营”促使我国开始进行 PPP 模式的制度化与规范化建设。此阶段，我国政府积极从组织、立法、项目试点三方面大力推广 PPP 模式，如，2014 年开始设立财政部政府和社会资本合作工作领导小组、相继出台大量相关政策法规、增加 PPP 项目试点、筛选 PPP 示范项目、建立 PPP 项目库等，项目范围领域涉猎广泛，且运行模式多元，引入竞争机制，推行特许经营、定向委托、战略合作等方式。同时，项目相关各方更加注重项目运行模式细节的管控，追求多方共同利益最大化，因此，受到我国多省市级政府机构的不断探索实践与大力推广。

2. PPP 模式的内涵

PPP 模式是一个非常广泛的概念，从世界范围来看，由于不同国家及地区在政府和社会资本合作上的实践差异、发展背景和意识形态的不同，世界各国和不同机构对 PPP 模式的定义也不尽相同。联合国发展计划署认为 PPP 是政府、营利性企业和非营利性组织基于某个项目而形成的相互合作关系的形式。合作各方参与项目时，政府并不是把项目的责任全部转移给私营部门，而是由参与合作的各方共同承担责任和融资风险。联合国培训研究院认为 PPP 涵盖了不同社会系统倡导者之间的所有制度化合作方式，目的是解决当地或区域的某些复杂问题，主要包括两层含义，一是为满足公共产品需要而建立的公共和私人倡导者之间的某种合作关系。二是为满足公共产品需要，公共部门和私人部门建立伙伴关系而进行的大型公共项目的实施。欧盟委员会认为 PPP 是公共部门和私人部门之间的一种合作关系，目的是提供传统上由公共部门提供的公共项目或服务。英国财政部认为 PPP 是公共和私营部门为了共同利益的一种长期合作模式，主要包括完全和部分的私有化、PFI 以及与私营企业共同提供公共服务。加拿大 PPP 国家委员会将 PPP 界定为公私部门之间的合作经营关系。美国 PPP 国家委员会将 PPP 定义为利用社会资源进行设计、建设、投资、经营和维护公共基础设施，提供公共产品和服务，产品特性介于外包与私有化之间。

我国传统的 PPP 模式从项目立项、建设到运营多是由国家或地方政府部门统筹管理，至今对 PPP 的认识及解释一般都是借鉴国外的观点，由于诠释角度的不同，我国学术界对此概念也没有完全统一。但总体上可归纳为广义和狭义两方面，广义的角度认为 PPP 是公共部门通过与私有部门建立合作关系来提供公共产品或服务的一种运行机制或是方式，或是本身的合作关系、契约关系。狭义的 PPP 模式被认为是公私部门合作的一种融资模式，或是合作、融资、建设和经营的管理模式。本报告既考察公私部门合作关系及运行机制的情况，又统计分析 PPP 项目的融资、建设及经营管理模式，因此，所研究的辽宁沿海经济带 PPP 模式是一个较为综合的概念。

3. PPP 的主要运作模式

由于各国经济发展背景的不同，对 PPP 模式的实践也各不相同，导致 PPP 运作模式的分类也各具特色。如，美国政府会计处将 PPP 划分为 12 种模式：BDO（建设—开发—运营）、BOT（建设—运营—移交）、BOO（建设—拥有—运营）、BBO（购买—建设—运营）、DB（设计—建设）、DBFO（设计—建设—融资—运营）、DBM（设计—建设—维护）、DBO（设计—建设—运营）、DF（开发—融资）、O&M（运营—维护）、Duty - free Contract（免税契约）、Whole - Transaction（全包式交易）。欧盟委员会按照私有部门投资与项目参与的不同程度，将 PPP 分为传统承包、一体化开发和经营、合伙开发三大类。从我国财政部与发改委的文件来看，我国 PPP 的运行模式主要有外包、特许经营、私有化三大类，具体包括：委托运营（O&M）、管理合同（MC）、建设—运营—移交（BOT）、建设—拥有—运营（BOO）、建设—拥有—运营—转让（BOOT）、转让—运营—移交（TOT）、改建—运营—移交（ROT）等，且不同的项目运作模式适用于不同的 PPP 项目。其中，发改委对经营性、准经营性以及非经营性项目的运作模式进行了规范。对于具有明确的收费基础，并且经营收费能够完全覆盖投资成本的项目（经营性项目），可通过政府授予特许经营权，采用建设—运营—移交（BOT）、建设—拥有—运营—转让（BOOT）等模式推进；对于运营收费不足以覆盖投资成本、需政府补贴部分资金或资源的项目（准经营项目），可通过政府授予特许经营权附加部分补贴或直接投资参股等措施，采用建设—运营—移交（BOT）、建设—拥有—运营（BOO）等模式推进；对于缺乏使用者付费基础、主要依靠政府付费回收投资成本的项目（非经营性项目），可通过政府购买服务，采用建设—拥有—运营（BOO）、委托运营（O&M）等市场化模式推进，具体见表 3.1。

表 3.1　　我国 PPP 项目运作模式分类

类别	特征	PPP 模式类型	适用项目
外包类（Outsourcing）	模块式外包（Component Outsourcing）	服务合同（SC）	公共服务
		管理合同（MC）	酒店/旅游开发
	整体式外包（Turnkey）	设计—建设（DB）	
		设计—建设—维护（DBM）	政府办公楼、学校、监狱建设等
		设计—建设—运营（DBO）	运营技术复杂的项目，如垃圾处理、焚化场、废物转运站等
		委托运营（O&M）	大型体育设施、高速铁路、城市公交、电力、煤炭、污水和垃圾处理等

续表

类别	特征	PPP 模式类型	适用项目
特许经营类 (Concession)	部分市场化	建设—运营—移交 (BOT)	竞争性不强的行业，如电站、高速公路、铁路、桥梁、港口、机场、水库、教育医疗卫生。环保、通信等设施、工业园区建设等
		转让—运营—移交 (TOT)	经营性项目，如收费高速公路、收费桥梁、收费隧道等
		改建—运营—移交 (ROT)	需要扩建、改建的公共设施，如体育场馆、发电站等
私有化 (Divestiture)	完全私有化	购买—更新—运营 (PUO)	收益不高、需要给投资人提供更多财务激励的新建项目
		建设—拥有—运营 (BOO)	

外包类 PPP 模式是指由政府全部或承担大部分投资，由社会资本承包整个项目中一项或者几项职能。如，负责现场工程建设或承担部分技术咨询等，最后由政府支付相关费用。外包类 PPP 模式包括模块式外包和整体式外包两种。模块外包又分为服务外包和管理外包，合同期限一般短于 5 年。特许经营类 PPP 模式是社会资本参与部分或全部投资，并通过一定的合作机制与政府分担项目风险，共享项目收益，政府在项目实施过程中发挥调节、管理与监督作用，充分权衡社会资本回报与社会公益需求的关系，一方面节约项目建设和运营成本，一方面提高公共服务质量，特许经营期结束后，项目所有资产最终归属政府。特许经营类 PPP 项目，项目合作期长，合作方式多样，风险分散，既可以减轻政府财政负担，又有利于项目运作效率，保障社会资本投资收益，是我国当前推行的主要 PPP 项目运行模式。私有化 PPP 模式是指社会资本投资、建设（或购买、更新）并永久拥有和经营相关设施，在与政府签订的原始合同中注明保证公益性的约束条款，受政府管理和监督的模式，自担风险，独享收益。三种模式对比，具体见表 3.2。

表 3.2　　　　　　　　　　三类 PPP 运作模式对比

	所有权	项目期间	建设、运营、管理职责	资金来源	社会资本风险
外包类	政府	0~5 年	社会资本、项目公司	政府	低
特许经营类	政府或社会资本	25~30 年	社会资本、项目公司	政府、社会资本	高
私有化类	社会资本	永久	社会资本	社会资本	高

4. PPP 对于经济发展的重要作用

从 PPP 的产生与发展进程中可以看出，PPP 模式是社会经济发展的必然产物，是推动经济发展，解决经济困境的有效途径。

首先，PPP 模式的推行有利于化解地方政府财务危机。纵观 PPP 模式产生的最直接原因就是为了解决政府财政困境，减轻地方政府债务压力。当前，我国已经进入经济新常态发展阶段，新型城镇改革建设工作进一步推进，地方政府财政将释放大量财政资金投入其中，政府债务压力将会增大。2017 年，我国政府性债务余额已经超过 30 万亿元，其中，偿还责任债务约占 66.67%，基础设施及公共服务领域资金投放缺口超过 40 亿元，若通过举债方式满足此资金需求，势必会增加政府债务压力，加大违约风险。PPP 模式通过多元化的合作方式引入社会资本加强与政府的合作，转变以前在基础设施及公共服务领域单一依靠政府投资的传统方式，不仅有利于政府财政资金压力的减轻，化解债务风险，也能保证对社会公众的公共产品与服务的提供。由此可见，PPP 模式将逐渐成为助推我国地方政府发展基础建设的主要方式。

其次，PPP 模式的推行有助于激发市场主体经济的活力和发展，提高经济增长率。大多数 PPP 项目属于投资规模大、投资期限长且过程较为复杂的经营类公益性项目，对社会资本参与资格的审核要求较高，需要有雄厚的资金实力以及专业、经验丰富的运作团队，且长期的项目运作时间及较低的收益率，使社会资本承担着不同程度的市场风险、财务风险及运作风险。然而，社会资本参与基础设施及公共服务领域投资、建设与经营，是政府公共部门推行 PPP 模式所积极鼓励的，因此，PPP 项目实施过程中，在政府强大的政策制定权和担保权下，社会资本可以获取强有力的金融资金支持，建立良好的资金往来合作关系，为社会资本的其他项目及业务提供便利的融资渠道。这种方式有助于盘活社会存量资本，打造新的经济增长点，必然会得到社会资本，尤其是民营企业的大力追捧，有利于激发市场主体的活力与发展动力，提高经济增长率。

最后，PPP 模式的推行有助于调整经济结构。我国进入经济新常态及深化改革步伐加快后，经济各方面都面临着去杠杆、去库存、调结构的压力，供给侧改革是我国经济发展进程中不可逾越的关键问题，然而，我国现阶段的结构性调整力度主要还是在私营部门，公共领域的供给侧改革还有很大的完善空间。PPP 模式可以将社会优质资源引入公共服务领域，提高基础建设以及公共产品和服务质量，有利于提高有效的投资需求，推动经济结构调整。

（二）研究现状

自 PPP 模式的产生到应用、推广以来，由于各国经济体制、发展背景和运用模式的差异化，在此相关研究领域，聚集了众多的国内外专家学者，并积累了丰富的研究成果。2013 年是 PPP 模式研究的重要分水岭，2013 年之前，关于 PPP 模式的研究主要集中在概念界定和模式适用性上，而 2013 年后则是将 PPP 模式与金融、管理、经济学等学科相结合进行交叉学科研究，涉及研究领域更加广泛，内容更加深入，应用案例也更加丰富。

目前，国外学者对 PPP 模式的研究主要集中在产生动因、实践应用及融资风险管理领域。R. Scott Foster 和 Renee A. Berger（1982）研究了美国 7 座城市政府部门与私营企业合作提供公共产品和服务的模式，提出应结合城市自然条件、经济结构和政治体制等特点，因地制宜地选择公私合作模式。Harver Brooks、Lance Liebman 和 Corinne S. Shelling（1984）讨论了公私合作模式中政府及私营企业各自应发挥的职责和作用来提高社会福利，如何实现帕累托最优，以及如何恰当的评估私营企业参与度以达到兼顾公平和效率。David J. Spielman 和 Klaus Von Grebmer（2004）分析了发展中国家农业基础设施引入 PPP 模式的可行性，认为公私合作既可以解决政府财政困境，又能通过相对稳定的收益与风险分担吸引社会资本投资。Terry Lyons（2004）认为 PPP 模式涉及多种风险，不同风险在不同 PPP 项目中的重要性也存在差异，要具体问题具体分析，才能推动 PPP 项目更好的落地，使项目具有可操作性。综上所述，国外学者的 PPP 模式研究多以本国实践为研究对象，很少涉及像我国这样的发展中国家在经济转轨期如何利用 PPP 模式加快基础设施建设，提升民间资本在公共产品及公共服务领域参与度的问题。

我国学术界依据我国经济发展的实际情况及需要，也对 PPP 模式的本土化应用性进行了大量研究。简迎辉和包敏（2014）提出在 PPP 项目建设中应结合项目自身特点以及风险偏好和法律政策等因素。王灏（2004）结合我国轨道交通行业特点提出政府进行补偿的适宜时间，并探索出契合我国国情、社会环境的前补偿和后补偿两种 PPP 项目模式。邹昱昙（2009）在文中通过分析私营部门的融资障碍、法律法规框架不健全、收益风险不匹配、定价机制缺乏优化、地方政府片面追求政绩、人才和技术匮乏等问题提出了我国政府职能迫切需要转变的问题。刘志强等（2005）提出了基础设施建设项目实施 PPP 模式回报机制的优化方案，从政府角度考量如何吸引社会资本，保障私人资本利益。吴槐庆和赵全新（2016）构建了适合我国国情的 PPP 模式下的公共产品或服务定价机制。可见，我国对 PPP 模式在基础设施建设中的应用研究主要集中在风险分担、制定政策法规及管理制度、如何调动社会资本积极性等方面，涉及行政、财政、投融资等多方面的体制改革问题。

三、国内外 PPP 发展概括

（一）国外 PPP 发展概括

近年来，PPP 模式取得了世界各国的认可并广泛地被推广到社会基础设施建设领域，不仅有效解决了建设资金短缺问题，还提高了社会公共服务能力与质量。据世界银行统计数据显示，1990～2017 年上半年，全球不同地区基础设施建设领域 PPP 模式应用的项目共 7195 个，投资额约 2.58 万亿美元。结合《经商环境报告》和世界经济论坛发布的《全球竞争力报告》对各国 PPP 模式进行了综合评分中，我国列入前 10。英国、美国、加拿大、澳大利亚、日本是目前国际上 PPP 模式应用的重要国家，均成立了 PPP 官方机构或组织，负责 PPP 项目的具体实施。

英国是世界上较早成功运用 PPP 模式的国家，且 PPP 实践在全球范围内领先。英国 PPP 模式的发展大致经历了私人融资计划（PFI）和新型私人融资（PF2）两个阶段。2012 年以前主要是 PFI 模式，允许私人部门参与公共基础设施的设计、建设、经营，但同时也出现了公共投入财务过多、施工建筑水平低劣、项目定价偏高等问题。随后，英国政府颁布 PF2，在传统的 PFI 模式基础之上，致力于消除浪费、提高效率，有效化解了 PFI 模式中存在的股权融资、透明度、风险分配、债务融资、性价比等方面的问题。现阶段，英国 PPP 项目的运作可总结为以下特点：一是项目运营期限较长，多为 20 ~ 30 年。二是一般选择政府买单的 PFI 或 PF2 模式。三是专业化的运作机构提供项目支撑。同时，在具体实施过程中也存在不足与问题，如 PPP 决策体系实施中的成效不明显、决策体系流程流于形式、前期论证结果与后期实践脱节等（黄景弛等，2016）。

美国通过成立的 PPP 专属机构“PPP 国家委员会”积极宣传和推广 PPP 模式，并制定相关法律法规来促进 PPP 模式在公共基础设施建设中的应用。美国最典型的 PPP 模式应用领域就是保障房的建设，该领域 70% 的投资资金来自民营开发商的提供，政府向开发商提供开发资金、维修资金、税收优惠、利息抵税等补贴，同时，允许保障房开发商按照市场利率从私人金融机构贷款，但只需付 1% 的贷款利息，差额部分由联邦政府补贴。此外，美国地方政府通过发行政府债券支持保障房建设，个人和机构购买此类债券可以免交所得税。项目最终归私人所有，合作的社会资本一般选择非盈利组织，这样可以确保保障房项目的公益性。

加拿大是目前全球范围内 PPP 模式发展相对成熟的国家之一，PPP 决策与法律体系较为完善。尽管如此，在 PPP 项目运行中也遭遇了延迟竣工、超支预算、社会资本逐利性高等问题。与美国一样，加拿大是典型的联邦制国家，联邦与联邦以下的政府分别享有相对独立的立法权，独立承担各自权限范围内的公共事物。因此，加拿大成立了加拿大 PPP 国家委员会（Canadian Council for Public - Private Partnership，CCPPP，以下简称“CCPPP”），目的是更有效的推进 PPP 模式。据 CCPPP 统计，截至 2019 年 2 月，加拿大共有 281 个 PPP 项目，市场总值约 1. 37 万亿美元，其中，实施阶段的项目 183 个，建设阶段的项目 40 个，采购阶段的项目 32 个，项目覆盖了 11 个省市，涉足领域广泛，健康与交通领域的项目占据较大比重。然而，在总结加拿大 PPP 失败项目时，会发现社会资本逐利现象严重是 PPP 模式运行困难的主要原因，成本费用超支、设计背离公众需求、双方涉诉或社会资本方破产的等现象层出不穷，具体见表 3. 3。

表 3. 3　　加拿大 PPP 项目汇总（截至 2019 年 2 月）

部门	数量（项）
健康（Health）	98
交通（Transportation）	78
司法（Justice）	23

续表

部门	数量（项）
水务 & 污水处理（Water & Wastewater）	20
教育（Education）	15
娱乐 & 文化（Recreation & Culture）	15
能源（Energy）	11
住宿（Accommodations）	10
信息技术（Information Technology）	5
政府服务（Government Services）	4
其他	3

数据来源：加拿大 PPP 国家委员会官网整理。

澳大利亚通过设立基础设施局，以严格的审计和绩效评价机制管理 PPP 项目。尤其在医疗领域，澳大利亚政府有许多创新措施，通过 DBOO 模式（设计—建设—拥有—运营），私人部门提供 15 年的免费服务，政府每年给予运营商报酬（赵静、常非凡，2018）。

日本是第一个对 PPP 法律化的国家，其公私合作模式已成为 PPP 模式推行的典范。自引入 PPP 后，日本政府积极通过立法手段推动公共基础设施领域投资向民间开放。1986 年制定《运用民营企业活力加速兴建特定公共设施临时措施法》、1997 年设立民间资本主导型公共项目开发研究会，颁发《21 世纪紧急经济政策》、1999 年制定了《藉由民间资金活用以促进整备公共建设法》（简称日本 PFI 法），并成立 PFI 推进委员会，2001 年出台《风险共享指南》和《物有所值指南》。随后几年，又分别从实施领域和金融扶持的方面进行修订、修改来完善 PPP 法律制度。法律体系内容丰富，在立法理念、组织机制与程序框架以及风险防范机制等方面体现出鲜明特色（金荣学、魏晓兰，2017）。BOT、BTO 和 BOO 是日本政府在运营 PPP 项目时常用的运行模式，投资规模大、独立性和竞争性较弱的项目一般选择 BTO 模式。日本 PPP 设计项目领域也比较宽泛，已广泛应用于公共基础设施建设领域。

（二）国内 PPP 发展概况

可以看出，在 PPP 模式实践过程中，各国政府都结合本国经济发展需要的实际情况进行应用与推广，同时，在项目具体实施过程中也暴露出不少问题。我国PPP 模式的引入最初是为了解决改革开放后发展经济所需大量资金的问题，由于当时非公经济的发展在我国还具有较大争议，因此，这一时期主要以境外资本为主。随后，从小范围试点到大范围推广，再到反复调整与规范管理，我国 PPP 模式经历了 30 多年的发展与沉淀，目前已经取得了实质性进展并总结出了独具特色的 PPP 模式。

1. 全国 PPP 项目总体成交情况

根据北京明树数据科技有限公司《2018 年中国 PPP 市场年报》中提供的数据，图 3. 1 统计了 2014 ~ 2018 年我国 PPP 项目的成交及落地情况。统计数据显示，2014 ~ 2017 年，我国 PPP 项目成交规模及数量高速增长，并在 2017 年达到峰值，可以看出，党的十八大后，我国大力推行 PPP 模式，进行 PPP 制度化、规范化建设的决心。由于项目基数的关系，2014 年的 PPP 项目落地率最高，2015 ~ 2016 年的落地率相对较高，受到 PPP 项目清库的影响，2017 年的落地率相对较低。2018 年我国 PPP 项目成交规模、数量及落地率均大幅下降，成交 2513 个项目，总投资规模约 3. 16 万亿元，详细分析 2018 年 1 ~ 12 月份的 PPP 项目成交规模及数量会发现，从第二季度起，受到 PPP 清库整顿工作影响，PPP 市场成交规模大幅下降，清库整顿工作完成后，第四季度 PPP 市场逐渐回温，并在年末达到新高峰。由于 2018 年刚刚结束，所以当年落地率数据没有多大参考价值。

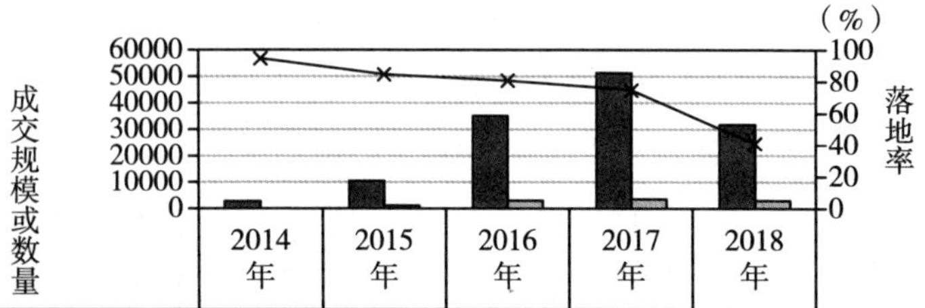

	2014年	2015年	2016年	2017年	2018年
成交规模（亿元）	2317	10055	34996	51320	31620
成交数量（个）	77	699	2278	3464	2513
落地率（%）	95	84	81	75	41

图 3. 1　2014 年至 2018 年我国 PPP 项目成交及落地情况

数据来源：明树数据《2018 年中国 PPP 市场年报》。数据包括明树数据观测的全国所有公开采购的 PPP 项目和财政部入库项目中的执行阶段项目，以及未入财政部项目库的成交项目（亦称“全口径”）。

截至 2018 年 12 月 31 日，据全国 PPP 综合信息平台系统统计，财政部项目库在库项目总计 12651 项，总投资规模 17.85 万亿元，其中，管理库在库项目 8654 项，投资规模 13.2 万亿元，据 2017 年 11 月统计数据减少 2137 项，储备清单减少项目 4217 项，其中，内蒙古、山东减少项目数量及规模较大，减少项目主要集中在市政工程和交通运输领域。

2. PPP 项目行业分布

从行业分布来看，市政工程、交通运输、生态建设和环境保护、城镇综合开发是我国 PPP 模式应用最广泛的行业。其中，交通运输与城镇综合开发行业的平均单位项目投资金额较大，这与党的十八大提出的促进新型城镇化建设的要求密切相关，如图 3.2 所示。

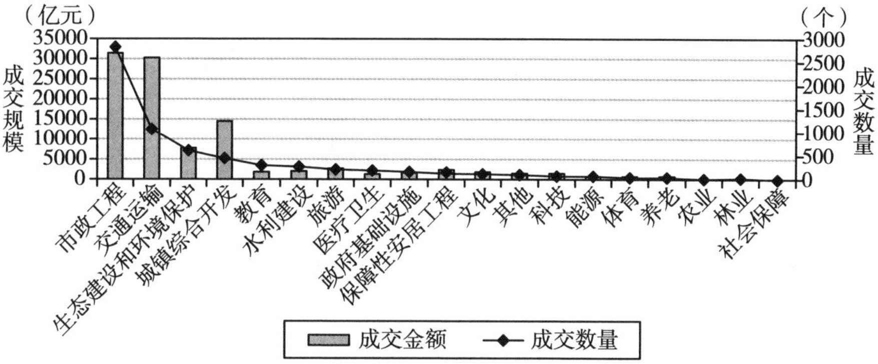

图 3.2　我国 PPP 项目行业分布情况

数据来源：财政部 PPP 综合信息平台整理。

3. 社会资本投资情况

社会资本是指依法设立且有效存续的具有法人资格的企业，包括民营企业、国有企业、外国企业和外商投资企业，但本级人民政府下属的政府融资平台公司及其控股的其他国有企业（上市公司除外）不作为社会资本方参与本级政府辖区达内的 PPP 项目（张彦春等，2016）。项目公司是由社会资本一方或者政府与社会资本双方出资设立的，目的是具体实施项目融资、建设和运营。图 3.3 对我国 2014～2018 年 PPP 项目公司成立情况进行了统计，从财政部的统计数据来看，2014～2018 年，共有 5032 个项目成立了项目公司，落地率为 73%，明树数据统计结果来看，全口径共有 6165 个项目成立了项目公司，落地率为 68%，财政部

PPP 项目落地率相对较高，合作谈判效率较高。从项目公司成立的历时来看，多集中在 30～60 天，财政部 PPP 项目 41～50 天占比最大，全口径 PPP 项目 21～30 天的占比最大，300 天以上的项目公司设立耗时现象非常显著，说明参与方的沟通历时较久。图 3.4 对 2018 年我国参与 PPP 项目的社会资本性质进行了统计，在中标社会资本中，国有企业占据较大份额，其中，地方国企和央企下属公司占据份额较大，民营企业是我国 PPP 市场的重要参与方，成交项目规模和数量占比分别为 29.93% 和 47.95%，其中，A 股民营上市公司是主要的合作对象。从 PPP 项目社会资本方的组织机构类型来看，建筑承包商占据绝对优势，几乎包揽了 70% 以上成交规模的 PPP 项目，其次是其他投资机构、开发商、综合环境服务商等。

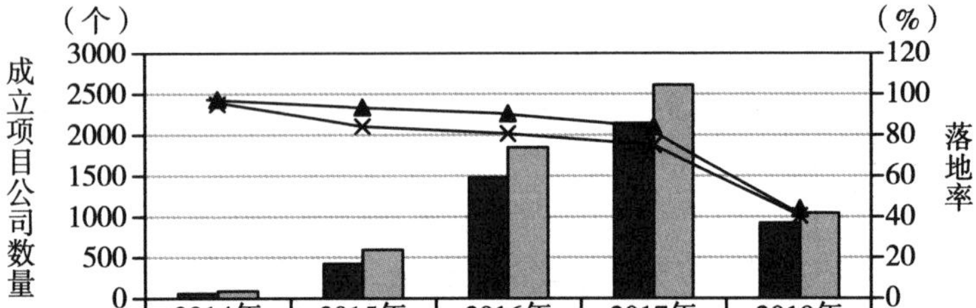

	2014年	2015年	2016年	2017年	2018年
成立项目公司数量（财政部）	60	427	1478	2150	917
成立项目公司数量（全口径）	73	588	1849	2613	1042
落地率（财政部）（%）	97	94	90	82	43
落地率（全口径）（%）	95	84	81	75	41

图 3.3　2014～2018 年我国 PPP 项目公司成立情况

数据来源：明树数据《2018 年中国 PPP 市场年报》。

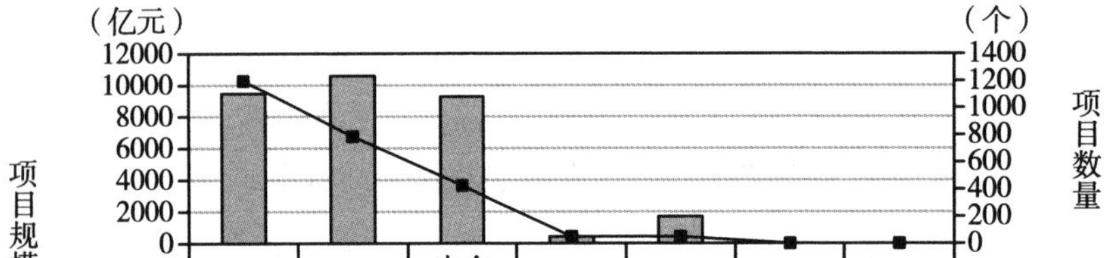

	民营企业	地方国企	央企下属公司	其他国企	央企	外资企业	有限合伙
项目规模（亿元）	9463	10595	9337	418	1691	91	27
项目数量（个）	1205	787	426	50	29	10	6

图 3.4　2018 年中标社会资本类型

数据来源：明树数据《2018 年中国 PPP 市场年报》。

4. 各省市 PPP 项目推行情况

根据明树数据与财政部 PPP 综合信息平台提供的数据可知，截至 2019 年 2 月 7 日，我国共有 31 个省、直辖市以各种公私合作模式不同程度的推行 PPP 项目。首先，从各省份、直辖市 PPP 项目成交数量来看，山东省 PPP 项目数量最多，全口径下，比排在第二的河南省多出 155 项。山东、河南、新疆、四川、浙江的 PPP 项目成交数量相对较多，说明这些地区的 PPP 项目市场较活跃，推行情况相对较好。将全口径数据和财政部 PPP 综合信息平台数据的对比分析发现，新疆维吾尔自治区的两组数据相差 315 项，差异较大，山东、河南、四川、浙江、广东、湖南、内蒙古地区也不同程度地出现了 100 项以上的较大差异，说明这些地区 PPP 项目的规范化管理水平还需提高。其次，从 PPP 项目成交规模来看，云南省的融资力度在全口径下和财政部 PPP 信息平台统计的数据中都是最高的，分别为 10872.1 亿元和 8291.9 亿元，其次是贵州、河南、浙江、四川，可以说明这些地区的 PPP 发展环境相对较好。辽宁省的 PPP 项目无论是在成交数量还是在成交规模方面都处于较低水平，主要原因是受到了当地政府能力、财政保障、营商环境及城市发展速度和潜力等因素的影响，具体数据见表 3.4，图 3.5 ~ 图 3.6。

表 3.4　　　　我国 PPP 项目成交分布情况

序号	省 区市	成交数量/个 （全口径）	成交数量/个 （财政部）	成交规模/亿元 （全口径）	成交规模/亿元 （财政部）
1	山东	851	592	7910	5942.4
2	河南	696	561	9428.9	7265.9
3	新疆	654	339	8143.2	5289.6
4	四川	566	433	8619.4	6885.7
5	浙江	501	399	8694	7749.9
6	广东	459	295	6047.1	4445.7
7	安徽	433	363	4738.6	3737
8	湖南	432	302	5679.4	4210.3
9	贵州	423	337	9751.5	7376.9
10	湖北	404	339	6575	5120.2
11	云南	387	294	10872.1	8291.9

续表

序号	省 区市	成交数量/个 （全口径）	成交数量/个 （财政部）	成交规模/亿元 （全口径）	成交规模/亿元 （财政部）
12	江苏	384	309	7294.8	6472.9
13	河北	384	286	6066.8	4454.6
14	内蒙古	353	237	3739.3	2254.1
15	福建	324	292	3513.7	3150.0
16	山西	293	261	2561.1	2203.8
17	江西	287	244	2057.2	1833.1
18	陕西	250	196	3838.9	3203.0
19	广西	188	133	2630.2	2046.1
20	吉林	181	120	3316.2	2742.0
21	辽宁	142	106	1880.5	1427.1
22	甘肃	132	71	2193.8	1611.5
23	海南	115	99	948.1	871.4
24	黑龙江	90	62	1012.9	825.9
25	北京	72	58	2087.9	1720.5
26	宁夏	62	40	608.5	463.8
27	重庆	56	27	1886.6	837.7
28	青海	39	30	390.7	108.6
29	天津	24	21	647.1	641.7
30	上海	8	2	145.5	15.7
31	西藏	4	0	44.6	0.0

数据来源：明树数据 httpt：//www.bridate.com 和财政部 PPP 综合信息平台整理。注：统计时间截至 2019 年 2 月 7 日。

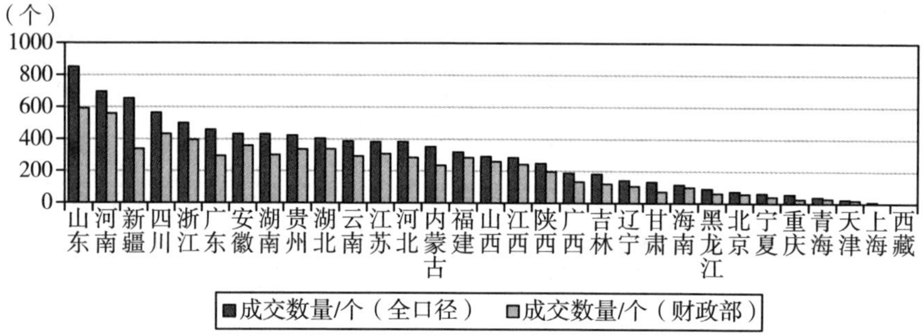

图 3.5　我国各省区市 PPP 项目成交数量情况

数据来源：明树数据 httpt：//www.bridate.com 和财政部 PPP 综合信息平台整理。

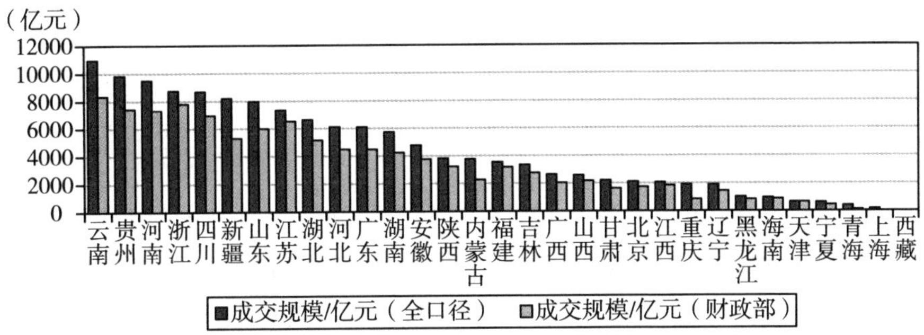

图 3.6　我国各省区市 PPP 项目成交规模情况

数据来源：明树数据 httpt：//www. bridate. com 和财政部 PPP 综合信息平台整理。

PPP 项目的发起有两种途径：政府发起和社会资本发起，其中，以政府发起较为普遍，因此，政府方的 PPP 项目推介数量可以反映出一个地区的 PPP 模式推行力度。根据明树数据《2018 年中国 PPP 市场年报》中提供的资料，截至 2018 年 12 月，我国共 27 个省份开展了项目推介，向民间资本推介项目总数超 4000 个，推介项目总规模超国 6. 5 万亿元，推介主体包括省、直辖市发改委、地方级发改委，推介项目类型主要集中在市政工程、交通运输、公共服务、生态环保、农业等领域。资料显示，贵州省是 2018 年全国项目推介数量与推介规模最高的省份。河南、浙江、云南、广东与湖北推介项目金额也均超过 2000 亿元，分别为 2961 亿元、2570 亿元、2141 亿元、2112 亿元月 2062 亿元。从项目内容看，多以符合地方产业规划政策、市场前景好、综合效益高、投资回报稳定、项目成熟度为主要参考特征，筛选出适合民营企业投资项目，整体呈现投资规模适中，经营性项目占比较高，项目前期工作完善的特点。其次，报告中还指出，在关于城市 PPP 投资潜力指数调查的 288 个城市中，排名后 50 的城市主要集中在甘肃、辽宁、黑龙江，投资潜力相对较弱的城市在东北、西北地区较为集中，再次证明，东北地区辽宁、黑龙江在推行 PPP 模式进程中遇到的问题不小，相对于其他省份明显落后。

综上所述，目前，我国 PPP 发展存在不稳定性，具体表现在地区差异过大，行业分布不均衡，应用具有独特性等。从项目成交数量和规模看，2018 年之前逐年增加，但 2018 年各项数据不理想，波动较大。根据明树数据提供的数据统计分析可知，项目在各地区和各行业分布差异较大，如东西部地区项目多而中部、东北地区少，市政工程与交通运输类项目多，农业、林业与社会保障项目少，此结果是由我国独具特色的政治、经济、文化、制度等因素综合影响导致的。

四、辽宁沿海经济带 PPP 发展现状

通过上面对我国 PPP 模式发展现状的分析可知，东北是全国 PPP 模式推行与发展相对落后的地区，在各项统计指标中，东北三个省市都处于较低水平。辽宁省是我国推动新一轮东北老工业基地振兴战略中的关键地区，其经济发展的兴衰对东北老工业基地振兴战略的成败起到决定性作用。从上述对全国各省市 PPP 项目的推行情况来看，辽宁省在推行 PPP 项目进程中受多种因素的影响而遇到了不小问题，而解决问题的重点在于作为带动辽宁经济全面发展主要力量的辽宁沿海经济各市的 PPP 模式推进的进展。

（一）辽宁沿海经济带 PPP 项目总体成交情况

1. 成交数量与成交规模

依据财政部 PPP 综合信息系统平台提供的数据整理可知，截至 2018 年 12 月 31 日，辽宁省 PPP 项目覆盖全省 14 市，共计成交 250 项，成交规模 3231.29 亿元，其中，辽宁沿海经济带 88 项，成交规模 1659.79 亿元，分别占全省比例的 35.2% 和 51.37%。按成交数量排名，本溪市是全省 PPP 项目成交最多的，共 48 项，其次是沈阳、大连、朝阳、抚顺、鞍山、营口、盘锦、锦州、阜新、辽阳、丹东、葫芦岛、铁岭。按成交规模来看，最多的是大连市，约为 1086.22 亿元，其次是沈阳、抚顺、鞍山、盘锦、锦州、本溪、营口、朝阳、辽阳、丹东、葫芦岛、铁岭、阜新。综合两项排名和沿海与内陆所占比重比较分析，辽宁沿海经济带 PPP 项目除大连市外，其他五市项目成交数量相对较少，成交规模适中，其中，大连是沿海经济带两项指标的主要带动城市，丹东和葫芦岛排名处在全省后三位中（见表 3.5）。

表 3.5　　辽宁省各市 PPP 成交总体情况

	成交数量（个）	成交规模（万元）	按成交数量排名	按成交规模排名
沈阳	29	703.44	2	2
大连*	27	1086.22	3	1
鞍山	19	196.21	6	4

续表

	成交数量（个）	成交规模（万元）	按成交数量排名	按成交规模排名
抚顺	20	271.35	5	3
本溪	48	134.17	1	7
丹东*	8	87.18	12	11
锦州*	13	141.73	9	6
营口*	17	120.19	7	8
阜新	12	26.13	10	14
辽阳	11	96.29	11	10
盘锦*	17	180.73	8	5
铁岭	2	30.39	14	13
朝阳	21	113.53	4	9
葫芦岛*	6	43.74	13	12
沿海合计	88	1659.79	—	—
内陆合计	162	1571.51	—	—
全省合计	250	3231.29	—	—
沿海比重	35.20%	51.37%	—	—
内陆比重	64.8%	48.63%	—	—

数据来源：财政部 PPP 综合信息平台整理。

从时间分布来看，沿海经济带对 PPP 模式的频繁尝试始于 2014 年之后，2015 年在全国各地方政府推出大量 PPP 项目规范管理条例的刺激下，PPP 项目的推行达到高峰期，随后的 2016 年项目成交数量便下降近 50%，成交规模下降了近 90%（见图 3.7），说明虽然地方政府积极推进当地 PPP 模式，可是在项目具体实施过程中的准备、采购、执行等阶段以及社会资本参与度上都遇到了问题。根据辽宁省财政厅公告，2015 年第一批政府和社会资本合作（PPP）项目 399 项，其中存量项目 157 个，总投资额 1274.3 亿元，新建项目 242 个，总投资 2505 亿元，但最终只成交 31 项，吸纳投资额 1070.06 亿元，只占公告项目数量的 7.77%。

2. PPP 项目行业分布

从 PPP 项目行业分布来看，全省覆盖了 18 个一级行业领域，除了农业、医

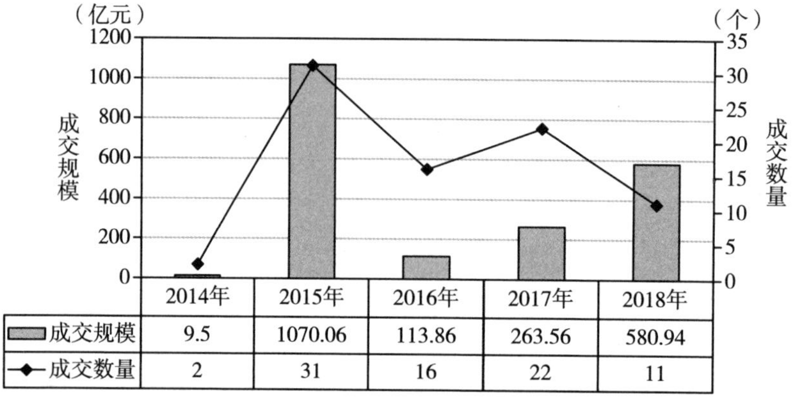

图 3.7　辽宁沿海经济带 2014～2018 年 PPP 项目总体成交情况

数据来源：财政部 PPP 综合信息平台整理。

疗卫生和保障性安居，其余行业沿海经济带 PPP 项目均有涉及，其中，市政工程类是全省和沿海经济带占据绝对优势的项目，成交数量与成交规模均排在第一位。交通运输、城镇综合开发与政府基础设施虽是全省试用 PPP 模式较多的领域，而在沿海经济带地区这种现象并不明显。通过沿海经济带六市 PPP 项目成交数量及成交规模在全省占比情况可知，经济带在旅游、能源、文化、科技、水利建设和社会保障领域的 PPP 项目数量占全省比例较大，均在 60% 以上，辽宁沿海经济带水利建设和社会保障项目是全省在该领域推行的唯一 PPP 项目，而农业、医疗卫生、保障性安居和林业是辽宁沿海经济带推行 PPP 模式的空白行业领域（见表 3.6）。

表 3.6　　辽宁沿海经济带 PPP 项目行业分布情况　单位：个，亿元，%

行业	成交数量（全省）	成交数量（沿海）	成交规模（全省）	成交规模（沿海）	沿海占比（数量）	沿海占比（规模）
市政工程	123	46	1469.42	951.73	37.40	64.77
交通运输	31	5	249.60	81.24	16.13	32.55
城镇综合开发	21	3	483.44	137.39	14.29	28.42
政府基础设施	15	8	278.29	61.54	53.33	22.11
生态建设和环境保护	9	3	120.54	30.47	33.33	25.28
其他	7	3	46.78	16.86	42.86	36.04
教育	7	2	63.86	46.41	28.57	72.67

续表

行业	成交数量（全省）	成交数量（沿海）	成交规模（全省）	成交规模（沿海）	沿海占比（数量）	沿海占比（规模）
旅游	6	4	112.56	72.96	66.67	64.82
能源	5	3	30.56	18.84	60	61.65
文化	5	3	31.96	26.09	60	81.64
体育	4	2	141.25	11.92	50	84.42
养老	4	1	16.46	1.06	25	6.43
科技	3	2	16.23	11.36	66.67	70.00
农业	3	0	53.33	0	—	—
医疗卫生	3	0	13.73	0	—	—
水利建设	2	2	64	64	100	100
社会保障	1	1	20.60	20.60	100	100
保障性安居	1	0	18.68	0	—	—
林业	0	0	0	0	—	—

数据来源：财政部 PPP 综合信息平台整理。

从沿海经济带 PPP 项目成交情况的比率值来看，政府基础设施、生态建设和环境保护、能源、文化、体育、养老和科技行业成交数量占比过多超出成交规模占比，说明在这些行业中推行的 PPP 项目都是规模较小的小项目。市政工程、城镇综合开发和水利建设行业成交规模占比过多超出成交数量占比，经济带在此三个行业中推行的 PPP 项目是资金需求量较多的大项目（如图 3.8 所示）。

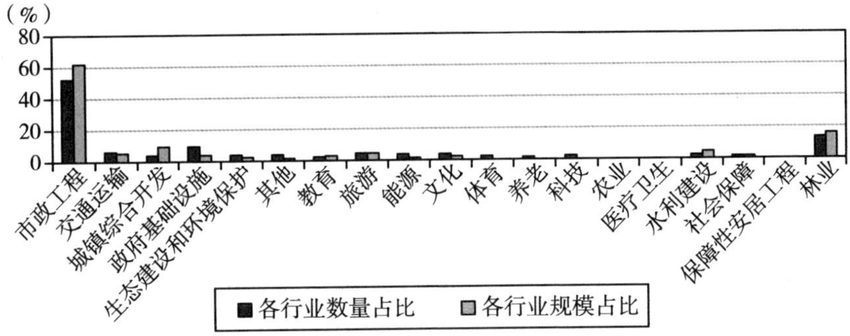

图 3.8　辽宁沿海经济带 PPP 项目行业分布占比

数据来源：财政部 PPP 综合信息平台整理。

（二）项目实施阶段与落地率

一般情况下，PPP 项目操作流程包括 5 个阶段：项目识别、项目准备、项目采购、项目执行与项目移交。项目识别是 PPP 项目操作流程的第一阶段，目的是筛选出可行的、优质的 PPP 项目，并非是项目开工或已经具体实施，因此，筛选出的项目仅表示政府有意向推行，此阶段主要包括项目发起、项目筛选、物有所值评价和财政承受能力四个步骤。项目准备是 PPP 项目操作流程的第二阶段，包括管理架构组建、实施方案编制和实施方案审核三个步骤。项目采购是 PPP 操作流程的第三阶段，包括资格预审、采购文件编制、响应文件评审、谈判与合同签署。第四阶段是项目执行，包括项目公司设立、融资管理、绩效监测与支付和中期评估。最后，项目移交是 PPP 项目采用 BOT、TOT 等运作方式时，项目公司需要在项目特许经营期满后将项目资产按照合同约定移交给项目实施机构或政府指定的其他机构的阶段，主要包括移交准备、性能测试、资产交割和绩效评价四步骤。

表 3.7 依据财政部 PPP 综合信息平台提供的数据整理了辽宁省各市 PPP 项目的进程与落地率情况。统计结果显示，辽宁全省范围处在识别阶段的 PPP 项目共计 115 个，准备阶段 18 项，采购阶段 11 项，执行阶段 106 项，其中辽宁沿海六市识别阶段 PPP 项目数量只有 20 项，全省占比仅 17.39%，说明辽宁沿海经济带目前可行的优质 PPP 项目并不多。采购阶段的 PPP 项目中在沿海经济带推行的项目达到六成以上，全省进入执行阶段的 PPP 项目沿海经济带占据一半，但是全省没有进入移交阶段的 PPP 项目，说明辽宁省 PPP 项目推行的时间还比较短，对此运行模式还处在反复实践验证、不断探索与完善的阶段。辽宁沿海经济带与全省 PPP 项目推进阶段对比的两组数据中可以看出，沿海经济带处于执行阶段的 PPP 项目居多，占 60.23%，说明沿海经济带 PPP 项目的落地情况还是不错的。从沿海各市的 PPP 项目进展情况来看，大连、锦州、营口、盘锦的 PPP 项目大多处在执行阶段，大连、丹东、营口、盘锦四市具有相对较强的可行优质的 PPP 项目储备，锦州和葫芦岛两市在优质 PPP 项目储备力量方面略显薄弱。

表 3.7　　辽宁省各市 PPP 项目进行阶段与落地率情况

	识别阶段	准备阶段	采购阶段	执行阶段	移交阶段	落地率	排名
沈阳	9	5	3	12	0	60%	13
大连*	6	5	1	15	0	71.43%	9

续表

	识别阶段	准备阶段	采购阶段	执行阶段	移交阶段	落地率	排名
鞍山	10	0	0	9	0	100%	1
抚顺	19	0	0	1	0	100%	1
本溪	42	2	0	4	0	66.67%	11
丹东*	2	1	2	3	0	50%	14
锦州*	1	0	0	12	0	100%	1
营口*	4	1	3	9	0	69.23%	10
阜新	6	2	0	4	0	66.67%	12
辽阳	3	1	0	7	0	87.5%	7
盘锦*	6	1	1	9	0	81.82%	8
铁岭	1	0	0	1	0	100%	1
朝阳	5	0	1	15	0	93.75%	6
葫芦岛*	1	0	0	5	0	100%	1
沿海合计	20	8	7	53	0	77.94%	—
内陆合计	95	10	4	53	0	79.10%	—
全省合计	115	18	11	106	0	78.52%	—
沿海占比	17.39%	44.44%	63.64%	50%	—	—	—

数据来源：财政部 PPP 综合信息平台整理。

注：按照我国财政部 PPP 项目落地率计算方法：PPP 项目落地率 =（执行阶段项目数 + 移交阶段项目数）/（准备阶段项目数 + 采购阶段项目数 + 执行阶段项目数 + 移交阶段项目数）。

落地率是执行和移交两个阶段项目数之和与准备、采购、执行、移交四个阶段项目数总和的比值，是反映最终达成协议、进入具体实施阶段的 PPP 项目的占比情况。从表 3.7 及图 3.9a 和图 3.9b 中可以看出，辽宁全省 PPP 项目落地率为 78.52%，沿海经济带的 PPP 项目落地率为 77.94%，虽与全省水平相差不多，但是未超过全省水平。从各市的 PPP 项目落地率来看，沿海经济带六市中，锦州和葫芦岛两市的 PPP 项目落地率达到百分之百，说明两市 PPP 模式推行效果很好，优质的 PPP 项目都能顺利开工并运营。盘锦、大连、营口三市的 PPP 项目落地率也均超过六成，分别为 81.82%、71.43% 和 69.23%，丹东的 PPP 项目落地率全省最低，只达到了 50%。

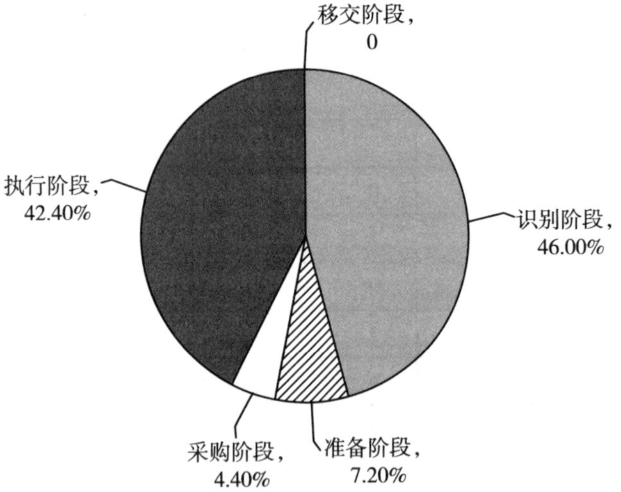

图 3.9a　辽宁全省 PPP 项目运行阶段情况

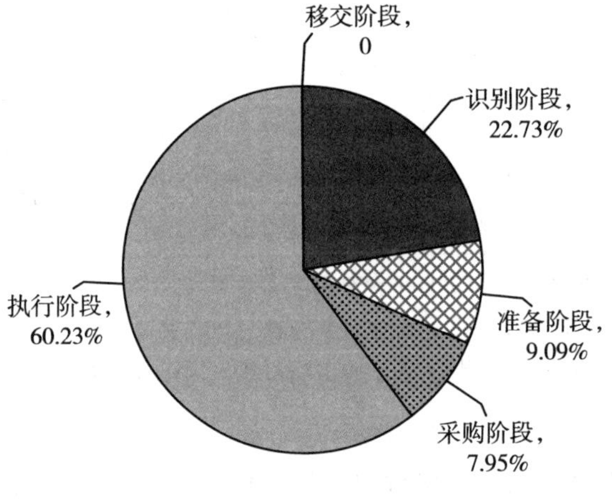

图 3.9b　辽宁沿海经济带 PPP 项目运行阶段情况

（三）运作模式

PPP 项目的运作模式是政府与社会资本合作的方式。图 3.10 对辽宁沿海经济带 PPP 项目的运作方式情况进行了统计分析，截至 2018 年 12 月 31 日，根据财政部 PPP 综合信息平台可获取的数据，辽宁全省进入到准备阶段、采购阶段与执行阶段的 PPP 项目共计 135 项，项目运作方式包括 BOO（建设—拥有—运营）、BOOT（建设—拥有—运营—转让）、BOT（建设—运营—移交）、BOT + TOT（转让—运营—移交）、DBOT（设计—建设—运营—移交）、O&M（运营和维护）、ROT（改建—运营—移交）、BOT + ROT（改建—运营—移交）和 TOT（转让—运营—移交）9 类。其中 60% 以上的 PPP 采取了 BOT（建设—运营—移交）运行模式，20% 采取了 TOT 模式，8% 左右采取了 TOT + BOT 运行模式，并且，沿海经济带 PPP 项目也呈现同样的运行模式结构，可以看出，全省范围在推行 PPP 项目时主要还是以特许经营类 PPP 模式为主，而特许经营类 PPP 模式也是目前沿海经济带推行 PPP 项目时使用的唯一方式。其中，TOT 是 BOT 融资方式的新发展，它是指政府部门或国有企业将建设好的项目的一定期限的产权和经营权，有偿转让给投资人，由其进行运营管理，投资人在约定的时间内通过经营收回全部投资和得到合理的回报，并在合约期满之后，再交回给政府部门或原单位的一种融资方式，可以被看做是 BOT 模式中的一个子分类，从此角度来说，BOT（建设—运营—移交）运行模式又是辽宁沿海经济带各级地方政府与社会资本合作采取的主要方式，这也是受辽宁全省经济发展背景及政策导向所影响的。

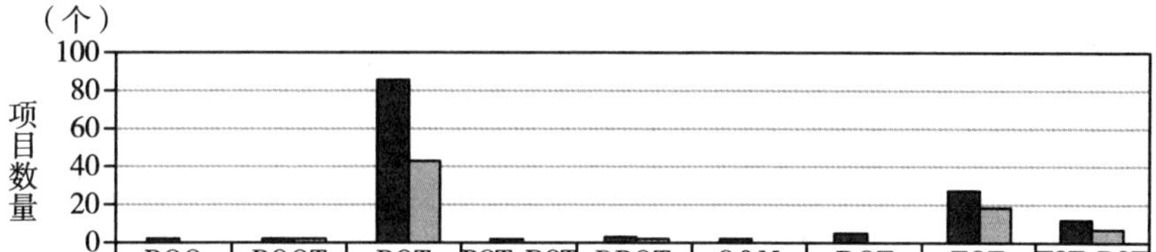

	BOO	BOOT	BOT	BOT+ROT	DBOT	O&M	ROT	TOT	TOT+BOT
■项目数量（全省）	1	1	85	1	2	1	4	27	11
□项目数量（沿海）	0	1	42	0	1	0	0	18	6

图 3.10　辽宁沿海经济带 PPP 项目运行模式情况

数据来源：财政部 PPP 综合信息平台整理。

（四）回报机制

回报机制是 PPP 项目中政府与社会资本双方关注的焦点，是决定项目收入来源、收益水平和风险分担的关键问题，是能否调动社会资本参与项目的决定因素。在我国 PPP 模式相关政策与实践案例中，PPP 项目取得投资回报的资金来源主要有使用者付费、可行性缺口补助和政府付费三种方式。使用者付费是项目公司直接从最终用户处收取费用，以回收项目的建设和运营成本并获得合理收益的项目回报方式，此方式下，项目公司一般承担着全部或者大部分风险。可行性缺口补助是对于使用者付费无法使社会资本获取合理收益，或无法完全回收项目建设和运营成本的项目，政府以投资补助、优惠贷款、贷款贴息、放弃分红权、相关权力授予、政府补贴等方式提供一定的补助以弥补使用者付费之外的缺口部分，确保项目具备商业可行性，采取此回报机制的项目最关键的问题就是政府支持的及时性和落实程度。政府付费是政府直接付费购买公共产品和服务的一种 PPP 项目回报机制，是公用设施类和公共服务类项目中常用的付费机制，项目资金来源主要是用户缴纳的专项收费和地方财政资金，此付费方式的关键是确保稳定的资金来源和规范的支付机制。

目前，辽宁沿海六市进入准备阶段、采购阶段和执行阶段的 PPP 项目共计 68 项，回报机制多以可行性缺口补助为主，占比 53.41%，其次为政府付费占比 14.77%，使用者付费占比 7.95%。从各市的情况来看，除了营口市的政府付费项目相对较少外，其余五市的政府付费项目占比均高于或等于使用者付费项目（见表 3.8，图 3.11），说明沿海经济带 PPP 项目投资回报的资金大部分来自政府部门不同程度的补助。营口市的使用者付费项目所占比重较大，主要是受到所推行 PPP 项目行业性质的影响，如营口经济技术开发区综合管廊及附属设施项目、西部海滨旅游带项目、北海新区综合停车楼工程项目、盖州双台镇文体活动中心项目和沿海产业基地公共设施整体运营项目，都是稳定性较好的高收费项目，但是由于项目合同期较长，长期收益的不确定性使社会资本方的风险加大。

表 3.8　辽宁沿海经济带 PPP 项目回报机制（未含识别阶段）

回报机制 / 城市	政府付费	占比（%）	可行性缺口补助	占比（%）	使用者付费	占比（%）
大连	4	14.81	17	62.96	0	0
丹东	1	12.50	4	50	1	12.50
锦州	4	30.77	6	46.15	2	15.38
营口	1	5.88	7	41.18	5	23.53
盘锦	2	11.76	9	52.94	0	0
葫芦岛	1	16.67	4	66.67	0	0
合计	13	14.77	47	53.41	8	7.95

数据来源：财政部 PPP 综合信息平台整理。

注：此部分统计数据不包括识别阶段 PPP 项目。

综合以上分析，目前辽宁沿海经济带 PPP 模式发展的特征可以总结为以下几

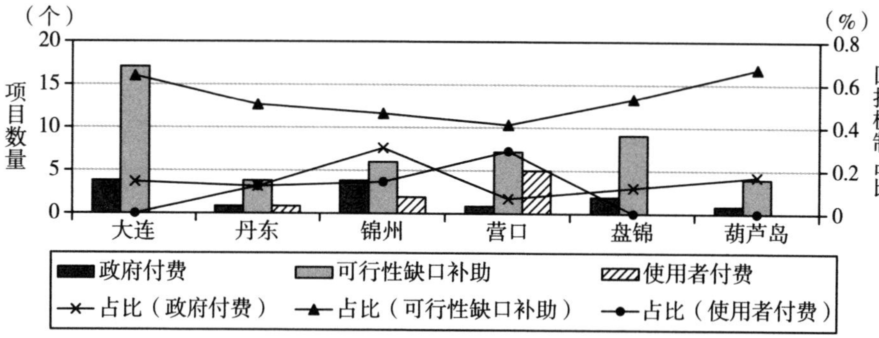

图 3.11　辽宁沿海经济带六市 PPP 项目回报机制情况（未含识别阶段）

数据来源：财政部 PPP 综合信息平台整理。

个方面：第一，沿海六市 PPP 模式发展不均衡。从上述对辽宁沿海经济带六市 PPP 模式发展现状分析结果可知，沿海经济带六市 PPP 项目成交数量只占全省的 35.20%，但是成交规模占据全省的 51.37%，其中，30% 的项目与 65% 以上的成交额来自大连市，是推动沿海经济带 PPP 项目发展的主要力量，其余五市在全省排名落后。第二，沿海 PPP 项目覆盖行业领域单一。从沿海经济带 PPP 项目细分行业领域的分析中可知，沿海六市 PPP 项目虽然覆盖了全省 18 个行业领域中的 15 个，但是市政工程类项目占据绝对优势，成交数量及成交规模占总体的比率分别为 52.27% 和 61.30%，其余 14 个行业占比都没有超过 10%，其中城镇综合开发项目六市中仅有 3 项，仅占沿海经济带 PPP 项目整体的 3.14%。第三，优质 PPP 项目储备不足，落地率低。辽宁沿海六市识别阶段 PPP 项目数量只有 20 项，全省占比仅 17.39%，项目储备量严重不足，锦州和葫芦岛两市最差。其次，项目落地率整体不高，除锦州和葫芦岛两市外，其余 4 市全省排名靠后，当然 PPP 项目数量基数的大小也是导致此结果的因素之一。第四，运行模式方面，以特许经营类的 BOT 运行模式为主，总体上还是部分市场化程度，资产最终所有权为各级地方政府，特许经营期较长，社会资本风险程度高。第五，可行性缺口补助是沿海六市 PPP 项目采取的主要回报机制，其次为政府付费、使用者付费，政府部门承担最终付费的比例过高，政府财政压力过大。

五、辽宁沿海经济带 PPP 模式发展存在的问题

纵观辽宁沿海经济带 PPP 模式发展现状与特征，该区域 PPP 项目推广过程

中在财务风险、项目实施管理、社会资本参与态度及相关法律法规体系制定等方面面临着巨大挑战，致使经济带政府与社会各方在推进新型城镇化建设与完善地方公共基础设施建设、提高当地民生水平等方面的作用难以得到充分发挥。

（一）融资困难，财务风险过高

2014 年以来，为响应国务院及政府相关部门的号召，辽宁沿海经济带各级地方政府部门积极鼓励并推行 PPP 模式的发展，在 2015 年推介了大量的可行性较强的 PPP 项目，但是从统计结果上来看，进入到实际实施阶段的项目所剩无几，此结果主要是受项目融资困难这个因素所影响，主要归因于以下几方面。

1. 政府承受能力有限，地方债务风险过高

近年来，辽宁沿海经济带为加强城市基础设施建设和公共服务质量的提高，加大了财政投资力度，资金不足的问题日益凸显，致使各市级政府不得不通过举债来缓解财政压力。然而，随着地方政府债务规模的扩大，地方债务风险也随之增加，虽然 PPP 模式的推行在一定程度上缓解了地方政府财政压力，但沿海经济带 PPP 项目中政府方最终承担付费比例过高的特点并不能从根本上解决沿海六市地方财政的困难，相反，巨大的债务规模导致地方政府承受能力有限，进而影响了各市 PPP 项目的推行。依据可获取的辽宁全省及沿海六市的政府债务数据显示，2017 年辽宁全省地方政府债务余额共计 8455 亿元，沿海经济带六市地方政府债务余额 4135.7 亿元，全省占比 48.91%，其中，大连市的政府债务余额最多，为 1939.07 亿元，占据整个沿海六市总和的 46.89%，接着依次是营口、盘锦、葫芦岛、丹东、锦州。从六市的地方债务率来看，除了锦州市以外，其余 5 市的比率值都比较高，均超出全省平均水平，其中，营口、盘锦和大连比值在 100% 以上，营口市的比值达到了 187.86%，说明这三个城市当年地方政府债务余额已经超出当年财政总收入，地方财政压力过大。相比较之下，锦州市的政府财政压力较小，地方债务率仅有 40.71%，低于全省比值 36.47 个百分点，低于沿海经济带六市总体比值 68.26 个百分点，说明锦州市开展 PPP 项目的政府方资金条件较好，可以加大以政府付费、可行性缺口补助为回报机制的 PPP 项目投入，当然如此低的地方政府债务率也可能是由于政府举债能力不足，地方公共基础设施建设与公共产品服务投入过少等因素导致的，具体见表 3.9。

表 3.9　2017 年辽宁沿海经济带六市地方政府债务情况　单位：亿元

	债务余额	一般债务	专项债务	债务率（%）
大连	1939.07	1276.17	662.90	105.96
丹东	256.70	241.10	15.60	80.27
锦州	161.45	151.93	9.52	40.71
营口	810.08	708.28	101.80	187.86
盘锦	615.80	563.30	52.50	133.31
葫芦岛	352.60	319.20	26.60	99.16
沿海合计	4135.70	3259.98	868.92	108.97
全省合计	8455.00	6112.00	2343.00	77.18

数据来源：辽宁省财政局和各市财政局官网整理。

注：依据可获取数据，地方债务率的计算公式如下：地方债务率 = 地方政府债务余额/地方政府财力（地方政府财力 = 地方政府收入 + 转移支付）

2. 融资方式和融资渠道单一

融资方式方面，银行贷款、债券融资、PPP 基金、融资租赁和 PPP 资产证券化是目前我国 PPP 项目融资采取的主要方式。首先，由于银行贷款规模大，期限长，成本低，一直以来是沿海经济带进行各类融资活动的首选，也自然成为 PPP 项目融资最大的资金来源。其次，债券融资方式也是目前沿海经济带六市运用的主要 PPP 项目融资方式，一般会有两种情况：一是项目公司出资人发行的政府债券、企业债券，PPP 项目政府方的出资一般来源于政府债券融资；二是 PPP 项目公司发行的公司债券，主要是项目收益债等专项债券。据沿海六市财政局官方网站提供的数据，自 2014 年 PPP 模式在全国范围内大力推广以来，辽宁沿海经济带六市均有不同程度的运用政府债券融资方式来加大对地方公共基础设施建设和公共产品及服务的投入。2018 年，锦州市发行地方政府一般债券 69.6041 亿元，专项债券 3.9444 亿元，用于当地公益性资本支出。同年，营口市发行地方政府一般债券 141.95 亿元，专项债券 20.77 亿元，除偿还当期债务外，其余主要用于市政建设 65.76 亿元，保障性住房 47.73 亿元，生态环境保护 7.98 亿元，教育方面 3.09 亿元，文化建设 9.63 亿元，医疗卫生 4.31 亿元。大连市在《关于 2018 年大连市政府债务限额及市本级预算调整方案（草案）》中也明确指出，2018 年要拟发行新增政府债券 58 亿元，其中一般债券 51 亿元用于交通运输、节能环保和大气污染防治、城市建设、城乡供水、医疗卫生、社会事业等项目的投入，专项债券 7 亿元用于规划展览馆、市民健身中心和钻石湾配套中小学等前期土地整理项目，加大对保障改善民生和经济结构调整的支持力度。基金融资是金融机构与政府方或社会资本方，以有限合伙或者普通合伙模式成立基金，再以一定方式为 PPP 项目提供资金的一种融资方式，简称为 PPP 基金。PPP 基金不仅可以为项目带来第三方资金，减小政府与社会资本方的压力，还可以调节 PPP 项目公司股权结构和政府与社会资本方风险分担等问题。然而目前，由于 PPP 基金对项目本身以及实施项目的政府方与社会资本方的要求过高，至今，辽宁全省只有大连地铁 5 号线 PPP 项目和大连湾海底隧道及光明路延伸工程 PPP 项目获取了中国 PPP 基金的入资。融资租赁是 PPP 项目中项目公司经常运用的融资方式，可以盘活资产，缓解项目资金压力，且 PPP 项目多为长期合同，正好与融资租赁模式相契合，对于供气、供水、供电、收费公路等现金流稳定、又有固定设备的 PPP 项目尤为适用，但是目前在辽宁沿海经济带 PPP 项目中的实践并不多，仍处于探索、磨合的阶段。PPP 项目资产证券化是依据项目持续、稳定的未来收益权和特许经营权为保证，由证券机构将其资产证券化，在交易所上市交易，将认购资金用于项目经营将设的一种融资方式。PPP 项目资产证券化在我国兴起的时间不长，目前上市的相关产品也不多，辽宁沿海经济带 PPP 项目资产证券化运用程度不高。融资渠道方面，从辽宁沿海经济带六市 PPP 项目实施情况来看，大部分是来自银行、证券等金融机构的资金和国家的项目补助资金，总体来看融资渠道单一，不利于财务风险分散和降低融资成本。

3. 缺乏中长期资金支持，金融机构资金支持力度有限

PPP 项目融资规模大，时间长，风险较高，因此资金投入各方参与者都较为谨慎，银行贷款期限一般不长，对中长期 PPP 项目资金的供给往往不足，而目前 PPP 项目又过度依靠银行等商业贷款，致使在项目实施过程中资金供应不足，易放弃投资规模大、建设和经营期较长或投资回报有限的优质 PPP 项目。自从辽宁沿海经济带作为整体开发区域被纳入国家经济发展战略以来，产业园区作为沿海经济发展的基础不断发展壮大与优化，以产业群集聚和产业链耦合为基点，吸纳各生产要素集中投入，资源优化配置，提高发展效率，降低成本，进而带动了沿海六市增长极的发展。2014 年以来，辽宁沿海经济带园区开发建设项目积极融入 PPP 模式，落地了几项规模庞大的园区开发 PPP 项目，如大连市大连新机场沿岸商务区起步区（商务之城）市政配套工程—地下综合管廊工程、大连西中岛石化产业园区配套服务一期 PPP 项目、兴城市老城区配水厂、兴城市污水处理厂、滨海经济开发园区污水处理厂项目、锦州电子电力信息产业园 PPP 项目、盘锦高新区电子产业园、辽宁省大石桥市南楼、永安、有色工业园区污水处理厂及配套管网 PPP 项目、营口市辽宁沿海经济带营口沿海产业基地公用设施整体运营项目、营口循环经济产业园等。项目周期长、风险大、现金流不确定性强，受政策和行业影响明显，且园区开发商或项目公司债务率过高，导致各大金融机构在资本介入时小心谨慎，在贷款期限与资金额度上都严格把控，园区开发项目也面临着融资难题。

4. 民营资金参与度不高

从目前辽宁沿海经济带 PPP 项目社会资本参与情况来看，以规模较大、资源与政策备具优势的国有企业为主，此结果一方面也是由于民营资本的逐利性所导致的。PPP 项目多为公共基础设施建设项目，投资额大，公益性强，收益水平不高，且项目落地后，资金的筹集、项目建设及运营主要是由社会资本方承担，财务风险与经营风险巨大，导致多数民营企业对 PPP 项目的参与持谨慎态度。另一方面，政府相关部门和建设单位对合作企业的资质与业绩有较高要求，使一些低资质的民营企业难以进入相关市场，难以取得金融机构较高评价，即使进入参与，项目投标竞争异常激烈，这也导致了能够参与项目的民营企业较少，影响了沿海经济带 PPP 的融资。

5. 项目投资回报有限，退出机制单一

辽宁沿海经济带 PPP 项目多集中在基础设施建设和公共服务等基础领域，项目投资回报率一般不高，80% 以上的项目依靠政府提供的可行政缺口补贴及使用者付费情况来满足投资回报要求，项目回报机制有限，收益性不高，风险还大。其次，辽宁沿海经济带 PPP 项目资金多来自银行贷款、政府债券及 PPP 基金与政府对项目公司直接投资等融资方式，社会资本退出机制单一，不灵活，风险大，处于一经参与难以抽离的状态，这些都是民营企业对 PPP 项目失去兴趣的主要原因。

（二）项目定价难、投资回报率难以确定，项目经营风险过大

PPP 项目定价和投资回报率的确定关系到社会公众利益与社会资本参与的积极性，是 PPP 项目未来收益持续、稳定的重要保障机制。辽宁沿海经济带在推行 PPP 项目时，基本上没有相同的经济、文化、产业等背景的案例所借鉴，也几乎没有可供参考的合理市场价格，虽然我国财政部对定价和调价机制做了说明，但

同样计算公式在实践中很难适用所有地区和所有行业，且 PPP 项目合同期较长，建设运营成本高，未来技术条件、物价水平和市场需求等环境都会发生变化，因此，投资回报难以确定，在实际中很多情况都是各部门单位根据自己掌握的有限信息及理解所制定，有很大的随意性，有的甚至为了中标而任意调整。

（三）项目风险分担责任不清，分配不当

风险识别与风险分担一直是 PPP 模式研究领域的热点问题，PPP 项目实施中面临的风险因素极其复杂，高效的风险分担机制不仅可以明确公私部门相关权益和责任，而且能节约项目费用与时间，平衡风险，是保障 PPP 项目顺利运营的前提与关键。目前，辽宁全省处在全面深化改革，去杠杆、去产能、去库存的重要时期，经济社会及发展环境与条件日益变化，致使对风险预测的难度越来越大。2017 年，财政部和国家发改委规定了“PPP 项目由对风险最有控制力的一方来承担相应的风险”的风险分配原则，但在沿海经济带的 PPP 实践中，很多项目难以严格执行此分配原则，项目风险分担责任不清，分配不当，政府或社会资本一方承担过多和不足同时存在。有些项目为吸引社会资本和社会公众影响力，政府会做出承诺或保底行为，无形中加大政府方责任，有些项目涉及征地拆迁、治安管理、政策多变等风险让企业承担，加大社会资本负担。

（四）政府职能定位模糊，项目管理缺乏规范化，推进 PPP 模式能力有待加强

社会资本参与公共基础设施建设和公共产品服务提供等 PPP 项目时，很难改变其自身逐利性强的特点，因此在吸引社会资本时，应准确把握项目运作复杂性，充分认识到只有确保社会资本方的利益才能真正吸引社会资金参与，但是由于各地区、各项目的差异性，PPP 项目具体实施无法简单复制，加上沿海经济带很多地方政府部门为解决地方债务的迫切需求，借助对 PPP 项目的包装，以获取上级部门支持，并没有立足项目本身，因此，政府在项目识别、论证时，力不从心、无从下手，在 PPP 模式推广上表现出项目储备量不足、签约率低、落地率低的现象。此外，有些区级政府部门为了推广而推广，认为国家及上级部门提倡推广 PPP 模式，如本市没有项目推出就是工作落实不力，盲目推介 PPP 项目，导致虽然项目对社会公众公开，但论证准备不足，没有取得实质性进展。项目管理方面，由财政部和明树数据在 PPP 项目数量统计数据上的差异可知，许多规模、

社会影响力相对较小、但本质上属于公私部门合作 PPP 模式的项目未入库规范化管理，导致政府官方统计数据显示的结果未必是地方区域 PPP 模式发展的真实情况。各省市级政府层面的涉管部门众多，重复上报、漏报、延报的现象屡见不鲜，导致各方统计数据差异较大，没有实现信息共享、协调配合。

（五）相关软件配套设施基础薄弱，专业人才匮乏

PPP 项目大多是步骤繁杂的系统工程类项目，需要汇集金融、管理、技术、控制、法律、安全等众多领域专业人才才能高效运行。目前，虽然辽宁沿海经济带六市政府在推广 PPP 模式时，都不同程度地提供各方支持，如提供融资、采购与执行咨询服务等，但与经验和资源较丰富的珠三角沿海经济带、江苏沿海经济带、长江三角洲城市群等国内其他沿海经济带地区相比，在专业机构的设置、综合业务和理论知识水平等方面都有相当大的差距，同时，专业技术人才的缺失，在一定程度上也影响了项目的推进。

（六）相关法律法规的制定体系还需完善

辽宁沿海经济带 PPP 项目的不规范化管理，很大程度上体现了我国和经济带各级政府相关法律法规政策的不完备。2014 年以来，虽然我国发布了大量关于 PPP 模式推广的规范性文件，但与 PPP 模式发展较成熟的国家相比还缺乏完备的法律制度和管理机制进行引导与控制。国家层面，PPP 项目的管理上基本依照政策性文件执行，没有法律效应，对项目实施中的公司设立、招投标、土地使用和税收等环节也没有清晰的法律限制。辽宁沿海经济带各级政府层面，除盘锦市外，其余 5 市均未出台 PPP 模式推广与应用的具体实施意见，致使各部门单位在推行 PPP 模式时无章可循。

六、促进辽宁沿海经济带 PPP 模式发展的对策和建议

（一）明确 PPP 模式下政府的职能和定位

PPP 模式下，政府与社会资本之间是一种利益共享、风险共担、全程合作的

伙伴合作关系，基于政策部署和项目进程，地方政府在不同阶段担任的角色也更加具体而多元。要想在 PPP 模式中切实发挥作用，各级地方政府部分必须要清晰自身角色，明确自身职能，准确定位。首先，政府是 PPP 项目的规划者和发起者，在 PPP 项目实施过程中充分发挥其政策制定权和统筹规划管理权，激励社会资本积极参与，引导 PPP 项目依法有序地进行，是 PPP 项目的决策管理者。其次，政府是 PPP 项目中与社会资本的合作方，又是公共利益的代表着，在项目合作期间，既要控制项目建设及运营进程，依法保障社会资本投资回报权益，又要维护公共利益，避免社会资本逐利性而导致的工程质量缺陷和服务价格不公等行为，兼顾保障者、监督者、各方利益协调者等多重角色。辽宁沿海经济带各市级政府在 PPP 模式推广过程中要持有科学、先进的执政态度和理念，明晰自身角色与定位，避免身份偏差，不能将推行 PPP 模式只当成简单的融资工具、执政业绩或完成任务，应当深刻认知自身是多方利益的均衡者、协调者，应建立平等合作、互惠互利、多方共赢的理念。在各部门、相关单位定期开设 PPP 相关知识培训，提升对 PPP 模式的认知，提高政府执政能力。积极开展推进辽宁沿海经济带 PPP 模式发展论坛，汇集省内外顶尖人才出谋献策。整合现有资源，设立 PPP 模式推广职能部门或专职小组，有针对性地解决 PPP 项目相关的项目规划、管理、监管、协调和技术与咨询服务协助等实际性问题，充分发挥好政府在不同阶段的各项职能。

（二）构建 PPP 法律法规体系，细化政府规制与机制设计，严格执行项目规范化管理

辽宁沿海经济带各市政府部门要充分利用自身法定权建立 PPP 市场及各参与方的行为规则，加强机制设计，细化现有法规及项目管理与实施方法，便于 PPP 市场各参与方的具体操作工作。

1. 细化政府规制与机制设计

首先，建立市场准入及多元化的退出机制。严格把控参与公共领域建设的社会资本的资质与能力的同时，结合社会信用体系严格监管社会资本弄虚作假行为，建立透明、公开、平等的市场与招投标环境。同时，积极鼓励并尝试多元化的资本退出机制，如股权转让、资产证券化、项目公司上市融资或多种退出机制相互配套使用等，使 PPP 项目与资本市场衔接，提升项目市场价值，保障项目所需资金，提高项目盈利能力，进而提升项目投资回报，调动社会资本参与积

极性。

其次，合理科学地确定项目投资回报与定价机制。辽宁沿海经济带各市政府相关职能部门应加强多方咨询，市场调查与反复科学论证，根据各市、各行业的具体实际情况，提供一套明确、适宜的价格计算方法，并随着技术条件、物价水平、项目需求等环境的变化而不断改进。项目投资回报一定要结合项目的全部所耗科学预测，如融资成本、交易成本与费用、机会成本等。

再次，加强风险识别，建立风险分担机制。从辽宁沿海经济带各市近几年的 PPP 项目成交数量及规模来看，在 2015 年大量成交后，2016 年的数据急剧大幅度下滑，且至今未超过 2015 年的峰值，说明项目落地后是否能够顺利进行，很大程度上取决于项目的财务风险与经营风险，风险过大或承担风险过高都会直接影响社会资本进入，因此必须加强风险识别能力，建立合理的风险分担机制。通过强化学习风险识别方法，总结国内外、本地已有项目或失败项目的经验教训，提高风险识别能力水平。结合项目实际情况、政府与社会资本承受能力，合理分配项目承担风险，避免单方承担过多或不足，必要时可以加至合作条款中明确权益和责任。PPP 项目执行过程中，项目公司自主经营，自负盈亏，政府部门主要负责对项目公司提供的公共产品和服务进行评估、社会满意度调查等，并依据考核结果对项目公司进行奖罚，需要资金调度时，政府部门不能为项目公司或社会资本方提供抵押担保或出具保底保证函。

最后，建立政府信用约束机制。政府与社会资本的合作是建立在诚信、平等、互利的基础上的，具有契约合同的法律保障，但政府是国家和地方行政管理者，单方具有强制权，从此角度来看，PPP 项目契约的履行在一定程度上依赖于政府的信用约束，尤其是在各级政府信用水平排名不高的辽宁省。为保障社会资本合法权益，在 PPP 项目契约中制定政府信用约束条款，避免违约风险。

2. 整合资源，统一管理，严格执行项目规范化管理

首先，由财政部 PPP 综合信息平台统计数据与明树数据统计结果对比可知，目前，辽宁沿海经济带六市存在大量未入库进行规范化管理的 PPP 项目，且在财政部 PPP 综合信息平台统计数据中，沿海六市表现出明显的 PPP 项目储备量不足的特征，极大地影响了 PPP 模式的推广。因此，沿海六市应设立市级和县区级 PPP 项目综合信息平台，整合地方政府、地方发展改革委员会等各政府职能部门获取的 PPP 相关信息，建立 PPP 项目储备库和项目管理库，实施 PPP 项目备案管理与动态管理，并及时更新项目进程与问题，并且这些项目库应对公众公开，资源共享，并受社会公共监督。另外，各市级政府部门可以将当期计划实施的PPP 项目列入年度工作计划中，合理安排年度财政支出划分与制定 PPP 项目倾向政策。同时，要严格要求各地按照 PPP 规定程序执行项目，对违反规范的做法要加大处罚力度。对相对垄断性较强的行业项目，可以适当放宽招标条件，鼓励民营企业参与，充分利用竞争机制找到更好、更适合的合作伙伴。

（三）制定激励政策，充分调动社会资本参与度

辽宁沿海经济带 PPP 项目的社会参与方持有明显的谨慎介入态度，且已经参与 PPP 项目的私营部门一般多为大型国有企业和上市公司，民营企业与中小企业参与较少，致使经济带 PPP 项目推行的社会主体后备力量不足，沿海六市各级政府部门应通过制订 PPP 项目财政补贴、税收减免等激励政策，充分调动社会资本参与积极性。财政补贴方面，目前，沿海六市主要还是以执行中央政策为主，没有单独制定相关地方政策，且未列入国家示范项目的 PPP 项目不能享受国家发改委批发的 PPP 项目前期工作专项补助资金。在具体执行过程中，各市还需依据财政及 PPP 项目推行情况进行选择，主要采取投资补助、基金注资、担保补贴、贷款贴息等方式，尽管如此，在补贴落实时间、金额和力度上也会遇到不同程度的问题。因此，为推动本市 PPP 项目落地执行，应加快出台市、县区级政府层面补贴政策。税收减免方面，介于 PPP 项目的社会公益性与投资风险性，应区别对待PPP 项目合作的社会资本方与普通的市场主体，可以通过扩大税种优惠范围、延长优惠时间、调节税率等方法加大对地方 PPP 项目的支持。

（四）完善相关配套保障建设

1. 丰富融资渠道及方式，加强金融机构支持力度，创新投融资机制

辽宁沿海经济带六市在推行 PPP 模式过程中融资方式、渠道单一，中长期资金短缺，政府补贴、金融机构支持力度有限，遇到了严重的融资问题，因此，地方 PPP 模式的推广与执行必须加强相关金融配套保障建设。一方面，要丰富项目融资渠道及方式，除加大传统的银行商贷力度外，积极鼓励新型金融机构参与，积极尝试 PPP 融资租赁、PPP 资产证券化等新型 PPP 融资模式，优质项目应踊跃申请上市，吸收社会民间闲散资金。另一方面，政府应牵头并鼓励引导社会各界

建立地方 PPP 项目投资基金为当地 PPP 项目注资造血。

2. 加快 PPP 应用人才队伍建设

人才和技术是 PPP 模式推广与运作的核心要素，PPP 项目工程浩大，涉及行业范围之广，PPP 模式发展初期的辽宁沿海经济地区需要一个综合性较强的专业人才队伍来保障当地 PPP 项目各项工作顺利进行。可以通过加强现有项目参与人员的专业技术能力培训、选派优秀人才到全国各 PPP 示范项目点学习或挂职锻炼，引进顶尖技术人才、建立当地人才储备库等多种措施。

（五）重点关注并大力推行园区综合开发 PPP 项目，助推辽宁沿海经济带产业园区建设

辽宁沿海经济带的发展离不开产业园区的开发与建设，园区内产业集群发展，主要以传统优势的资源开采、加工业、船舶制造、装备制造业和高新技术产业为主。自辽宁沿海经济带发展上升到国家区域开发战略以来，辽宁省政府共批复了 42 个工业园区享受辽宁沿海经济带重点发展和重点支持区域政策，沿海六市也纷纷以产业园区为载体，以城市、港口建设为依托进行了大规模的基础设施建设，以期带动辽宁全省经济发展。但是，由于近年来宏观经济下行，辽宁省经济低迷，政府财政压力过大，加之营商环境恶化，省内投资频频受阻，导致大多数产业园区建设进展较为缓慢，甚至有的已经处于完全停工状态。PPP 项目公益属性强，投资规模大，运作周期长，总体利润水平不高，和产业园区项目建设与运营的特点正好匹配，将 PPP 模式引入辽宁沿海经济带产业园区建设，不仅可以给园区开发建设注入资金，缓解地方政府债务危机，还可以通过政府规划引导产业市场化发展，有效形成产业聚焦，进而带动起辽宁沿海经济带产业园区建设与发展的新一轮高潮。

园区开发 PPP 项目与传统的单体投资项目最大的不同就是多个项目组合的项目群，涉及土地、设施、招商引资等多环节开发联动，经营性与非经营性相结合。因此，在项目实施过程中，要注意合理规划各环节的时序和重点工作、园区开发 PPP 项目合理占地、创新招商引资方式等问题。首先，项目时间与工作内容安排方面。园区 PPP 项目大多是在一个较长时期内阶段性的系统工程，这就要求在项目具体实施前与进行中都要做好严谨的项目各阶段间、各环节间的紧密衔接，否则就会导致成本增加、停工待命，甚至项目终止。其次，我国具有较系统的土地管理制度体系，明确指出公有化土地占用的具体规定，不允许在经济利益

驱使下，违反土地利用总体规划无序设立开发区、扩大用地范围、专地不专用等行为。因此，在园区开发项目前期要以国土规划为前提，结合园区实际情况确定项目用地规划，并可以在项目间依据不同土地性质进行划分。最后，拓宽融资渠道，创新招商引资方式。可以在保证项目实施能力与品质的基础前提下降低辽宁沿海经济带产业园区 PPP 项目的准入标准，大力鼓励民间资金以各种可行方式参与，如联合体方式，除拉动本市、省内范围的社会资本外，应通过政府优惠政策引导、营造园区基础设施建设良好环境等方面积极吸引全国范围投资者和外商的投资。

参考文献

[1] R. Scott Fosler, Renee A. Berger. Public - Private Partnership in American Cities: Seven Case Studies, D. C. Health and Company, 1982: 82 - 85.

[2] Harvey Brooks, Lance Liebman, Corirnne S. Shelling. Public - Private Partnership: for meeting social needs [J]. Ballinger publishing company, 1984.

[3] David J. Spielman, Klaus Von Grebmer. Public - private Partnerships in agriculture research: an analysis of challenges facing industry and the consultative group on international agriculture research [J]. International Food Policy Reaearch Institure. 2004 (01): 23 - 34.

[4] Terry Lyons, Martin Skitmore. Project risk management in the Queensland Engineering construction industry: a survey [J]. International Journal of Project Management. 2004, Vol22, 51 - 61.

[5] 丁理峰，吕访桐 . PPP 模式应用于城市供热项目分析 [J]. 工程建设与设计，2016 (01): 163 - 164.

[6] 贾康，陈通 . 政府与社会资本合作效应 [J]. 中国金融，2015 (15): 20 - 22.

[7] 贾康 . PPP 制度创新的六大正面效应 [J]. 经济，2015 (07): 9.

[8] 简迎辉，包敏 . PPP 模式内涵及其选择影响因素研究 [J]. 项目管理技术，2014，12 (12): 24 - 28.

[9] 金荣学，魏晓兰 . 日本 PPP 模式对我国的经验与启示 [J]. 当代经济，2017 (16): 10 - 12.

[10] 孔薇，赵儒煜 . 东北地区 PPP 模式适用性、实用性问题研究 [J]. 宏

观经济研究，2017（04）：15－23.

［11］刘志强，郭彩云．基础设施建设项目引入 PPP 融资方式探讨［J］．建筑经济，2005（06）：40－42.

［12］王灏．加快 PPP 模式的研究与应用 推动轨道交通市场化进程［J］．宏观经济研究，2004（01）：47－49.

［13］吴槐庆，赵全新．政府与社会资本合作（PPP）模式下公共产品服务定价机制研究［J］．价格理论与实践，2016（11）：52－57.

［14］夏诗园．PPP 模式与地方政府债务治理［J］．债券，2016（07）：62－65.

［15］尹彦辉．中国宏观经济政策选择的 PPP 模式效应——基于新凯恩斯 DSGE 模型的实证分析［A］．中国数量经济学会、江西财经大学．21 世纪数量经济学（第 18 卷）［C］．中国数量经济学会、江西财经大学：中国数量经济学会，2017：19.

［16］赵静，常非凡．PPP 模式在世界主要国家的实践及可持续性分析［J］．宏观经济管理，2018（06）：76－83.

［17］邹昱昙．浅析我国基础设施建设中 PPP 模式应用问题［J］．商业时代，2009（24）：79，60.

［18］曾晓安．用 PPP 模式化解地方政府债务的路径选择［J］．中国财政，2014（09）：25－26.

［19］罗学富，周勤，蒲明书．PPP 项目财务评价实战指南［M］．第二版，北京：中信出版社，2018.

［20］吉富星．中国 PPP 模式的案例解析［M］．北京：中国财政经济出版社，2017，9.

［21］张奇．公司合作（PPP）项目决策与评估［M］．北京：经济科学出版社，2016，3.

［22］李成林．PPP 项目合同操作指南［M］．北京：法律出版社，2017，9.

［23］吕汉阳，曾涛等．PPP 模式全流程指导与案例分析［M］．北京：中国法制出版社，2016，6.

［24］张彦春，王孟钧，周卉，肖绍斌．PPP 项目运作、评价、案例［M］．北京：中国建筑工业出版社，2016，9.

专题报告四

辽宁沿海经济带乡村旅游发展研究报告

一、辽宁沿海经济带旅游发展回顾

（一）2017 年辽宁沿海经济带旅游总体态势

2017 年，辽宁沿海经济带共接待国内外旅游者 22980. 7 万人次，比上一年增长 10. 1%，增长率较上一年下降 2. 4 个百分点。其中，接待国内旅游者 22849. 4 万人次，增长 10. 2%，增长率较上一年下降 2. 3 个百分点；接待入境旅游者 154. 35 万人次，较上一年增长 3. 1%，增长率较上一年下降 1. 4 个百分点。旅游总收入 2526. 8 亿元，比上一年增长 6. 6%，增长率较上一年下降 14. 32 个百分点。其中，国内旅游收入 2466. 64 亿元，增长 6. 7%，增长率较上一年下降 14. 7 个百分点；旅游外汇收入 9. 3839 亿美元，增长 2%，增长率较上一年下降 2. 5 个百分点（见表 4. 1）。

表 4. 1　　2017 年辽宁沿海经济带旅游业发展对比分析

对比项目		辽宁沿海经济带	沈阳经济圈	辽西北	辽宁省	全国
国内旅游	游客数（百万人次）	228. 494	271. 42	57	50	500
	增长率（%）	10. 2	12. 3	13	12	12. 6
	旅游收入（亿元）	2466. 64	2238. 3	39	46	456
	增长率（%）	6. 7	12. 7	12	12	15. 9

续表

对比项目		辽宁沿海经济带	沈阳经济圈	辽西北	辽宁省	全国
入境旅游	游客数（万人次）	154.35	130.93	7.93	27	139
	增长率（%）	3.1	0.14	1.5	1.9	0.75
	旅游收入（百万美元）	938.39	920.53	51	17	123
	增长率（%）	2	5.1	2.9	2.1	2.8
旅游总体	游客数（百万人次）	229.807	272.73	57	505.97	5140
	增长率（%）	10.1	12.3	13.5	12.1	15.7
	旅游收入（亿元）	2526.8	2316.1	418.8	4741	53992.87
	增长率（%）	6.6	13.5	17.6	12.2	13.9

数据来源：《辽宁统计年鉴》与2018年发布的各地社会经济统计公报整理获得。

纵观2017年的发展数据，辽宁沿海经济带旅游业尽管都保持增长态势，但国内旅游收入、入境旅游收入与接待国内外游客人次的增长率都呈现出下降态势。另外，辽宁沿海经济带在2017年接待入境游客人次的增长率（3.1%）较沈阳经济圈（0.14%）、辽西北（1.5%）以及辽宁省的全省平均水平（1.9%）和全国平均水平（0.75%）略微占据优势。其他的指标包括入境旅游收入、国内旅游人次、国内旅游收入以及旅游总收入与旅游总人次的增长率在省内与全国都不占优势。辽宁沿海经济带旅游发展面临着前所未有的困境，亟待突破。

（二）2017年辽宁沿海经济带6市旅游发展情况

表4.1介绍了辽宁沿海经济带在2017年的总体旅游发展情况，并与辽宁省、沈阳经济圈、辽西北以及全国的旅游发展态势进行对比，可以从宏观上对辽宁沿海经济带在2017年的旅游业发展有一个总体了解，为了更加深入、清晰地了解过去一年（2017年）辽宁沿海经济带内的大连、丹东、锦州、营口、盘锦、葫芦岛6市在旅游产业发展方面的最新动态，以下对6市旅游业基本情况进行梳理。

1. 大连市荣获“中国旅游休闲示范城市”称号

大连市2017全年接待国内游客8410万人次，比上年增长10.2%；接待海外过夜游客 106.4 万人次，增长 1.9%。旅游总收入 1280.1 亿元，增长 12.8%。2017 年年末全市拥有旅游星级饭店（宾馆）141 家，旅行社 450 家，国家 A 级旅游景区（点）57 个。全年举办展会 130 个，比上年增长 22.6%；展出面积 130.6 万平方米；参观人数 980 万人次。大连市再次蝉联全国文明城市，在中央文明委组织的第五次全国文明城市考核评比中，大连市各项指标排列在前，再次获得全国文明城市光荣称号，成为全国仅有的两个连获五届殊荣的城市之一。

大连市成为"中国邮轮旅游发展实验区""中国旅游休闲示范城市"。为推动城市旅游休闲体系的建设，提高国民旅游休闲的质量，国家旅游局于 2015 年开始，在全国范围内开展中国旅游休闲示范城市创建工作。这是继中国优秀旅游城市、中国最佳旅游城市创建工作之后，又一具有重要影响力的城市品牌创建工作，充分显示国家对旅游休闲产业发展的重视和支持。2015 年 12 月 1 日国家旅游局正式实施《旅游休闲示范城市》行业标准，启动全国首批旅游休闲城市创建工作。杭州、成都、大连、厦门、武汉、银川、宁波、苏州、无锡、珠海十个城市进入首批中国旅游休闲示范城市创建行列，大连市作为东北地区唯一城市参与此次创建工作。

大连市获批中国邮轮旅游发展实验区，这将加快推进大连港国际邮轮母港建设，为大连市海洋旅游资源注入新的活力。2017 年 6 月，大连市人民政府正式向国家旅游局申请设立中国邮轮旅游发展实验区。日前正式收到国家旅游局批复，同意在大连市设立"中国邮轮旅游发展实验区"。据悉，此次共有上海、天津、深圳、青岛、大连、福州 6 个地区。

2. 丹东边境旅游试验区稳步推进

丹东市 2017 全年接待国内外旅游者人数比上年增长 12.9%，旅游业总收入增长 12.9%。2017 年年末全市共有 A 级旅游景区 19 处，其中，4A 级景区 8 处，3A 级景区 9 处，1A 级景区 2 处。全市共有国家级风景名胜区 3 个、国家级自然保护区 2 个、省级自然保护区 1 个、国家级森林公园 1 个、省级森林公园 5 个。全市拥有星级宾馆 40 家，旅行社 102 家。

丹东市推进全域旅游，爱河生态公园建设、蒲石河森林公园升级改造等重点旅游项目实现开工，北黄海温泉度假村被评为国家五星级温泉度假村，大鹿岛、獐岛升级为"国家 4A 级景区"，《丹东边境旅游试验区建设实施方案》报国务院待批，丹东市成为"旅游厕所革命先进市"。特色乡镇建设初见成效，大梨树、三道湾被评为国家级"美丽宜居村庄"，大鹿岛被评为"全国特色民俗村"，獐岛被评为“全国最美渔村”。

3. 锦州市全域旅游稳步推进

锦州市2017全年旅游总收入195.0亿元，增长11.6%。其中，国内旅游收入187.2亿元，增长11.6%；入境旅游收入11557.0万美元，增长2.0%。全年接待国内外旅游者2630.3万人次。其中，接待国内旅游者2620.7万人次，增长11.6%；接待入境旅游者9.6万人次，增长1.1%。全市星级饭店24家，其中，五星级旅游饭店1家。旅行社及旅行社分公司65家。全市A级旅游景区23个，其中，4A级旅游景区12个。

2017年12月27日，《锦州市加快发展全域旅游的实施意见》（锦政发〔2017〕73号文件）已经由锦州市政府第65次常务会审议通过，印发给各部门，正在认真贯彻落实。为深入贯彻落实国家全域旅游发展战略，加快推进锦州市作为国家第二批创建单位的全域旅游示范区创建工作，依据《国家旅游局关于开展国家全域旅游示范区创建工作的通知》（旅发〔2015〕182号）、《全域旅游示范区创建导则》及验收标准，结合《锦州市三年振兴攻坚计划》和《锦州市县域经济三年发展计划》，立足锦州市实际，制定《锦州市加快发展全域旅游的实施意见》。目标是到2020年，形成全域旅游发展格局。旅游综合总收入年均增长12%，达到全域旅游创建的各种指标要求，打造全国著名的最具北方特色的文化休闲度假旅游目的地。推进实施“多规合一”。加强全域旅游顶层设计，切实推进全域旅游规划与城市总体规划、城乡发展规划、土地利用总体规划、交通发展规划、公共服务体系、环境功能区域等重点规划融合衔接，统筹各类资源和公共服务配置，将旅游要素融入各类规划建设中，推进多领域、多层面的一体化、协同性发展。以满足居民休闲和游客体验双层需求为导向，建立主客共享、投入集约、全域覆盖、城乡均质、标准规范、便捷高效的旅游公共设施和服务体系。推动旅游产业的双向融合，实施“旅游+”和“+旅游”战略，逐步形成“一业带动，多业融合，联动发展”的产业格局，旅游业对经济社会综合效能显著提升。组织召开全市推进全域旅游发展动员大会，对发展全域旅游和创建国家全域旅游示范区进行全面动员、安排部署。制定锦州市国家全域旅游示范区创建工作实施方案和保障措施，抓好贯彻落实，做好政策解读，加大宣传力度，加强舆论引导，形成发展全域旅游的共识，营造合力推进全域旅游发展的社会氛围。

4. 营口市国际海滨温泉旅游节推动旅游新发展

营口市 2017 全年接待国内外旅游人数 2407.4 万人次，比上年增长 14.0%。其中，国内旅游人数 2399.6 万人次，增长 14.0%；入境旅游人数 7.8 万人次，增长 2.6%。旅游总收入 235.4 亿元，增长 12.1%。2018 年年末星级以上宾馆 21 家，其中，五星级旅游饭店 5 家（含温泉五星级 3 家）。营口全市有旅行社及旅行社分公司共计 127 家，其中，设立社 68 家（含 3 家国际旅行社），国内旅行社分公司 28 家，国际旅行社分公司 31 家。国家 A 级旅游景区 19 个。

2017 年 7 月 22 日晚，“2017 中国营口国际海滨温泉旅游节”在鲅鱼圈区月牙湾海滨旅游度假区盛大启幕。本届海滨温泉旅游节以“魅力海温泉，休闲鲅鱼圈”为主题，策划组织了涵盖休闲海滨、休闲温泉、休闲美食、休闲乡村以及休闲文化“五大版块”活动，本届海滨温泉旅游节时间跨度长达 3 个月。此次国际海滨温泉旅游节由省旅发委和市政府主办，鲅鱼圈区委、区政府和市旅发委承办，旨在提升辽宁旅游在东北亚地区的影响力，促进辽宁省海滨、温泉文化旅游产业发展，打造营口休闲文化旅游品牌，宣传鲅鱼圈夏季旅游文化活动。中国营口国际海滨温泉旅游节已经整整走过了 9 个年头，营口的城市、社会、经济都发生了巨大变化，但永远不变的是营口人的热情与激情。营口以海滨温泉旅游节作为彼此加深友谊、增进了解的平台，真诚地欢迎海内外朋友常来营口走一走、看一看、休闲度假、置业安居。举办地鲅鱼圈温泉资源丰富，历史悠久，被誉为“东北第一泉”。多年来，鲅鱼圈依托温泉资源，积极发展温泉产业，成功举办了 9 届国际海滨温泉节、11 届辽宁省冰雪温泉节和第三届中国温泉旅游推广季暨首届世界温泉论坛，先后荣获了国际最佳温泉休闲旅游胜地、中国十大温泉养生基地、中国优秀生态旅游区、中国最佳旅游资源城市、中国最美休闲小城、中国十大魅力海岸线、中国十大魅力温泉、中国宜居典范城市等殊荣，现已进入国家第二批“全域旅游示范区”创建名录。2012 年以来，每年接待国内外游客超 1000 万人次，旅游总收入超 100 亿元，接待温泉游客量超过 120 万人次，是东北地区著名的旅游观光、休闲度假胜地。

5. 盘锦市荣获“2017 美丽山水城市”称号

盘锦市 2017 全年接待国内外旅游者 2636.0 万人次，比上年增长 16.3%。其中，接待国内旅游者 2624.6 万人次，增长 16.3%；接待入境旅游者 11.4 万人次，增长 2.1%。全年旅游总收入 219.9 亿元，比上年增长 13.3%。其中，国内旅游收入213.2亿元，增长16.3%；旅游外汇收入9978万美元，增长3.0%。年末有星级以上宾馆11家，旅行社67家。年末全市有国家A级旅游景区16个。

2017年12月，中国生态文明论坛年会在广东惠州举办，盘锦市荣获“2017美丽山水城市”称号，全国共有12个城市获此殊荣。中国生态文明论坛（年会）是我国研讨生态文明建设重大问题、分享实践经验、宣传决策部署、凝聚社会共识的重要平台，至今已成功举办七届。2017年的惠州年会，以“生态文明，绿色引领——学习贯彻十九大精神，推进新时代美丽中国建设”为主题，共同为生态文明建设建言献策。经过媒体遴选、城市确认申报、专家审定等层层环节，最终产生了12个“2017美丽山水城市”。盘锦市认真践行“绿水青山就是金山银山”的理念，积极做好参加中国生态文明论坛（惠州）年会各项准备工作。精心组织制作了集聚盘锦地域特色的展台展板，采编了展现盘锦生态建设的视频影像，完成了市长热点对话提纲，为圆满参加论坛提供了有效有力的基础保证。在本次年会上，盘锦市先后参加了高峰论坛、13个分论坛、市长热点对话和生态文明成果展等一系列主题活动。盘锦市作为唯一的北方城市参加了中国生态文明论坛惠州年会市长对话，入选了全国生态文明建设成果（惠州）展览，充分展现了践行“绿水青山就是金山银山”理念，建设生态盘锦、湿地之都的发展定位和人与自然和谐共生的山水城市盘锦样本。

6. 葫芦岛市对接京津冀协同发展旅游先行区

葫芦岛市2017全年旅游总收入实现187.8亿元，比上年增长12.5%。接待国内外旅游者2245万人次，增长8.2%。全市现有AAAA级旅游区7处，AAA级旅游区15处，AA级旅游区14处。旅行社70个，其中国际社1个，国际分社20个。星级宾馆21个，其中：五星级1个、四星级3个、三星级16个、二星级1个。

2017年初以来，葫芦岛市旅游委积极推进“对接京津冀协同发展旅游先行区”建设，目前工作已取得阶段性进展。2017年5月初，经省政府同意，由省旅发委代为批复《省旅游发展委员会关于同意设立葫芦岛对接京津冀协同发展旅游先行区的批复的函》（辽旅函〔2017〕32号），批复函对先行区的发展方向做了明确的指示，为落实省政府的决策部署，葫芦岛市制定了《葫芦岛市对接京津冀协同发展旅游先行区实施方案》，将统筹全市相关各职能部门及各县（市）区，确定先行区旅游产业的发展方向和工作任务，在葫芦岛市委、市政府的领导下共同谋划旅游产品提升及景区体制机制改革，制定行业标准，探讨支持先行区旅游产业发展的优惠政策，打造城市品牌，真正做到改革先行、规划先行、政策先行、标准先行、品牌先行、形象先行、投入先行和市场营销先行，真正发挥先行区的创新示范作用。设立对接京津冀协同发展旅游先行区，对打造葫芦岛市文化旅游战略性支柱产业，有着十分重要的意义。葫芦岛市政府与中国民族贸易促进会合作签订战略合作框架协议，旨在依托民贸会平台优势，在规划编制、招商引资、项目运营、旅游宣传、市场开发、产业融合发展等方面，为葫芦岛市旅游产业发展提供支持。为加快推进葫芦岛市对接京津冀协同发展旅游先行区建设步伐，吸引更多京津冀游客暑期来葫旅游度假，提升葫芦岛市旅游影响力，葫芦岛市旅发委组织兴城市、绥中县、连山区，旅行社协会，及觉华岛、葫芦山庄、灵山寺等旅游景区，于 2017 年 6 月 30 日在天津市召开了“葫芦岛市旅游推介会”。葫芦岛市委书记孙铁带领各县（市）区委、政府、市旅游委及涉旅企业，2017 年 7 月 14 日上午在北京召开葫芦岛旅游推介会，与北京市百余家旅行商及近 20 家媒体进行深入的对接与交流。

二、乡村旅游与乡村振兴

（一）乡村振兴

乡村振兴战略是习近平同志 2017 年 10 月 18 日在党的十九大报告中提出的战略。2018 年 2 月 4 日，公布了 2018 年中央“一号”文件，即《中共中央国务院关于实施乡村振兴战略的意见》。2018 年 3 月 5 日，国务院总理李克强在作政府工作报告时强调我国将大力实施乡村振兴战略。按照党的十九大提出的决胜全面建成小康社会、分两个阶段实现第二个百年奋斗目标的战略安排，中央农村工作会议明确了实施乡村振兴战略的目标任务：到 2020 年，乡村振兴取得重要进展，制度框架和政策体系基本形成。到 2035 年，乡村振兴取得决定性进展，农业农村现代化基本实现。到 2050 年，乡村全面振兴，农业强、农村美、农民富全面实现。中国特色社会主义乡村振兴道路七条“之路”：（1）必须重塑城乡关系，走城乡融合发展之路；（2）必须巩固和完善农村基本经营制度，走共同富裕之路；（3）必须深化农业供给侧结构性改革，走质量兴农之路；（4）必须坚持人与自然和谐共生，走乡村绿色发展之路；（5）必须传承发展提升农耕文明，走乡村文化兴盛之路；（6）必须创新乡村治理体系，走乡村善治之路；（7）必须打好精准脱贫攻坚战，走中国特色减贫之路。乡村振兴的最终目标，就是要不断提高村民在产业发展中的参与度和受益面，彻底解决农村产业和农民就业问题，确保当地群众长期稳定增收、安居乐业。

（二）乡村旅游

乡村旅游是发生在乡村地区以乡村性（rurality）为依托的旅游活动。首先，这些活动必须发生在乡村地区。其次，旅游必须以乡村性为依托。世界旅游组织（UCWTO）在《地方旅游规划指南》中将乡村旅游界定为：旅游者在乡村（通常是偏远地区的传统乡村）及其附近停留、学习、体验乡村生活模式的活动。该村庄也可以作为旅游者探索附近地区的基地。乡村旅游的界定国内外有不同的表述，内容千差万别，综合来看，乡村旅游是指以乡村空间环境为依托，以乡村独特的农业生产经营活动、农民生活形态、民俗风情、乡村风光、乡村居所和乡村文化等为旅游资源，利用城乡差异来规划设计和组合产品，主要吸引城市居民前来观光、游览、娱乐、休闲、度假和购物的一种旅游形式，它可以为乡村社区带来社会、经济和环境效益。乡村旅游内容十分丰富，在世界各地不同的自然环境与文化基础上，产生了千姿百态的发展模式，从不同的角度可以分为不同的类型，耿红莉（2015）从旅游目的、发展经营方式与活动目的、发展项目范围、经营主体与面积大小、利用形态、区位性和功能性质等方面总结归纳了 7 种分类标准与分类结果，参见表 4.2。

表 4.2　　乡村旅游的不同分类结果

序号	分类标准	具体类型	总结者	时间
1	旅游目的	大型休闲胜地、农舍或乡村旅店、多样户外活动、户外游憩、采收水果、打猎游戏、野生动物观赏、品尝野味	蔡宏进	1989
2	发展经营方式与活动目的	生产手段利用型、农产物采取型、场地供应型、综合利用型	陈昭郎	2010
3	发展项目范围	环境景观、农作物、森林、渔业、畜牧业、农村文物、农村活动	卞六安	1989

续表

序号	分类标准	具体类型	总结者	时间
4	经营主体与面积大小	独资经营、农民团体、共同经营（合伙经营）、合作经营、公营经营（公家经营）	陈昭郎	2010
5	利用形态	农产品直接利用型、农作过程利用型、农业环境利用型、农村社区利用型	陈昭郎	2010
6	区位性	都市近郊型、乡村型、山地型、海边型	陈昭郎	2010
7	功能性质	游憩型、教育型、医疗型、综合型	陈昭郎	2010

资料来源：耿红莉．休闲农业与乡村旅游发展理论和实务［M］．北京：中国建筑工业出版社，2015.

（三）乡村振兴与乡村旅游的关系

乡村振兴的总体要求：产业兴旺、生态宜居、乡风文明、治理有效、生活富裕以及农民人口素质大幅提高等，其中产业兴旺不一定要绝对限定在第一产业（农业兴旺），只要是适合乡村地区，不对环境造成污染和破坏，有利于乡村经济发展、生态保护、人口发展（收入增加、素质提高）的产业都应该大力发展。要实现这些目标，有多种途径，但是从乡村旅游发展带来的影响来看，在产业、环境、乡村文化、社会关系以及农民生活和素质等方面都相应地对乡村振兴的主要目标具有积极正向推动作用，可以说：乡村旅游与乡村振兴具有很高的契合度，乡村旅游在乡村振兴过程中具有重要作用，在条件成熟的乡村应该积极推动以乡村旅游为主的乡村振兴战略，见表 4. 3。

表 4. 3　　乡村振兴与乡村旅游关系比较

序号	乡村振兴		关系	乡村旅游		备注
1	方面	内容	—	方面	方式	契合度
2	振兴效果	农业强	有利	乡村旅游购物	游客购买农产品	较高
3		农村美	前提	乡村观光	美丽乡村风光游	高度
4		农民富	一致	乡村旅游目标	乡村旅游带动增收	较高

续表

序号	乡村振兴		关系	乡村旅游		备注
	方面	内容	—	方面	方式	契合度
5	振兴内容	产业兴旺	包含	包括旅游业	一二三产共同兴旺	较高
6		生态宜居	一致	乡村度假旅游	乡村度假休闲旅游	高度
7		乡风文明	前提	旅游氛围基础	良好农村旅游氛围	较高
8		治理有效	前提	社会环境基础	稳定的社会秩序	较高
9		生活富裕	一致	乡村旅游目标	旅游带动农民致富	高度
10	振兴路径	城乡融合	有利	乡村旅游市场	城市为乡村旅游市场	较高
11		共同富裕	有利	乡村旅游实效	城乡、区域协调发展	较高
12		质量兴农	促进	游客购物带动	游客购买高质量农产	较高
13		绿色发展	一致	乡村旅游目标	乡村旅游的基本原则	高度
14		文化兴盛	互动	乡村文化旅游	乡村文化开发与利用	高度
15		乡村善治	有利	乡村旅游基础	乡村治理为旅游基础	较高
16		特色减贫	包含	乡村旅游功能	旅游扶贫为有效途径	较高
17	最终目标	不断提高村民在产业发展中的参与度和受益面	一致	农民参与乡村旅游	旅游业是劳动密集型产业，有利于吸收农民就业	高度
18		彻底解决农村产业和农民就业问题	促进	农民就业与经营旅游相关项目	乡村旅游为农民提供就业与经营机会	高度
19		确保当地群众长期稳定增收、安居乐业	一致	销售农品、增加就业机会、提供经营机遇	乡村旅游必然增加农民收入，改善生活、工作环境	高度
合计	4 方面	19 项内容	8 个高度相关，11 个较高相关			

数据来源：本研究团队收集、整理。

从乡村振兴的效果、内容、路径以及最终目标等方面对乡村振兴与乡村旅游之间的关系进行分析，在 19 项具体内容中，有 8 项是高度相关，还有 11 项具有较高的相关性。因此，乡村旅游是乡村振兴过程中非常重要的一条路径，在乡村振兴过程中应该科学规划、合理选择，在条件成熟的乡村积极推进乡村旅游发展，将会有利地推动乡村振兴战略的有效落实，促进乡村的环境改善、产业发展和农民增收。

三、乡村振兴过程中乡村旅游典型模式

（一）国外乡村旅游模式

西方国家在第二次世界大战后的几十年里，随着科学技术进步，农业生产方式不断改进，农业劳动力需求下降，许多乡村地区人口外移，乡村人口不断下降，导致了乡村服务业的萧条和乡村社区的衰落。乡村地区的发展问题引起了西方发达国家政府的重视。而发展旅游业作为改变乡村经济结构的重要途径之一，欧洲、美国以及日本和韩国的乡村旅游实践已经证明了：（1）乡村旅游的发展始终与振兴乡村经济密切相关；（2）乡村旅游发展的同时保护乡村传统文化，是乡村旅游可持续发展的前提与重要内容；（3）乡村旅游促进乡村自然和历史文化传统资源的有效利用，改善乡村的卫生状况，促进乡村各类资源的有效保护；（4）乡村旅游能够增强当地社区的自豪感，促进社区组织建设，带动对外文化交流，通过各种文化和娱乐活动，培养团队精神，为加强保护地方文化带来诸多便利。因此，国外典型的乡村旅游模式值得学习和借鉴，见表 4.4。

表 4.4　　国外典型乡村旅游发展模式

序号	国家	模式	类型	特点
1	德国	家庭农场承包	市民农园、度假农庄、乡村博物馆	使用权承包给游客
2	意大利	绿色假期	农场度假、农场观光、乡村运动、乡村美食	乡村资源综合开发
3	法国	专业农场	农场客栈、点心农场、农产品农场、骑马农场、教学农场、探索农场、狩猎农场、民宿农场、露营农场	以专业农场为主
4	美国	大型郊游	农产品购物、观光农作、农业展示、农业景观	供游客开展垂钓、野营、骑马等郊游活动

续表

序号	国家	模式	类型	特点
5	日本	农牧参与型	观光型、民宿农庄、自然休养村、家乡村、农业特区	游客体验插秧、收割、放牧、挤奶、捕鱼捞虾等活动
6	韩国	乡村体验	绿色农场、传统主题村落、民泊农庄	体验绿色农场、传统村落和农家住宿

资料来源：耿红莉．休闲农业与乡村旅游发展理论和实务［M］．北京：中国建筑工业出版社，2015.

在乡村振兴过程中，我国不能照搬国外模式与经验，但是科学借鉴国外模式，并充分吸取国外经验是有利于乡村旅游的发展。因此，不仅要学习国外经验，还要结合我国实际情况和探索模式。

（二）我国乡村旅游发展的典型模式

从20世纪80年代中期到现在，我国乡村旅游经历了初步发展阶段、快速发展阶段、扩展发展阶段和升级发展阶段四个时期。尽管中国乡村旅游发展的时间很短，但伴随规模的快速扩大，转型步伐不断加快，开始呈现多层次、综合化、品牌化、内涵化、精品化、特色化的发展态势。中国的乡村旅游的业态以农业观光和休闲农业为主，并正向以观光、考察、学习、参与、康体、休闲、度假、娱乐、融合等为一体的综合型乡村旅游综合体方向发展。在40年的发展过程中，中国各地的乡村旅游可以概括为7种模式和32种类型，见表4.5。

表4.5　　　　我国典型乡村旅游发展模式

序号	模式	类型	特点
1	田园农业	田园农业、园林观光、农业科技、务农体验	田园、生产、农产为吸引
2	民俗风情	农耕文化、民俗文化、乡土文化和民族文化	风土人情、民俗文化为吸引
3	农家乐	农业观光农家乐、民俗文化农家乐、民居型农家乐、休闲娱乐农家乐、食宿接待农家乐、健身养生型农家乐	农村庭院、农产及周围景观为吸引

续表

序号	模式	类型	特点
4	村落乡镇	古民居和古宅院、民族村寨、古镇建筑以及新村风貌	古村镇宅院和新农村格局为吸引
5	休闲度假	休闲度假村、休闲农庄、乡村酒店、市民农园	乡野风景、宜人气候为吸引
6	科普教育	农业科技教育基地、观光休闲教育农园、少儿农业教育基地、农业博览园	向游客提供农业相关知识
7	回归自然	森林公园、湿地公园、水上公园、自驾车营地、露营地、自然保护区	感受自然、回归自然

资料来源：耿红莉．休闲农业与乡村旅游发展理论和实务［M］．北京：中国建筑工业出版社，2015.

中国乡村旅游的现有模式是在我国旅游发展过程中自然演化出来的，而当前的背景是“乡村振兴”，要让未来的乡村旅游发展为乡村振兴贡献积极力量，必须有针对性地结合辽宁沿海经济带各地实际情况，总结、归纳出合理的乡村旅游模式供各地选择、落实，推动乡村振兴战略的逐步实施。

（三）乡村振兴过程中乡村旅游的推荐模式

乡村振兴的重点和难点是老、少、边、穷地区，这些地区经济发展滞后，相对而言对传统文化、历史遗迹和自然环境的改变或破坏较少，具有较好的旅游发展基础与资源。因此，对于人文遗迹与文化较好的乡村，应该发展：（1）民族村寨乡村旅游，主要是民族风俗保持完整，民族建筑风格显著的典型乡村；（2）特色乡村活动，以地区独具特色的活动，吸引世界各地游客来体验，如西双版纳傣族泼水节，青海省民和县古鄯镇花儿会等；（3）传统古村落，一些村落传统建筑保持完整，景观独特的村落，如安徽西递、宏村等；（4）红色革命遗迹乡村，如延安杨家岭、河北平山县西柏坡等。除了人文乡村旅游资源之外，在一些生态环境优美、疗养与度假资源丰富或具有特色物产的地区可以发展；（5）乡村生态环境游；（6）特色景观乡村游，如黑龙江漠河的“白夜”、雪乡的冬季旅游，辽宁河口的桃花，江西婺源的油菜花等；（7）乡村度假旅游，温泉度假、避暑气候等；（8）特色物产游，在一些特殊的地理环境下生产出稀有的特色物产，如辽宁庄河的歇马杏、湖北通山的乌骨山羊。另外，一些乡村如果依靠著名景区，可以依托景区发展：（9）景区依托型乡村旅游，主要以农家乐、餐饮、购物等项目配合景区发展，增加经营机会，带动发展。还有一些地区缺乏资源，也不靠近景区，那么就需要：（10）创新发展乡村旅游，一个创新项目的成功，需要创新人才，需要资金扶持，还需要政府支持。以上10种乡村旅游对于亟待破题的“老少边穷”地区来说是“雪中送炭”，而在经济发展较好的大都市郊区和现代新农村发展：（11）城郊休闲农业；（12）现代新农村游，那就是为这些地区乡村振兴“锦上添花”了，具体参见表4.6。

表4.6　　我国乡村振兴过程中乡村旅游推荐模式

序号	推荐模式	内容	适应地区	案例
1	民族特色村寨	55个少数民族典型村寨、提供民族建筑、服饰、生产、生活、艺术等文化体验	民族传统文化保存较好的少数民族地区	少数民族村寨
2	特色活动	影响力大的特色地方乡村节庆活动带动乡村旅游发展	以影响力大的节庆活动为龙头	傣族泼水节、七里寺花儿会
3	传统古村落	全国各地地方传统建筑保护较好的村庄，体现村民与当地环境的相互适应的文化信息	各地特色乡村建筑保护较好村落	安徽西递、宏村
4	红色遗址	革命老区和著名革命领袖家乡等地的乡村	具有革命教育意义	延安杨家岭
5	生态环境	以生态环境优美或人工修复生态的美丽乡村为主，向游客提供生态游	人与环境协调发展的美丽乡村	河北塞罕坝、辽宁青山沟
6	特色景观	具有气候、植物、气象等特殊景观的乡村	特色景观的农村	漠河、雪乡、河口、婺源
7	度假乡村	具有温泉、避暑避寒、优美生态环境等良好度假资源条件的乡村，提供乡村度假旅游	具备度假、疗养、避暑避寒条件的乡村	庐山天沐温泉度假村、辽宁菊花岛
8	特色物产	特色生态环境里产出的特色物产吸引游客	具有精品特色物产地	歇马杏（辽宁）、乌骨山羊（湖北）

续表

序号	推荐模式	内容	适应地区	案例
9	景区依托	在全国著名景区（国家5A、4A级景区等）周边的乡村，发展相关服务与经营	位于全国著名景区周边的乡村	迎水桥镇（沙坡头）、青城山后山
10	创新发展	结合本地实际情况，创新发展当地乡村旅游，带动当地乡村经济发展的模式	不依靠原有基础，通过创新发展出来的	成都三圣乡五朵金花、辽宁大梨树
11	城郊休闲农业	依据农业生产和农村环境开展休闲活动	适合农业休闲活动	北京、上海等郊区农村
12	现代新农村	以现代化新农村风貌为主，向游客展示中国特色新农村建设成就的乡村	经济发达、规划科学、布局合理的新农村	江苏华西村
总结	12种模式	2大类6种情况		

数据来源：本研究团队收集、整理。

总体而言，乡村旅游在辽宁沿海经济带乡村振兴中的模式可以总结为：有条件（具有人文与自然资源基础的乡村）要发展（乡村旅游），没有条件的（缺乏资源基础的乡村），也要创造条件（创新），发展乡村旅游；亟待发展的地区（经济发展滞后的地区，老少边穷地区的乡村），要发展乡村旅游，发展好的地区（都市郊区和现代新农村），也要发展乡村旅游，为乡村振兴贡献力量。

四、辽宁沿海经济带六市乡村旅游研究

（一）大连市乡村旅游发展研究

1. 大连乡村旅游概况

2017年里，大连市乡村旅游工作得到社会各界的肯定和赞誉，大连市是全国唯一获评“2017美丽山水城市”的计划单列市。长海县荣获“全国乡村旅游和休闲农业示范县”称号。金普新区向应街道获2017年最美目的地旅游区。大连市海盐世界公园荣获国家工业旅游示范基地称号。大连赏槐会、大连国际大樱

桃节获 2017 年最具影响力特色节庆称号。大连富丽华大酒店获 2017 年中国最佳服务会议酒店。大连市旅游质量监督检验所荣获“全省文明单位”称号。水师营街道小南村荣获农业部“2017 年中国美丽乡村百家范例”，张家村和小南村被评为“2017 年大连市十佳美丽乡村”，清风小镇景区入选为“2017 年大连市十佳乡村旅游景点”。

乡村旅游提纲挈领，是“乡村振兴”的重要突破口。2017 年 8 月，“首届大连十大美丽乡村和大连最佳乡村旅游景点”评选结果公布，10 个“大连最美乡村”和 10 个“大连最佳乡村旅游景点”在 3 个月的翘首以盼中揭开神秘面纱。十大美丽乡村中包括旅顺口区水师营街道小南村、瓦房店市许屯镇东马屯村、长海县大长山岛镇城岭村等地；美丽的西郊国家森林公园，如梦如幻的紫云花汐薰衣草庄园和伊甸生态园等处也被评入“大连 10 个最美乡村旅游景点”中。大连发展乡村旅游一直都不遗余力，以资源优势为打底，将第三产业的乡村旅游和第一产业的休闲农业进行跨界融合。近年来，围绕着黄渤海岸和岛屿资源，重点发展海岛度假、渔业体验以及历史人文等休闲农业旅游产品；围绕温泉产业，重点发展了采摘、观光、休闲、度假等涉农旅游产品。产业布局特色鲜明，以休闲农业主打的乡村旅游业态呈现出百花齐放之势。“浪漫之都”里的烂漫乡村，依然秉承着大连一以贯之的超前品牌化、创新型思维，走出一条差异化的乡村旅游发展路数。

第一，用集群化思维发展乡村旅游。地处辽东半岛南端的大连，土地总面积达 12574 平方公里，生态优良、交通便利。丰富的自然资源、稳定的农业基础加上深厚的农耕文化、浓郁的风土人情，造就了一派优美和谐的田园风情。近几年的发展，让大连基本形成了以农（渔）家乐、民俗村、农业园区、休闲农庄等四大乡村旅游业态格局。由于地理区位不同、自然人文资源不一，大连各区县乡村旅游发展的业态特点也不尽相同。为避免乡村旅游发展“星星多，没有月亮”的普遍共性问题，用集群化思维，在地区各部门的合力建设下，才能突出产业特色，整合出最大的品牌效应。地处长海县大长山岛镇最东端的杨家村，其乡村旅游的发展就是如此。三面环海的杨家村，有景色怡人的海滨浴场，细沙碧海，建筑也独具特色。杨家村以发展渔业旅游为主，既有海岛生态游的国际化，也留存着海岛渔家传统所赐予的点点滴滴，是一座无人打扰的宁静之乡，也是一座国际化的避暑胜地。杨家村的渔家乐旅游起步较早，从 20 世纪 90 年代逐步发展起来。最初，杨家村依据自己独特的区域位置和环境条件，从提供渔家菜、住渔家屋等简单服务起步；到后面发展自然景观和生态环境，挖掘乡村文化，拓展到海景观光、垂钓娱乐等休闲体验性活动；随后根据城市居民求新奇求体验的消费需求又不断推出新亮点，比如摘水果、马车观光、水上飞机、赶海垂钓等创意又好玩的渔家体验活动。杨家村的渔家乐由最初的 35 户发展到现在的 92 户，业户的年均收入，由过去的万余元，达到现在的几十万元，并且全村的旅游综合收入不断创下新纪录。之所以取得如今的发展成果，与积极的创新意识、争取政策的指导和扶持、集群化思维引进大型项目和配套设施建设密不可分。比如，在杨家村投资建设的长海丽莎国际酒店，为杨家村增添了高端、时尚的居住方式和新兴的配套旅游资源。星级酒店、别墅群、房车营地等丰富多样的涉海旅游产品，充分提升了海岛旅游的品质。长海丽莎国际酒店二期工程更是充分利用集群化的思维，将由度假酒店公寓、连排别墅组成，配套多功能厅、海岛风情街、亲海码头、海上游乐等设施，建成后将成为大连最具特色和风情的高端度假酒店，全方位打造北方的“马尔代夫”。尤其是《大连市旅游业发展“十三五”规划》发布，更提高乡村旅游的产业聚集度放在重要位置。不论是政府提出建设的三类特色乡村集市，还是各区县对乡村旅游的阶段性突破，或是强强联合的全生态休闲农业旅游综合体项目。目前，大连的乡村旅游产业基本完成了从最初的农民自发小规模发展到政府有序引导下集群化发展。清晰可见的是，大连人在努力地将乡村旅游的创新实践提高到一个新的层面上，一个更为前瞻性的系统化、产业链思维的层面。

第二，品牌化思维带动乡村旅游转型升级。追根溯源，大连的现代化城市建设历程有百余年，百余年间大连积淀并形成了多种具有鲜明城市特色和广泛影响力的城市品牌。大连是最早一批在中央电视台做城市形象广告的城市。城市品牌既是区别于竞争对手的标识，也是城市凸显个性化的表现。地区发展具备品牌化建设思维不仅会突出地定位自己的差异化特色，对于发展建设和传播也往往有一种无形的自我标准和自省力。如今，品牌化思维是地区打造旅游目的地不可或缺的一部分。大连城市建设的品牌化思维始终贯穿在城乡发展的各个领域。位于旅顺口区国家风景名胜区的核心景区内小南村在发展乡村旅游时便充分的抓住了这一关键点。小南村生态环境优良，乡村风光秀美，人文景观与自然景观交相呼应，打造品牌化的乡村旅游目的地有着独特的优势。松树山堡垒、中国最早的自来水厂、非物质文化遗产大糖火烧等述说着半部中国近代史。大连首届“十大最美乡村”评选中，小南村就位列其中，“九康杯 2016 中国美丽乡村百佳范例”“寻梦 2015 年中国最美乡村文明风尚村镇”等都是小南村获得的骄人成绩。小南村究竟如何以品牌化思维带动发展乡村旅游的呢？

文化挖掘是核心，乡愁文化是小南村建设美丽乡村的着力点。自 2002 年旅顺口区全域城市化，小南村人及时调整产业结构，以生态为本，以文化为魂，以让人“记得住乡愁”的美丽乡村建设为载体，全力发展“美丽乡村旅游和历史遗迹游”。品牌定位定好了，接下来的改革发展中，充分运用品牌化思维带动乡村旅游转型升级的思维，分别从不同角度围绕着“乡愁”文化进行开展建设。首先，创新发展乡村旅游业，留住“乡愁”之基。小南村在保护生态环境的前提下进行科学规划，兴建了以科普文化教育为主的全国首个太空植物展馆“旅顺太空植物王国”；以文化创意产业为主的东北地区首个“蝶恋花蝴蝶文化创意产业园”；以影视文化产业为主的“闯关东影视基地”，以乡村活动“乡约小南”为主题带动区域旅游，全面提升村庄发展品质和风貌特色，努力打造休闲观光农业与乡村旅游品牌胜地。其次，注重保护，传承民族文化风貌，留住“乡愁”之根。小南村保持了现有的人文遗迹风貌，提升了村庄内涵，传承优良了文化。修缮了历史文物古迹“水师营会见所”和“松树山堡垒”，新建了以祈福文化为主的“盛世九龙宝鼎”和“福文化广场”和140年非物质文化遗产为主的“大糖火烧展示区”。秉承生态、生产、生活、生意的“四生”理念，突出文化底蕴，营造温馨宜居的农间客舍，一户一策，进行特色改造，百姓以合作社社员身份参与到美丽乡村民宿游之中，最终达到集中发展美丽乡村民宿游的目标，从而极大地推动了乡村旅游品牌目的地的建设，提升了小南村的品牌影响力。最后，重民生，提升村民生活品质，留住“乡愁”之本。民生，往往是地区发展乡村旅游时容易忽视的一点。若乡村旅游目的地的本地农民住户都没有幸福感可言的话，游客就更加感觉不到幸福度和满意度了。小南村在全市率先实施了村里办企业，村民享红利举措，将旅游部分收益以股份分红的形式量化给全体村民，让全体村民参与旅游，享受旅游红利，切实地增强了村民的幸福感和满意度。村民的齐心合力往往是打造乡村旅游品牌目的地中最基础的、不可忽视的一环。

第三，活动效应助推乡村旅游品牌营销。互联网信息时代造就了一个趋势——“酒香也怕巷子深”。乡村旅游品牌目的地定位好了，发展也提质增效了，那么如何进行品牌营销和传播，吸引流量转化？大连其实一直都不缺品牌营销思维，每年大连举办的各种大型会议、会展、论坛、节庆活动近百余项。通过举办和培育了“大连国际啤酒节”“大连国际马拉松赛事”“大连赏槐会”等一批国内知名的品牌展览赛事，进一步强化了大连城市品牌效应。通过举办多方位、多层次、多形式的城市品牌活动，极大地提升了大连知名度，充分推动了旅游目的地的品牌营销。当然，除了节庆、赛事之外，乡村品牌的宣传营销还可以从这几个方面来看。首先，旅游论坛的举办。旅游活动最为典型的就是八月份的

"2017 年首届中国（大连）美丽乡村发展"论坛。论坛上举行了"大连十大美丽乡村""大连最佳乡村旅游景点"、大连农（渔）家乐十大招牌菜揭晓仪式及首届大连美丽乡村摄影大赛的颁奖仪式。活动由政府搭台，活动内容创新多彩，凝聚多方智慧，吸引了近百万人次的关注，有效地扩大了品牌目的地的宣传。其次，各区县推出的特色旅游项目活动。被誉为大连"城市后花园"的岔鞍村实地践行"全域旅游"的发展理念，不仅将旅游产业和其他产业进行成功的跨界升级，而且还依据不同的旅游项目主体，推出了绘声绘色的活动，吸引了众多旅游者的喜爱。比如，引入大连西郊乡村体育俱乐部和大连红旗谷高尔夫俱乐部两大近郊高尔夫球场，充分地满足游客体育休闲需求的同时，每年还承接国内外重要的高尔夫赛事，为东北区域高尔夫运动提供优良的体育环境。另外，岔鞍村还为儿童乐园定期举办亲子活动，例如，亲子趣味运动会，亲子露营节、采摘节等，深受游客好评。一系列的特色活动成为推动岔鞍村发展的强大动力。最后，网络新媒体的宣传。新媒体传播时代，活动内容和动态只有通过多种不同的渠道和平台，传播给广大民众才能真正彻底地发挥旅游目的地的品牌影响力。经过大规模宣传，各项活动的后续效应也逐渐显现，网络转载量持续增长，相关宣传效益也必定会持续发酵。城市旅游品牌目的地营销中，乡村旅游的品牌营销也同样，以多种方位、多种角度和多种模式，来充分宣传自身的品牌价值，才会提升知名度，吸引最大的人流量，转化成最大的经济发展价值。正如业内专家所说："当旅游和传播相遇的时候，它，既是旅游的时代，也是传播的时代，更是旅游传播的时代。"

2. 大连乡村旅游体系

乡村旅游经过多年的发展不仅仅停留在农家乐与乡村观光上了，已经演化出了大型乡村旅游景区、度假山庄、采摘类景区、温泉休闲景区、海滨休闲景区、景区依托型乡村旅游、村镇依托型乡村旅游景区、企业融合型景区以及渔家乐和农家乐等 10 种类型。以下按照此分类体系对大连市乡村旅游体系进行总结，参见表 4.7。

表 4.7　　　　大连市乡村旅游体系

序号	类型	景区	地点	内容	备注
1	大型景区	大连香洲田园城	瓦房店市谢屯镇前进村	旅游、疗养、休闲、度假、娱乐、购物	AAAA 景区
2	度假山庄	大连天一庄园旅游度假区	庄河市太平岭乡歇马村	观光、休闲、娱乐、避暑、养生、纾压	AAA 景区

续表

序号	类型	景区	地点	内容	备注
3	采摘类	大连御果蓝莓生态园	庄河市大营镇大营村	鲜果采购与销售	AA 景区
4	温泉休闲	大连安波旅游景区	大连普兰店市安波镇	娱乐观光、休闲农业、运动健身、商务会议、宗教文化、温泉康养	AAAA 景区
5	海滨休闲	大连将军石度假区	瓦房店市西杨乡	综合性的休闲户外运动旅游度假区	AAAA 景区
6	景区依赖型	大连金石唐风温泉会馆	大连金石滩国家5A级旅游度假区南部	泡汤、养生、休闲、度假	温泉
7	村镇依托型	金沙湾海滨度假村	金州新区杏树屯镇杏树村	休闲、娱乐、度假	滨海休闲
8	企业融合型	冰峪省级旅游度假区	庄河市仙人洞镇	观光、游览、休闲、度假	AAAA 景区
9	渔家乐	船家渔火旅游度假村	金州区大魏家街道	体验、住宿、餐饮	渔家乐
		兴旺渔家	长海县哈仙岛	餐饮、住宿	渔家乐
		金龙渔家院	长海县饮牛湾度假区杨家村	餐饮、住宿	五星级渔家旅馆
		鸳鸯度假村	长山岛的大长山岛菜园子村北海	餐饮、住宿	海岛渔家乐
10	农家乐	“东源山庄”	金州区石河街道	餐饮、住宿	农家乐
		岔鞍旅游度假村	大连市西部近郊	观光、体验、餐饮、住宿	农家乐
		五龙聚小院坐	金州区石河街道石河东沟	餐饮、住宿	农家乐

数据来源：本研究团队收集、整理。

从表 4.7 中可以发现，大连市 10 大类乡村旅游项目比较齐全，渔家乐、农家乐数量多，景区依托型、温泉休闲是其主要乡村旅游的发展类型。

3. 大连市乡村旅游特色与问题

（1）海岛渔村成为乡村旅游的最大亮点。大连有一个海岛县——长海县，全县共由 252 个海岛组成，其中有居民海岛 18 个，无居民海岛 234 个，海域面积 10324 平方公里，海岸线总长 359 公里，是中国东北地区距离日本、韩国最近的区域，也是东北地区唯一的海岛县和中国唯一的海岛边境县。另外，大连还有庄河市的海王九岛和石城岛、瓦房店市的长兴岛等海岛。丰富的海岛和美丽的海洋资源成为大连市海岛乡村旅游的天然优势，借助大连市良好的旅游发展基础，海岛乡村旅游发展成为大连市乡村旅游的第一大亮点。

（2）海滨度假村是大连乡村旅游重点内容。大连市地处辽东半岛南端，东濒黄海，西临渤海，南与山东半岛隔海相望，全市海岸线长 2211 千米，其中大陆岸线 1371 千米，岛屿岸线 840 千米。大连市的海岸线是辽宁沿海经济带 6 市中最长的，沿海分布有大量的村庄。良好的气候条件和大连市蓬勃发展的旅游产业以及大连市较高的国内外旅游知名度，极大地推动了大连滨海度假村的乡村旅游发展，成为大连市乡村旅游的第二特色。

（3）温泉度假成为大连周边乡村旅游的重要内容。大连市是全国著名旅游城市、东北地区最宜居的一线城市，随着大连市人口规模逐渐增大，经济社会发展，旅游市场不断壮大，对于休闲旅游需求也日益增强。由此推动了大连周边温泉度假旅游的发展，成为带动周边乡村旅游发展的有力推动力。目前，大连周边的安波温泉、良运传琦温泉、唐风温泉、将军石温泉、尊豪假日温泉、东泉假日温泉、旅顺天沐温泉、香洲温泉、龍馨温泉、槐花温泉、老铁山温泉、香格里汤泉、罗马假日温泉、铭湖温泉、易汤海洋温泉等温泉都分布在普兰店、瓦房店、旅顺区、金州区等带动了周边的乡村旅游发展。

（4）景区依托型乡村旅游蓬勃发展。大连是我国热点旅游目的地，旅游基础好、旅游市场大、旅游景区数量众多、级别较高，截至 2018 年年末，大连市拥有国家 A 级旅游景区（点）57 个，其中 5A 级 2 家，4A 级 19 个，是辽宁各地中景区数量最多的地区。众多的高级别景区带动了周边乡村的旅游发展，如冰峪沟带动了仙人洞镇的乡村旅游发展，金石滩带动了金州区周边乡村旅游的发展，旅顺口白玉山带动了旅顺乡村旅游的发展等等。因此，景区依托型乡村旅游是大连市乡村旅游发展的第三大特色。

（5）本地特色物产成为乡村旅游的有力补充。大连位于辽宁省辽东半岛南端，地处黄渤海之滨，背依中国东北腹地，与山东半岛隔海相望，独特的地理位置，形成了多样的小气候条件，由此导致了大连各地物产丰富、特色鲜明。如长海县海鲜、獐子岛海参、庄河大骨鸡与歇马杏、金州区的苹果与大樱桃、普兰店绒山羊和新金猪、瓦房店桔子大虾和虾皮、旅顺裙带菜和海虾米等。这些特产即成为具有亮点的大连旅游商品，又推动了乡村旅游的发展，成为带动乡村地区扩大生产、提高效益、参与旅游、分享旅游红利的有力抓手。

（6）旅游节庆助推乡村旅游。2017 年，举办各类旅游节庆活动 50 余个。大连赏槐会、温泉滑雪节、樱花节、大樱桃节、钓鱼节、沙滩文化节、蓝莓节、杜鹃花节、冬泳节等成为市民、游客“必游项”，早早纳入出游计划。新策划的龙舟赛、油菜花节、海鲜美食节、葡萄酒文化节、俄罗斯啤酒节、户外运动节、观鸟大赛、苹果节等成为新的旅游吸引点。第二十八届大连赏槐会暨东北亚国际旅游文化周和中日旅游大连高端论坛，形式新颖、国际性强、来宾层次高，影响力深远，吸引到 2018 年日本北前船停泊港论坛移址大连市举办。2017 年年初的草莓节让大连市冬季旅游不再“单调”，与温泉滑雪节共同作用，大幅缩短周边农家乐“猫冬”时间。长海县钓鱼节和不断创新的海岛旅游产品，让海岛游持续火爆，成为大连市旅游新热点，长海县海岛旅游综合收入达 13.4 亿元，同比增长 12.6%。旅顺樱花节的夜赏樱花活动形式新颖，接待海内外游客同比增长 17.3%，金普新区和旅顺口区的大樱桃节不断创新，实现旅游综合收入同比增长 19.2%。旅游节庆激活市场、招徕游客、刺激消费、拓展产业链条作用显著，进一步活跃了市民精神文化生活，对大连市旅游市场的支撑作用凸显。旅游集团属下所有景区和大黑山景区先后免售门票。联合大连市农委开展首届大连十大美丽乡村和最佳乡村旅游景点评选。与市发改委联合指导大连富谷食品有限公司开展首批国家农村融合发展示范园创建工作。与途家网合作的大长山岛镇恒星海酒店项目已经落地。旅游精准扶贫取得新突破。帮助庄河市仙人洞镇冰峪村灾后重建，扶持庄河市仙人洞镇冰峪村 10 户低收入农户进行农家乐改造。协调 40 家旅行社对口帮扶 40 家低收入农户开展种养殖增收，实现每户均收 8000 余元。

（7）乡村文化挖掘有待深化。尽管大连的旅游和乡村旅游发展较其他地区具有一定的优势和特色，但从目前的发展来看，大连各地乡村的本土文化、本土特色在乡村旅游中仍有巨大潜力。首先，要坚持乡村旅游不能“城镇化”，随着经济效益增长逐步发展成城镇；其次，要防止乡村旅游“模式化”，复制、照搬其他地区经验、模式，而毫不顾忌本地的文化与特色；最后，还要突出本地特色、本村特色，形成一村一品、一村一特色的发展模式。

（8）乡村旅游的创新发展有待加强。大连市乡村旅游亟待创新发展。乡村旅游产品存在的主要问题是产品单一、深度化低、宣传策划能力低。首先，乡村旅游产品单一，缺乏精品，重游率低，未有效利用乡村各种资源，难以适应现代旅游市场需求。许多乡村旅游活动只是吃农家饭、干农家活、住农家房，产品雷同、品位不高、重复较多，缺乏体验休闲项目，难以满足游客多层次、多样化与高文化品位的旅游需求。其次，乡村旅游产品深度开发不足，未深入挖掘乡村农业旅游资源和民俗文化内涵，仅停留在观光、采摘、垂钓等项目，是在原有生产基础上的表层开发，满足游客物质需求，缺乏创新设计与深度加工。再次，乡村旅游产品的宣传策划能力低等让乡村旅游难适应激烈旅游市场竞争。最后，乡村旅游产品配套基础设施建设不完善。

（9）乡村旅游的乡村振兴作用需要加强。乡村旅游在解决三农问题、拓展农业产业链、价值链、助力脱贫攻坚、城乡统筹建设等方面发挥了巨大的作用。在乡村振兴的大背景下，乡村旅游成为大连市偏远山区和海岛乡村振兴的核心力量和重要契机，未来大连市乡村旅游不仅聚焦在带动地方经济发展，更要将乡村旅游与乡村振兴衔接，要瞄准通过乡村旅游实现乡村农户全面参与、村庄全面发展、产业全面升级、生态全面保护、农民全面致富的乡村振兴战略目标上来。

4. 大连市乡村旅游发展对策与建议

大连市旅游基础好、市场规模大，但 2010 年以来旅游发展速度下降，2010～2017 年，国内旅游人次和国内旅游收入的年均增长率为 12.1% 和 14.5%，较全国平均增速 13.2% 和 20.2% 的增长率低 1.1 和 5.7 个百分点，说明大连市的旅游发展速度远落后于全国平均水平，确实存在旅游发展困难的问题，这也影响了大连市乡村旅游的发展。针对大连市旅游和乡村旅游发展面临的问题与困难，未来应该采取如下对策：第一，重新认识旅游发展问题，多措并举提高产业地位，提升旅游与乡村旅游发展速度。第二，科学规划旅游产品体系建设，确定乡村旅游的合理地位，有效推动乡村旅游与旅游产品体系协调发展；第三，以旅游发展为民惠民为根本点，着力实施乡村旅游振兴战略。挖掘乡村资源潜力，发挥旅游综合性特点、融合能力强优势，统筹和指导乡村旅游发展，助力乡村振兴。第四，推进旅游 + 三农。不断升级农家（渔）乐、休闲农庄、精品采摘园、生态观光园等传统乡村旅游产品，关注乡村旅游多样化、个性化、层次化的消费需求，推动乡村旅游向品质化、智慧化、文化性、参与性发展。每个涉农区市县要完成 3 个农（渔）家乐的升级改造。大力发展民宿旅游，积极支持民宿项目招商引资，推动特色精品民宿建设，引导民宿标准化、个性化、特色化建设。民宿建设要有突破，每个涉农区市县要建设1～2年民宿项目。用活用好农村土地新政策，大力支持旅游特色小镇、特色乡村发展，助推美丽乡村建设。认真贯彻落实旅游帮扶工作部署。坚决完成旅游帮扶三年任务，在保质保量完成对口帮扶30户农家乐提升改造任务后，继续“手拉手”旅游扶贫工程，要由“输血”帮扶向“造血”帮扶转变，帮扶当地旅游资源开发、游客输送，积极支持当地农家乐、休闲农庄、旅游采摘园发展。第五，推进海洋旅游发展。注重海洋、海岛、海滨综合保护开发，着重发展海岛休闲度假旅游产品。进一步开发蚂蚁岛民宿旅游，支持广鹿岛、海王九岛等休闲度假项目建设，支持海洋生态旅游发展，打造更多现代涉海文化旅游、体育旅游活动或赛事。结合研学旅游，开展海洋科普旅游。探索海上旅游新线路。进一步完善海洋旅游基础设施，推动陆岛交通、岛际交通便利化。把更多的大连特色海产品打造成旅游商品，树立大连海产品品牌。加大海洋旅游人才培育。推动海岸、海湾、海岛旅游绿色发展，助力海洋中心城市建设。第六，加强乡村旅游的创新发展，打造大型综合型乡村旅游景区，积极发展村镇依托型乡村旅游，扩大辐射范围，提高经济效益，促进协调发展。

（二）丹东市乡村旅游发展研究

1. 丹东市乡村旅游概况

近年来，随着观光旅游向休闲度假旅游转变，大众旅游与自驾旅游时代的到来，丹东市的乡村旅游呈现出快速发展的新趋势，展示出乡村旅游经济发展的巨大潜力与市场空间，乡村旅游已步入发展快车道。截至2017年，丹东市休闲农业和乡村旅游经营主体达到2068个，初步形成了以生态农业、田园风光、农村体验、民俗文化、温泉度假为一体的乡村旅游体系。丹东市乡村旅游呈现出如下特征：首先，发展势头强劲。近年来，丹东市以“农家乐”为核心要素的乡村旅游项目增长较快，如雨后春笋遍地发芽，如振安区的李园、鸿溪谷休闲观光园、尹园酒庄，东港市馨艺山庄、振兴区的豆豆农场，元宝区的宏盛科技园等一批以乡村旅游为特色的“农家乐”呈现出集聚发展的新态势。同时各县（市）区还在进一步谋划乡村旅游项目，一批集休闲度假、现代农业、田园风光、民俗文化等特色的重大乡村旅游项目正在招商，如汤池温泉休闲旅游度假村、大城山农业休闲旅游度假村等，这些项目如能招商引资成功，将极大促进丹东市乡村旅游提质升级。其次，特色鲜明。丹东市乡村旅游极具特色，有生态农业型、田园风光型、农村体验型、温泉度假型等等。宽甸的河口村经过多年的打造已成为市乡村旅游的杰出代表。看桃花，品河鱼，观朝鲜风光，让河口村集聚人气，每年吸引大批游客来此旅游度假。凤城的大梨树村通过发展现代农业，展示特有的农村文化，吃农家饭，观农家景，采农家果，体验日常农家生活，让城里来的人过足了农家乐的瘾。东港的大鹿岛精心打造海岛渔村，不断改善海岛旅游环境，每年进岛尝海鲜，踏海浪，洗海澡，起早赶海的游客络绎不绝。最后，品牌效应正在形成。宽甸县被评为全国休闲农业与乡村旅游示范县，大梨树村先后获得“中国美丽乡村”“中国少数民族特色村寨”“省级生态旅游示范区”等称号，东汤镇被评为“辽宁省特色旅游乡镇”“辽宁省温泉旅游小镇”“辽宁省家居示范镇”。河口村被评为“全国十大美丽乡村”，绿江村和白鹭村成功创建“省级休闲农业与乡村旅游示范点”，长甸和青山沟成功创建“省级特色乡镇”，天桥沟、青山沟、獐岛被评为全国休闲农业与乡村旅游五星级园区，东港海边渔家被评为全国休闲农业与乡村旅游四星级园区，东港椅圈镇草木味道生态园被评为辽宁省休闲农业与乡村旅游三星级园区。

同时正在建设中的汤池温泉休闲旅游度假村、黄椅山生态新区、大城山农业休闲旅游度假村等休闲度假、现代农业、田园风光、民俗文化特色旅游项目也将极大地促进丹东市乡村旅游提质升级。

2. 丹东市乡村旅游体系

从大型乡村旅游景区、度假山庄、采摘类景区、温泉休闲景区、海滨休闲景区、景区依托型乡村旅游、村镇依托型乡村旅游景区、企业融合型景区以及渔家乐和农家乐等10种类型对丹东市乡村旅游体系进行归纳总结，见表4.8。

表4.8　　丹东市乡村旅游体系

序号	类型	景区	地点	内容	备注
1	大型景区	青山沟	宽甸县青山沟镇	观光、度假、体验、娱乐	国家级风景名胜区
2	度假山庄	馨艺山庄	东港市十字街镇	观光、采摘、餐饮居住、休闲	绿色生态度假山庄
		尹园酒庄	振安区楼房镇	观光、度假、购物、餐饮	农庄

续表

序号	类型	景区	地点	内容	备注
3	采摘类	豆豆农场	振兴区汤池镇河深沟村	观光、体验、餐饮、住宿	采摘园
		九花沟生态园	振安区楼房镇梨树沟村	观光、体验、餐饮、住宿	采摘园
		鸿溪谷休闲观光园	振安区楼房镇孤山村	垂钓、采摘、餐饮、住宿	采摘园
4	温泉休闲	北黄海温泉度假村	东港市椅圈镇	休闲养生、康复医疗、生态农业、度假旅游	AAA 景区
		东汤温泉	凤城市东汤镇	疗养、休闲、娱乐、餐饮	辽宁省温泉旅游小镇
		五龙背温泉	振安区五龙背镇	疗养、旅游、娱乐、休闲度假	有“五龙神水”之称
5	海滨休闲	大鹿岛村	东港市孤山镇	观光、度假、体验	海岛
6	景区依赖型	天桥沟	宽甸县双山子镇	观光、度假、疗养	国家生态旅游示范区
7	村镇依托型	绿江村	宽甸县振江镇	度假休养、科学考察和边境旅游	边境村
		河口桃花	宽甸县长甸镇	观光、度假	AAAA 景区
8	企业融合型	大梨树	凤城市凤山区	农业体验、民族村落观光、旅游综合服务	AAAA 景区
9	渔家乐	大鹿岛渔家乐	东港市大鹿岛	餐饮、住宿	渔家乐
		贝壳渔家乐	东港市大鹿岛	餐饮、住宿	渔家乐
		獐岛枕海人家	东港市北井子镇	餐饮、住宿	渔家乐
10	农家乐	小韭菜沟农家乐	宽甸县红石镇	餐饮、住宿	农家乐
		龙栖谷快乐农庄	振安区五龙背镇	餐饮、住宿	农家乐

数据来源：本研究团队收集、整理。

丹东市乡村旅游发展中农家乐数量多，渔家乐发展不足，但景区依托型是丹东青山绿水资源优势在乡村旅游中的最大利用，促进了山乡农民的参与。

3. 丹东市乡村旅游特色与问题

（1）青山绿水是乡村旅游的最大资源。丹东依山、临江、面海，风景优美，气候宜人，有“北国江南”的美誉，是东北地区最温暖湿润的区域和最适合人类居住的城市。丹东地区是辽东山地丘陵的一部分，属长白山脉向西南延伸的支脉或余脉，其中以山地和丘陵为主，山地丘陵占 72.4%，平原谷地面积占 14.6%，水域占 8.7%，其他占 4.3%。自然概貌可概括为“七山一水分半田，半分道路和庄园”。丹东淡水资源丰富，拥有河流 1000 多条，人均占有淡水量是全国人均的 1.3 倍、辽宁省的 4.6 倍，森林覆盖率达 66%，是支撑辽东半岛一把天然绿伞，拥有国家级、省级风景名胜区、自然保护区和森林公园 35 处，是中国优秀旅游城市、国家园林城市。丹东市的自然环境可以用“青山绿水”来形容，这是丹东市的最大旅游优势，也是乡村旅游的最大特色，大量的乡村旅游分布于青山之间、绿水之畔。

（2）度假型乡村旅游发展不足。美丽的自然景观是丹东市旅游的优势，天华山、天桥沟、青山沟、花脖山、凤凰山、鸭绿江、黄椅山、天罡山等都以“青山绿水”的胜景为亮点，但是也正是由于这优越的旅游资源条件，限制了丹东市旅游的创新发展，乡村旅游也是依靠自然山水，停留在观光层面，游客停留时间短，消费层次低，综合效益差，属于乡村旅游发展的初级阶段。

（3）滨海旅游资源在乡村旅游中发展不足。作为辽宁沿海经济带的组成部分，丹东江海之滨拥有 10 万公顷国家湿地保护区，是东亚——澳大利亚北迁涉禽的第一大停歇地，每年都有百万只候鸟在这里停歇、栖息。丹东具有江海并收的独特风情，是中国万里海疆的北端起点，有 126 公里的黄金海岸线。然而，在发展中丹东市对于南部滨海旅游资源的开发显著滞后于对于丹东市北部“青山绿水”的开发程度，导致滨海旅游的特色在丹东市乡村旅游发展显得微不足道，未能凸显出显著的丹东滨海乡村旅游特色。

（4）渔家乐有待挖掘。丹东不仅有 126 公里的海岸线，丰富的海洋渔业资源，而且淡水资源也十分丰富。丹东地区江河密布，主要有鸭绿江水系、大洋河水系和沿海水系。全地区 2 公里以上的大小河流 944 条，其中流域面积超过 4983 平方公里的大江、大河 4 条，即鸭绿江、浑江、叆河、大洋河。丹东全地区淡水鱼类有 70 余种，其中鲤鱼、鲢鱼、草鱼、鳙鱼四大家鱼是主要养殖品种。搭配品种有鲫鱼、重唇鱼、池沼公鱼、团头鲂等。可以说，丹东市的渔业资源十分具有优势，但在乡村旅游发展中对于丰富多彩的“渔家乐”旅游资源缺乏挖掘、整理和科学开发利用。

（5）农家乐以吃住为主。丹东市农家乐的数量逐年增多，在2000家以上，但综合水平仍然停留在餐饮和住宿方面，始终是周边景区或风景的配套设施，未能深入发展乡村旅游的参与性、体验性、文化性特色以及借助创新发展、品牌发展打造休闲、度假型综合乡村旅游项目。以“吃住”为主的丹东农家乐一方面经济效益低，另一方面对于地区乡村旅游的提质增效作用弱，未能推动乡村旅游的大力发展。

（6）满族传统文化有待挖掘。丹东现有满族人口824787人，主要分布在凤城和宽甸。丹东市于1985年、1989年相继成立了凤城、宽甸满族自治县（凤城于1994年撤县设市）。1989年10月，在丹东召开了“首届满族文化学术研讨会”，满族文化在丹东具有深厚的基础。虽然满族在全国都有分布，但作为传统满族世居地的丹东应该说满族文化是其乡村旅游中关键吸引点，应该深入挖掘满族文化，从生产、生活、宗教、医药、民俗、建筑、历史等多方面综合规划、立体开发，打造“真实、高端、典型”的满族乡村旅游产品体系，向全国、全世界展示满族文化特色。

（7）中朝边境优势亟待创新开发。丹东市地处辽宁省东南部，与朝鲜隔江相望，与朝鲜半岛有300公里的边境线，一江之隔的朝鲜居民生活、生产活动以及朝鲜军事设施都可在丹东一侧清晰观赏，可谓“站在鸭绿江大桥上，不小心踩到国界线，便踏出了国门”。随着朝鲜政府对外开放政策的不断推进，中朝边境旅游将在丹东迎来更加广阔的发展空间，未来不仅丹东城市要加强中朝边境游，丹东的乡村也应该加强丹东中朝边境旅游，突出丹东的边境旅游优势和朝鲜族文化特色。

4. 丹东市乡村旅游发展对策与建议

党的十九大报告将乡村振兴战略摆在重要位置，发展乡村旅游是实现乡村振兴的重要抓手，丹东市的旅游工作重点要在乡村旅游上发力，借助青山绿水、中朝边境、海洋资源等优势，大力推进农旅融合、乡村振兴与乡村旅游融合，通过乡村旅游牵动乡村振兴。第一，开发现代观光农业项目。重点打造马市岛、大梨树田园综合体项目，以“全域绿色发展”为理念，通过引进各种特色农业项目积聚人气，采用规模化、机械化、智能化的生产方式，拓展农业多功能性，实现农村生产、生活、生态“三生同步”，一、二、三产业“三产融合”，农业、文化、旅游“三位一体”的发展模式。第二，加快推进“美丽乡村”建设。制定“美丽乡村”建设推进方案，突出整治乡村环境，改善乡村路况，提高村民的文明素质，规划好乡村建设。推进乡村“厕所革命”，纳入旅游规划的区域要列入禁养区，分散养殖要实行无害化处理，提高农村生活垃圾和污水集中处理的覆盖面，实现乡村生活的便利清洁化。加强对乡村河流的整治，对乡村房屋风格风貌进行统筹规划，合理布局，突出特色，实现乡村整体的美化、绿化、亮化，为乡村旅游发展奠定基础。第三，大力发展民宿旅游。民宿旅游要因地制宜，突出特色、服务、环境，依托景区、特色旅游小镇和乡村旅游，适度发展集装箱酒店、帐篷酒店、木屋酒店、悬崖酒店等新业态，同时要加强民宿旅游的管理，引导民宿旅游健康发展。鼓励发展旅游特色小镇，以小镇为核心，引入乡村休闲、乡村度假旅游，深入打造乡村旅游品牌，吸引更多的游客周末走入乡村，走入小镇，走入民宿。第四，开展旅游扶贫。各地区、市农委、市旅游委等部门要联合扶持具备发展条件的贫困村、户，以景区带村、能人带户、“企业 + 农户”等方式推动旅游精准扶贫。第五，重视满族、朝鲜族特色文化的挖掘与整理，科学开发、综合利用，打造地方特色少数民族乡村旅游体验项目。第六，加强丹东市滨海旅游资源开发，建设滨海美丽乡村旅游景区。第七，提升农家乐与渔家乐的产品质量，深入研究、科学开发，延伸农家乐、渔家乐的产品体系，增加投资与政策扶持，鼓励创新，打造独特、具有较强吸引力的丹东特色农家乐和渔家乐体系；第八，抓住中朝边境的优势，开展中朝乡村游、中朝合作开发、中朝互访、中朝人员交流等多种形式，多种途径打造中朝边境旅游特色。

（三）锦州市乡村旅游发展研究

1. 锦州市乡村旅游概况

2018 年 2 月上旬，在沈阳举行的全省乡村旅游产业促进大会发布了 2017 年乡村旅游“百千万工程”表彰决定，锦州市一举斩获多项殊荣。其中，凌海市政府、北镇市政府分别获得乡村旅游贡献奖，另有 1 个乡镇、2 个村、9 家农家乐分别入选省级特色旅游乡镇（街道）、乡村旅游示范村和星级农家乐名单。锦州市对此次评选高度重视，积极推荐了一批资源禀赋好、发展前景广阔、旅游带动效果显著和示范引领性强的申报单位。对照评审标准，经过自愿申报，锦州市旅发委初审推荐，由省休闲农业与乡村旅游产业协会组织专家审核，锦州市最终共有12家单位问鼎荣誉称号，凌海市、北镇市也因其乡村旅游所取得的显著成效而获得贡献奖。获评省级特色旅游乡镇的是祈福特色小镇北镇市常兴店镇，这里禅意果香、祈福纳祥，不仅有中国唯一的歪脖老母品牌传扬佛教传统文化，而且享有“葡萄鲜贮东北第一镇”的美誉，不断将葡萄生产采摘观光农业做大做强；省级乡村旅游示范村是滨海新区杏山街道下甸子村和太和区大薛街道校卫村，前者以美丽乡村建设为依托，打造了锦州城南观光旅游田园风光，既可以吃到农家饭菜，又借助近海优势让外地游客品尝到渤海特有的海产品，后者则通过积极进行农业产业结构调整，打造了2000亩果园采摘和150亩阳光大棚，发展农家果园采摘的旅游+现代农业发展之路。9家省级星级农家乐分别为北镇市富屯街道的龙岗子生态园、闾阳镇的蒙乡情田园农家院，义县头台镇的万佛堂生态园、大榆树堡镇的老家寒舍，凌海市温滴楼镇的翠岩山农家乐、龙王山水庄园、领头羊山庄，滨海新区娘娘宫街道的马华清闲垂钓中心以及太和区汤河子街道的锦汤山庄，这些星级农家乐分别以其自身独有的特色，将餐饮美食、农家住宿、休闲娱乐、采摘观光等乡村旅游产业集于一体，本身就是一道不可多得的美丽风景，为促进锦州市乡村旅游乃至全域旅游发展增光添彩。

义县乡村旅游发展。辽西故道神奇义县拥有悠久灿烂的历史文化、丰富多彩的文物古迹、奇异壮美的自然风光。近年来，义县的乡村旅游业发展迅猛，呈现出主题鲜明、各具特色的态势，主要有以沟峪休闲游为主的国家3A级旅游景区五台沟风景区，以文化交流、休闲度假为主的稍户营子镇铁河嘴子村的韩家大院，以生态休闲游为主的忘忧谷，以山地花海观光游为主的可心农场，以研学旅游为主的中德古生物博物馆等。据悉，从2018年6月到10月，义县乡村旅游季将陆续举办了忘忧谷乡村歌会、万佛堂荷花节、韩家大院蜜蜂文化节、乡村旅游发展论坛、中德古生物博物馆研学旅游、可心农场采摘节等精彩纷呈的旅游活动。此次乡村旅游季活动由义县县委、县政府主办，义县文化旅游局承办，旨在把义县乡村旅游新产品整合好、宣传好，打造义县乡村旅游新亮点，实现旅游+文化、旅游+扶贫、旅游+体育的融合发展，为现代农业发展注入新活力，为农民增收添加新渠道，有效促进乡村振兴。

北镇是乡村旅游发展。“景区火了，乡村美了，农民富了”。近年来，北镇旅游呈迅猛发展之势，其中，乡村旅游异军突起，生态游、采摘游、宗教游、探险游和考古游等品牌花样翻新，吸引着省内外游客纷至沓来。随着北镇市首家村级旅游景区灵山滴水观音洞旅游开发有限公司正式挂牌营业、迎接广大游人之后，标志着北镇市乡村旅游开发已进入一个全新阶段。此外，常兴店镇的观军场村、鲍家乡的高起村、罗罗堡镇的龙宝峪村、观音阁街道的河洼村、富屯乡的龙岗子村、大市镇的江家村等旅游村各具特色，北镇乡村旅游呈现空前繁荣景象。北镇乡村旅游何以星光闪耀？北镇市委、市政府在发展乡村旅游上拿出了什么样的妙招、绝招？第一，出台奖励政策，激励农民开发旅游积极性；第二，乡村旅游以特色文化作为支撑；第三，利用天然绿色大氧吧打造闾山生态游；第四，乡村农家院烹饪绿色饮食文化；第五，创设社会办旅游的良好氛围。

凌海市乡村旅游发展。近年来，凌海市委、市政府积极推进供给侧结构性改革，以大棚温室、低灌喷灌为主的设施农业不断扩大，蔬菜、棚桃、草莓等特色产业已经成为农民致富的金色产业、市场依赖的绿色产业、经济发展的朝阳产业。举办采摘节，将乡村旅游与大旅游有机结合，将采摘体验、观光品尝、农产品展销融于一体，不仅能够充分展示凌海的旅游资源优势、独特的乡村旅游文化以及新农村建设成就等，而且会进一步推动农村基础设施建设，为加快凌海的全域旅游发展打下坚实基础。2018 年 4 月 7 日至 10 月底，凌海市 19 个乡镇、街道、旅游企业的 50 余个村屯、景点全覆盖参与采摘节，油桃、樱桃、草莓、葡萄、小柿子等果蔬应有尽有，特别推出的 8 条旅游精品线路还可满足游客吃住行游购娱等多种需求，让更多游客借假期之机回归田园，放松身心，尽情享受采摘之乐。

黑山县乡村旅游发展。2018 首届黑山乡村旅游节开幕式在黑山县白厂门镇举办。来自各地的上千名游客聚集于此，饱览黑山秀美山水风光，体验特色浓郁的民俗文化，参加泼水节、歌手大赛、相亲大会等活动。仙境之地，醉美黑山。乡村旅游节期间，黑山县多个富有特色的旅游景点悉数参与其中。在莲花湖景区，“三丰文化节”带您领略一代宗师张三丰的故居，欣赏近千亩水面数万株亭亭玉立的莲花；在蛇盘山景区，讲述艺术大师张仃与蛇盘山的不解之缘，观赏山上多宝塔及摩崖造像、望海寺、清风洞、二郎宫、卧凤桥、卧龙沟、站班松、魁星楼、石林、碑林等名胜古迹；在龙湾水库景区，层峦叠翠，林木葱郁，并有猫头鹰、啄木鸟等野生鸟类和黄羊、松鼠等野生动物以及茶叶、银杏、山野菜等特产，水库渔业资源更是丰富，目前已发现的经济鱼类就有 30 多种。黑山首届乡村旅游节，尽展黑山乡村旅游的美景，尽现黑山本土文化的精华，在黑山县打造乡村生态游品牌的道路上迈出了坚实步伐，越来越多的游人将会认识黑山、了解黑山，尽情体验到黑山旅游的独特之美。

2. 锦州市乡村旅游体系

从大型乡村旅游景区、度假山庄、采摘类景区、温泉休闲景区、海滨休闲景区、景区依托型乡村旅游、村镇依托型乡村旅游景区、企业融合型景区以及渔家乐和农家乐等10种类型对锦州市乡村旅游体系进行归纳总结，见表4.9。

表4.9　　锦州市乡村旅游体系

序号	类型	景区	地点	内容	备注
1	大型景区	东方华地城	凌海市大有经济区	休闲、娱乐、体验	AAAA景区
2	度假山庄	吴楚庄园	凌海市白台子乡	餐饮、休闲、娱乐、采摘	AAA景区
3	采摘类	娘娘宫采摘	凌海市娘娘宫镇	采摘	设施农业
4	温泉休闲	九华山温泉	凌海市城区西南部	餐饮住宿、休闲游乐	AAAA级景区
		锦汤山庄	太和区女儿河乡	休闲、疗养、娱乐	温泉
5	海滨休闲	白沙湾	滨海新区	娱乐、体验、观光	滨海
		龙栖湾	滨海新区	娱乐、体验、观光	滨海
6	景区依赖型	河洼子村	北镇市闾山风景区	餐饮、住宿、购物	依托闾山景区
		万佛堂生态园	义县万佛堂	餐饮、住宿、采摘	依托万佛堂
7	村镇依托型	下甸子村	滨海新区杏山街道	观光、采摘、餐饮	整村发展
		校卫村	太和区大薛街道	观光、采摘、餐饮	整村发展
8	企业融合型	太德农庄	北镇市沟帮子镇	休闲娱乐、旅游购物、餐饮住宿	AAA景区
9	渔家乐	渔家乐海鲜饭店	滨海新区	餐饮	渔家特色
10	农家乐	小芳农家院	北镇市	餐饮、住宿	
		馨雅山庄	凌河区	餐饮	农家特色
		大牛绿色农家院	太和区	餐饮、娱乐	农庄
		灵山农家院	北镇市	餐饮、住宿	农家乐
		义县忘忧谷	义县大榆树堡镇大北村	娱乐、休闲、餐饮、住宿	农家乐

数据来源：本研究团队收集、整理。

锦州市乡村旅游中农家乐的数量多，景区依托型乡村旅游是重要内容，采摘类景区也有发展，滨海休闲、渔家乐发展不足，企业融合型、村镇依托型正在发展。大型乡村旅游景区需要创新发展，农+旅融合，度假山庄应该提升层次，丰富内容。

3. 锦州市乡村旅游特色与问题

（1）景区依托型乡村旅游发展较好。锦州市乡村旅游发展的一大特点就是景区依托型乡村旅游发展较好，以北镇市最为典型。我国五大镇山之一的医巫闾山位于北镇市，以医巫闾山为核心周边分布了大量的旅游景区，包括青岩寺、医巫闾山观音阁、大朝阳景区、大芦花、帝王谷、灵山风景区等，加之北镇市高度重视旅游产业，至今已举办了28届梨花文化节，推动了北镇市旅游业高速发展。高密度的景区、高知名度的旅游品牌和旅游节庆，吸引了大量的游客前来北镇旅游，由此也带动景区周边乡村参与旅游经营，且经济效益逐步提高、带动农民数量逐年增加，因此景区依托型是锦州市乡村旅游大力发展的最主要动力。

（2）滨海乡村旅游发展滞后。锦州市海岸带东起大凌河口，西至青浦河，全长166.5公里（包括陆岛沙）。锦州市沿海与辽西走廊平行，由东北向西南延伸，处于我国内海渤海的北部、辽东湾西岸。锦州市海岸较平直，沙岸多，岩岸少，岛屿较少，主要岛屿有大笔架山岛、小笔架山岛等。锦州有明礁和干出礁共4座，为石车子礁、石坟礁、大风匣礁、小山子礁。大笔架山岛是最大的岛屿，锦州湾是最大的海湾。近海水域面积12万公顷，沿海滩涂面积26.6万亩，25万亩近海渔场。锦州市的海洋旅游资源丰富，滨海地区乡村应该借助乡村旅游带动农民增收、产业兴旺、乡村美丽、生态环保等工作大力推进，但目前发展现状不理想，滨海乡村旅游发展滞后。

（3）度假山庄有待创新发展。在乡村旅游的发展过程中，度假山庄在锦州市也得到初步发展，目前涌现出了吴楚庄园、陆正庄园、尚景庄园、老爷岭山庄等一大批度假山庄。但由于缺乏创新，度假山庄的基本活动停留在吃、住、观光、拓展训练等内容，各个度假山庄内容雷同、产品相似，缺乏创新、吸引力不足。

（4）休闲体验型项目有待大力发展。锦州市的乡村旅游缺乏休闲体验型项目。发展乡村旅游，不仅要在特色上“玩名堂”，更要在“旅游体验”上做文章。随着人们生活水平提升，不管是购物，还是外出观光休闲，人们已经不再满足于单纯的购物、休闲，变得越来越重视体验是否愉悦和满意。所谓体验，就是精神层面的消费需求。发展乡村旅游，如果不重视在游客旅游体验上精益求精，将旅游体验附载于人性化的细微服务之中，落实到交通、住宿、餐饮，到购物、娱乐、游玩等每一个环节，游客是难以“高兴而来，满意而归”，相反，可能会“高兴而来，扫兴而归”。

（5）渔家乐亟待大力发展。锦州市海洋渔业资源丰富，近海水域面积 12 万公顷，沿海滩涂面积 26.6 万亩，25 万亩近海渔场。另外还有大凌河、小凌河、绕阳河以及女儿河、百股河、小坝沟、观音洞水、二郎洞水等河流以及龙湾水库、锦凌水库、红旗水库等 26 座水库。丰富的海水与淡水资源为水产养殖和生产提供了基础，应该充分挖掘锦州市各类渔家生产、生活、餐饮、住宿、民俗特色，大力发展锦州市的渔家乐特色乡村旅游项目。

（6）村镇依托型乡村旅游亟须资金和创意。依托村或镇的乡村旅游能够全面带动村庄和乡镇的全面发展、村民相对均衡的增收致富、生态环境的协调保护，具有综合效益最佳的发展效果。在锦州市的乡村旅游发展中依托村镇的乡村旅游发展不理想，相对旅游积极推动乡村振兴的典型模式欠缺的问题，应该认真借鉴大梨树、成都五朵金花等地的成功经验，通过多元化筹措资金，加强锦州市村镇依托型乡村旅游的创意发展，大力推进锦州各市县区村镇乡村旅游整体发展，带动乡村全面振兴。

4. 锦州市乡村旅游发展对策与建议

锦州市乡村旅游已经具备了成熟的发展条件，并且具有广阔的市场潜力，下一步的工作就是如何发展，怎样实现锦州休乡村旅游快速发展的目标？以下提出 8 项发展策略。

第一，重点扶持，精品带动。“榜样的力量是无穷的”，在锦州乡村旅游发展过程中要先重点扶持几个品牌项目，通过这些项目的模范带头和示范作用，引导更多的人和企业从事乡村旅游发展，逐步形成规模效益。这些重点扶持的项目，都必须认真规划、仔细论证、长远发展、不断提升，逐步打造成锦州、辽宁乃至全国的知名品牌。在辽宁，丹东的大梨树乡村旅游的经验是值得学习和借鉴的。第二，项目创新，特色制胜。没有发展基础也不可怕，可怕的是不去想，不去做。2012 年全国休闲农业与乡村旅游示范点中“沈阳市沈北新区紫烟薰衣草庄园”的成功体现了发展休闲农业一定要创新，一定要有自己的特色。所以锦州市乡村旅游的发展不能简单模仿和复制，一定要创新，一定要有锦州特色。第三，产业融合，业态创新。当前旅游发展需要逐步与相邻和相关产业进行融合，并且形成新业态。针对锦州市旅游发展现状，可以在休闲农业发展中逐步进行“农业”与“旅游业”融合，“农业”与“度假”融合，“农业”与“游艺”融合，“农业”与“教育”融合，“农业”与“养老”融合，“农业”与“地产”融合，“农业”与“工业”融合，“农业”与“文艺”融合等。第四，总体规划，逐步建设。锦州市乡村旅游需要一个总体部署，长远战略。在科学论证，准确定位的基础上，还需要一个清晰的落实步骤，通过逐步的建设和完善，形成项目不断落实，规模不断扩大，影响力不断提升和效益逐步增强的局面。第五，持续发展，坚持不懈。锦州市休闲农业的成功发展需要一种坚持不懈的精神，不能“三天打渔两天晒网”，效益好的时候要思考进一步提升的步骤，效益不好时也要坚持完善、提升，不能半途而废。第六，引凤筑巢，模式创新。锦州市休闲农业发展应该实行“走出去，引进来”的思路，从乡村旅游、休闲农业发展成熟、资金实力较强、管理理念先进地区吸引资金，引进人才，实现锦州市休闲农业“引凤筑巢，模式创新”的发展目标。第七，完善配套，服务至上。随着我国国民生活水平的提高，游客对于旅游配套设施和旅游服务质量的要求逐渐提高。旅游配套设施的完善程度与旅游服务质量成为影响地区旅游形象和旅游竞争力的重要因素。锦州市旅游业虽初具规模，但是旅游配套设施和服务质量方面的问题仍然比较突出，尤其是锦州市的农业休闲旅游普遍存在配套设施不完善，旅游工作人员素质参差不齐的问题。在充分重视锦州市休闲农业的基础上，还应该积极改善休闲农业发展所需要的交通通信、供水排水、供电、生态环境、乡村卫生、道路标识、餐饮购物、医疗保健等。另外，还应该规范休闲农业建设标准，培训服务人员，引进先进管理模式，提升服务质量。第八，改变观念，转化思维。(1) 要让当地居民和相关领导认识休闲农业是推动农业转型，促进农业结构调整，增加农民收入，建设新农村的有效途径。(2) 要认识开发农业多功能的必要性，在开发农业生产功能的同时，还应开发农业的生活功能和生态功能。(3) 要重视农耕文化、民俗文化和农家文化的挖掘、保护。(4) 要认识发展休闲农业对推动锦州市城乡协调发展，带动锦州市旅游业深入发展，实现锦州市产业升级的积极作用。(5) 要认识发展休闲农业改善农村环境，促进乡村卫生建设和新农村建设的重要作用。(6) 要认识发展休闲农业，可以带动住宿、运输、餐饮、商业、种植、养殖等服务业的发展，扩大农民就地就业。锦州市休闲农业的发展对于普通居民应该改变“等、靠、要”的错误观念，形成积极参与休闲农业发展的决策、经营和管理的理念。对于相关部门领导和企业管理者要改变对休闲农业“小打小闹”的错误看法，形成“休闲农业有大文章可做”的思想。只有思想观念改变了，认识提高了，才会自觉地、积极地领导和支持休闲农业的发展。

（四）营口市乡村旅游发展研究

1. 营口市乡村旅游概况

营口市紧紧围绕“突出美丽乡村建设重点，保护农村生态环境，挖掘地方文化内涵，展现地方生态特色”的目标，通过强化依托要素载体，规范具体操作行为来“打造精品工程，展示样板典范”，打造美丽乡村。营口市财政局将多种涉农专项资金捆绑使用，统筹安排，集中投入，办老百姓想办的公益事业建设项目，推进公共资源优化配置，最大限度地发挥美丽乡村财政资金的集聚和整体效益。全市重点打造了一批高标准美丽乡村示范村，建设成为设施完善、产业发展、生态良好、环境优美、魅力独具“宜居、宜业、宜游”的魅力乡村。春赏花海，醉美山乡——营口市第二届乡村旅游赏花节 2018 年 5 月在营口成功举办。乡村旅游赏花节是 2018 年中国旅游日营口主会场活动，旨在进一步深挖营口乡村旅游资源和产品，树立“鸟飞湿地花开营口”的春季旅游品牌和形象，着力实现全区域、全产业、全时段、全人群的全域旅游产业发展格局。希望黄丫口旅游景区能够因地制宜，突出亮点，大力发展乡村旅游经济，为营口市乡村旅游注入新的活力和元素。

2. 营口市乡村旅游体系

从大型乡村旅游景区、度假山庄、采摘类景区、温泉休闲景区、海滨休闲景区、景区依托型乡村旅游、村镇依托型乡村旅游景区、企业融合型景区以及渔家乐和农家乐等 10 种类型对营口市乡村旅游体系进行归纳总结，见表 4.10。

表 4.10　营口市乡村旅游体系

序号	类型	景区	地点	内容	备注
1	大型景区	团山国家级海洋公园	北海新区	观光、休闲度假、娱乐健身	AAAA 景区
2	度假山庄	冰泉山庄	盖州榜式堡镇	度假、疗养、餐饮、住宿	度假山庄
		转山湖水库山庄	什字街镇邹屯村	度假、疗养、餐饮、住宿	度假山庄

续表

序号	类型	景区	地点	内容	备注
3	采摘类	姜家果园	经济技术开发区	采摘、体验	果园
		高坎镇	营口高坎镇	采摘、体验	果园
		熊岳镇	经济技术开发区	采摘、体验	果园
		盖州市	盖州市	采摘、体验	果园
		建一镇	大石桥	采摘、体验	果园
		博洛铺	大石桥	采摘、体验	果园
		黄土岭	大石桥	采摘、体验	果园
		虎庄镇	大石桥	采摘、体验	果园
		周家镇	大石桥	采摘、体验	果园
4	温泉休闲	河海龙湾温泉度假村	鲅鱼圈熊岳镇	度假、疗养、休闲	温泉
		天沐温泉度假村	鲅鱼圈区熊岳镇	度假、疗养、休闲	温泉
		营口虹溪谷温泉度假区	盖州双台镇	度假、疗养、休闲	温泉
5	海滨休闲	仙人岛白沙湾	盖州市九垅地镇	观光、娱乐、休闲	海域风光
6	景区依赖型	赤山旅游景区	盖州市万福镇	观光、体验、休闲	AAAA 景区
7	村镇依托型	思拉堡温泉小镇	盖州市双台子温泉区	疗养、度假、休闲	温泉小镇
		黄丫口村	大石桥建一镇	观光、购物、体验	农业休闲
		小望海农乐园	鲅鱼圈区芦屯镇	观光、采摘、体验	AAA 景区
8	企业融合型	腾大生态园	大石桥市永安镇西田村	观光、采摘、体验	特色生态采摘园
9	渔家乐	盖州鸿铄渔家乐	盖州市	餐饮、住宿	渔家乐
10	农家乐	营口天下溪生态旅游抗衰度假村	鲅鱼圈区芦屯镇杨屯村	餐饮、住宿	农家乐
		在水一方农家院	大石桥周家镇周家村	餐饮、住宿	农家乐
		圣水人家农家乐	盖州市万福镇	餐饮、住宿	农家乐
		绿岛生态度假村	营口市老边区	餐饮、住宿	农家乐

数据来源：本研究团队收集、整理。

营口市是辽宁省重要的水果生产基地，在乡村旅游发展过程中，营口市的采摘类景区可谓“一路领先”，此外温泉休闲也是营口市乡村旅游的代表。营口市的农家乐经营户数量也较多。而营口市的大型乡村旅游景区缺乏，滨海休闲、渔家乐发展滞后。

3. 营口市乡村旅游特色与问题

（1）水果采摘类乡村旅游基础好、规模大。营口的水果种植历史悠久、基础好，2018 年果园面积 3.59 万公顷。其中，盖州和熊岳的水果最为有名。盖州苹果栽培历史悠久，面积和产量居全国县级之首，被誉为“苹果之乡”。盖州苹果肉脆汁多，酸甜适度，贮存耐久，品种繁多，有国光、富士、金冠、元帅、红星等近百个品种。盖州尖把梨是辽宁盖州的特产。其果肉细腻，风味浓郁，酸甜适口。辽南熊岳地区被称为水果之乡，有着悠久的水果种植历史，近年来最有名的要数葡萄。熊岳葡萄以甘甜的口感，丰富的营养成分，优秀的果品品质，占据了东北地区的水果市场。熊岳地区的葡萄品种比较丰富，以鲜食葡萄为主，主要品种有红提、巨峰、京亚、美人指、白鸡心等。以果园为基础，近年来营口市的采摘旅游蓬勃发展，涌现出了“营口草莓”“熊岳油桃、葡萄、苹果”“盖州杏、李子”以及大石桥的建一镇、博洛铺、虎庄镇、黄土岭镇、周家镇等一大批水果采摘旅游项目。

（2）温泉休闲有良好基础。营口市南部地区地热资源丰富。在熊岳、盖州双台镇分布很多温泉。最大的有熊岳温泉和双台温泉。熊岳温泉位于熊岳城东南白旗村，占地面积 1.8 平方公里。现有热水井 19 口，开采量 3000 吨，是全国和东北区域著名的疗养胜地。思拉堡温泉，位于盖州市双台镇思拉堡村，这是新开发利用的一处地热资源。其面积、储量、水温居东北之首，温泉区占地 90 亩，其中汤浴区占地 2260 平方米，汤浴区约 49 个泡池分布在三脊四沟中，朝向坐北朝东南，分为一阳一阴两片区域，即空中泡池区和洞天世界两个功能分区，山体最高点分布了景区重要的景观及建筑标志性构筑物。良好的资源基础，成就了营口市温泉休闲成为乡村旅游的一大亮点和重要特色，也有利于推动营口市乡村旅游向休闲、度假型发展。

（3）渔家乐发展滞后。营口辖区内海岸线长 122 公里，管辖海域面积 1185 平方公里，其中滩涂面积 132 平方公里，浅海面积 1053 平方公里，深水岸线近 20 公里。近海有海洋生物 400 多种，鱼、虾、贝、藻等经济生物及大量的海洋、滨岸和物种种类繁多，主要经济品种有对虾、毛虾、海蜇，周边海域还有一定面积的生物产卵、索饵场、越冬场和洄游通道。营口近海海域是斑海豹的栖息地。全市海洋旅游资源条件优越，较著名的滨海旅游区、沙滩浴场资源各 10 处。另外，营口市河流密布，境内有大、中、小河流 150 余条，其中大型河流有大辽河，中型河流有大清河、碧流河。流域面积在百平方公里以上的主要有大辽河、大清河、虎庄河、熊岳河、浮渡河、碧流河等 7 个水系。全市现有大型水库 1 座（石门水库）、中型水库 3 座（玉石水库、三道岭水库、周家水库）、小型以下水库 33 座。丰富的海洋和河流资源成为营口市发展“渔家乐”的资源优势，但在现实中这一优势未能得到很好利用。

（4）乡村旅游大型景区缺乏。旅游发展是最需要“创新”的产业之一，乡村旅游的发展同样需要创新。依靠资源、关注市场和创新发展是乡村旅游发展由低到高的三个层次，营口市当前的乡村旅游发展主要还是停留在“资源依靠型”的温泉、采摘、乡村观光等内容上，而关注市场需求的体验型发展不足，创新发展型乡村旅游项目更是缺乏。因此，纵观营口市乡村旅游发展现状，大型创新乡村旅游景区非常缺乏。

（5）滨海乡村旅游发展不足。“靠山吃山，靠海吃海”，既然营口市拥有漫长的海岸线和丰富的滨海旅游资源，就应该让这一资源优势在乡村旅游和乡村振兴中发挥积极作用。但目前营口市对于滨海乡村旅游的发展重视不足，发展水平低、内容单一，效益不佳。

（6）村镇依托型乡村旅游缺乏。营口市的农家乐、采摘园、乡村旅游发展大多数还属于自发形式，以某一村子或某个镇为依托的乡村旅游带动全村或全镇全面参与的类型缺乏。而村镇依托型乡村旅游可以很好地协调乡村旅游与农业生产、乡村旅游与美丽乡村建设、乡村旅游与农民收入分配等问题，全面推动全村或镇的社会、经济、生态全面发展，是乡村振兴的有力推动形式之一。

4. 营口市乡村旅游发展对策与建议

第一，坚持政府主导，政策扶持，农民主体的原则。政府要把发展乡村旅游纳入重要工作日程，切实加强领导，积极推动，整合旅游资源，促进区内海滨旅游与乡村文化旅游深度融合。对发展乡村旅游的农户进行多方面的扶持和服务。要加大投入，抓好重要乡村旅游基础设施建设，要健全和完善有关的政策措施，积极探索适应和促进乡村旅游发展的新机制，从政策上激励推动熊岳镇、红旗镇、芦屯镇乡村旅游发展，从机制上探索创新乡村旅游发展模式。要把乡村旅游发展纳入生态文明家园建设扶持范围，多渠道整合资金，重点支持乡村旅游贴息贷款。要及时研究制订营口农家乐管理服务的有关规定，组织开展星级农家乐评定，从政策机制上鼓励推动乡村旅游的新发展。第二，因地制宜，突出优势。以生态文明家园建设为载体，形成以有特色、有影响的重点旅游村寨为龙头，以乡村旅游带为支撑，以农家乐为基础的营口乡村旅游体系，从整体上提升乡村旅游品质，增强发展后劲。像熊岳镇、红旗镇素有“辽南水果之乡”的美誉，借营口市乡村旅游采摘节之势，在熊岳镇、红旗镇、卢屯镇等村寨中大力发展温室大棚和裸地桃、李子、草莓、葡萄、苹果、梨等种植和采摘。通过节庆活动，把乡村旅游资源点串成串，大力发展庭院经济，为发展乡村旅游打下坚实的基础。同时，深入挖掘乡村旅游资源，积极开发特色旅游产品，进一步推出乡村旅游品牌，以小山村撬动大乡村旅游，通过农家院、山庄、度假村把整个乡村旅游工作带动起来。第三，创新发展，打造大型乡村旅游景区，带动更大范围、更多乡村全面参与乡村旅游发展，实现整村发展。第四，挖掘海洋资源优势，突出渔家乐文化特色，打造独具特色，吃、住、行、游、购、娱为一体的精彩海洋乡村旅游和渔家乐产品体系。第五，加强村镇依托型乡村旅游发展，注重乡村旅游发展对乡村的带动的全面性和协调性，实现整村或全镇的全面发展，促进乡村的农民收入均衡，防止贫富差距扩大，实现全村全面发展。

（五）盘锦市乡村旅游发展研究

1. 盘锦市乡村旅游概况

从 2016 年起，盘锦市坚持以农业为基础，以提高农民增值收益空间为目的，优化配置全域农业农村资源，着力提升宜居乡村建设水平，推动“宜居乡村”建设优势向产业发展优势转化。盘锦市把特色民宿建设作为推进全域旅游的突破口，深挖“供给侧”休闲农业旅游资源，着力打造乡村旅游产品升级版。目前，盘锦全市涌现 A 级乡村旅游景区 8 家，国家级旅游示范村 1 个，国家级旅游景观名镇 1 个，全国农业旅游示范点 4 个。按照“全域旅游”发展需要，盘锦市委、市政府适时提出打造 100 个民宿村、1 万张民宿床位的工作计划，把“红海滩”招徕的游客消化在全市的美丽乡村。目前，全市已经打造 30 个特色民宿村、3600 多张床位，赵圈河镇、大洼镇、西安镇、甜水镇、德胜镇等一批特色民宿形成接待能力。“民宿产业”已成为带动当地乡村旅游产品发展和提升，扩容游客接待量的主力军。与此同时，盘锦市旅发委以“二次旅游消费”产品带动乡村旅游产业收益。盘锦市全面提升乡村旅游消费板块特色，尤其强化了旅游团队餐饮接待设施建设，全力推广“辽河口渔家菜”；加强苇艺、草编、油雕等旅游商品规模化生产；打造采摘、垂钓、野营、渔猎、美食等特色乡村旅游产品，延伸服务链条，切实满足游客的多元化休闲度假需求。

2. 盘锦市乡村旅游体系

从大型乡村旅游景区、度假山庄、采摘类景区、温泉休闲景区、海滨休闲景区、景区依托型乡村旅游、村镇依托型乡村旅游景区、企业融合型景区以及渔家乐和农家乐等10种类型对丹东市乡村旅游体系进行归纳总结，见表4.11。

表4.11　　盘锦市乡村旅游体系

序号	类型	景区	地点	内容	备注
1	大型景区	七彩庄园	大洼县王家镇	农业生产、农业科普教育、休闲娱乐	休闲农业景区
		鑫安源生态园	盘山县陈家乡	生态旅游、观光农业、休闲度假	AA景区
		辽河口稻艺文化园	大洼县唐家镇	观光、娱乐、体验	农艺园
		盘锦苇海·鼎翔生态旅游度假区	兴隆台区新生街	观光、体验	国家4A级景区
2	度假山庄	绿岛度假村	盘锦市田家镇	娱乐、体验、休闲、住宿	绿色生态农庄
		辽河绿水湾	大洼县西安镇	娱乐、体验、餐饮、住宿	农庄
3	采摘类	鼎翔生态采摘园	兴隆台区新生街	采摘	生态采摘园
4	温泉休闲	红海滩沁温泉	大洼区红海滩大街	休闲、疗养、娱乐	温泉
		紫澜门温泉	大洼县商业街	休闲、疗养、娱乐	温泉

续表

序号	类型	景区	地点	内容	备注
5	海滨休闲	金帛海滩	大洼区辽东湾新区	度假、休闲、娱乐	海滨
		辽河口	盘山县双台子河口	观光、体验	入海口
		红海滩	大洼区赵圈河镇	观光、体验	入海口
6	景区依赖型	盘锦知青总部	大洼区赵圈河镇	观光、体验、餐饮、住宿	红海滩
7	村镇依托型	上口子村影视基地	大洼县西安镇	观光、体验	上口子村
		石庙子民宿	大洼区向海街道石庙子村	餐饮、住宿	农家乐
		东晟园艺基地	盘山县大荒乡得胜村	观光、体验	大荒农场得胜村
8	企业融合型	振兴生态旅游景区	大洼区西安镇	休闲、娱乐、购物	养猪场
9	渔家乐	蛤蜊岗风景区	大洼区二界沟镇	体验、购物、餐饮	渔家乐
10	农家乐	慧儒居农家乐	大洼区赵圈河镇	餐饮、住宿	农家乐
		红海滩志辉农家乐	大洼区赵圈河镇	餐饮、住宿	农家乐
		文顺农家院	大洼区赵圈河镇	餐饮、住宿	农家乐
		于成农家院	大洼区赵圈河镇	餐饮、住宿	农家乐

数据来源：本研究团队收集、整理。

盘锦市乡村旅游中的大型景区较多，企业融合型和村镇依托型乡村旅游发展较好，而度假山庄受制于资源条件（地理环境为河流冲击平原，无山地）发展不佳，滨海休闲、温泉休闲、渔家乐特色不足。

3. 盘锦市乡村旅游特色与问题

（1）乡村旅游围绕滨海湿地发展。盘锦地处辽河三角洲中心地带，是辽河入海口地区，自然景观比较优美，平原地貌、稻田、苇海、草原、井架、红海滩珍稀鸟类与河流交织。盘锦是“湿地之都”。总面积 8 万公顷的双台子河口国家级自然保护区被列入国际重要湿地名录，位居全国十大魅力湿地之首，丹顶鹤、黑嘴鸥等 260 多种鸟类在这里栖息、繁殖，因而盘锦又有“鹤乡”和“黑嘴鸥之乡”的美誉。全市苇田收割面积 55608 公顷，年产芦苇 50 万吨左右，列世界之先。以红海滩国家风景廊道为主的红海滩风景区是国家 4A 级景区、辽宁省优秀旅游景区。红海滩、芦苇湿地是盘锦旅游的最大亮点，围绕着“湿地、红海滩”发展的独特景观，成为盘锦的最大旅游吸引物，很多乡村旅游发展以“红海滩”“湿地芦苇”为核心逐步发展。

（2）稻田文化突出。盘锦是“鱼米之乡”。全市年产优质水稻近 100 万吨，盘锦大米 2007 年被评为“中国名牌产品”，荣获“中国驰名商标”。在稻田养蟹，形成生态稻田更是强化了盘锦的“稻田文化”。以稻田为基础衍生出了“稻田画”“稻艺文化园”“七彩庄园”等多种形式的乡村旅游形态。因此，稻田文化是盘锦市的第二大乡村旅游亮点。

（3）渔家乐发展滞后。盘锦是辽宁的“鱼米之乡”，拥有 118 公里海岸线、930 万亩沿海滩涂，水产品年产量达到 33 万吨。其中，河蟹年产量 6.5 万吨，“大辽蟹”享誉海内外，盘锦是全国最大的中华绒螯蟹人工繁育养殖集散基地，是“中国北方河蟹之乡”“中国河蟹第一市”。盘锦是辽宁省著名的文蛤出口基地，正在建设“全国泥鳅鱼产业发展第一市”。盘锦本应该大力突出“渔家”文化特色、渔家生活、生产、民俗以及美食和住宿特点，打造乡村旅游的亮点。但从现在发展状态来看，渔家乐发展相对滞后，渔家特色旅游项目少、内容单一。

（4）休闲度假项目缺乏。“留住游客、延长游客停留时间”是提高旅游效益，升级旅游项目的核心理念。乡村旅游要想在乡村振兴中发挥积极作用也应该坚持发展“休闲度假型旅游项目”。但纵观盘锦市乡村旅游发展主要以观光、餐饮、住宿为主，能够留住游客的休闲、度假型旅游项目较为缺乏，严重制约乡村旅游的经济效益和社会带动作用。

4. 盘锦市乡村旅游发展对策与建议

乡村旅游是让游客在感受自然、生态、乡土、田园等生活方式的同时，享受与城镇同质的餐饮、住宿、文化等现代文明服务。发展乡村旅游正是借助美丽乡村建设为契机，将美丽乡村建设和乡村旅游有机结合起来，只有加快美丽乡村基础设施建设，才能促进乡村旅游的发展。第一，加强休闲度假项目建设，创新发展新型体验休闲乡村旅游项目，增加活动内容，延长停留时间，丰富盘锦市旅游产品体系；第二，升级渔家乐产品，挖掘海洋渔业、淡水水产生产、生活、民俗文化，打造更高层次的海洋休闲渔业旅游项目，提供丰富的乡村旅游产品。第三，突出地方特色，盘锦应继续加强红海滩、湿地、芦苇、稻田、生态养蟹、石油城等特色，在乡村旅游中融合发展，打造参与性、体验性、休闲性、度假性、娱乐性项目，展现盘锦地方特色，吸引广大乡村旅游游客。第四，融合协调发展建设美丽乡村，盘锦经济发展水平较高，美丽乡村建设基础好，未来应继续加强美丽乡村建设，注重内涵建设，发展休闲农业与乡村旅游，让更多农民参与其中，提高产业附加值，提高农民收入，并改善乡村环境，加强美丽乡村建设，全面实现“产业兴旺、乡村美丽、农民富裕”的战略目标。

（六）葫芦岛市乡村旅游发展研究

1. 葫芦岛市乡村旅游概况

为深入实施乡村旅游扶贫工程，充分发挥乡村旅游在精准扶贫、精准脱贫中的重要作用，2016 年，国家旅游局、国家发展改革委等 12 家单位共同制订了《乡村旅游扶贫工程行动方案》，葫芦岛市 21 个村入选全国乡村旅游扶贫重点村。葫芦岛市此次成为全国乡村旅游扶贫重点村的 21 个村中，绥中县有 17 个，分别是：永安堡乡花户村、永安堡乡西沟村、永安堡乡塔子沟村、永安堡乡边外村、王宝镇平房村、王宝镇北偏村、网户乡张监村、网户乡大官帽村、秋子沟乡西山村、秋子沟乡腰岭子村、高甸子乡獐子沟村、李家堡乡新堡子村、加碑岩乡上房子村、加碑岩乡黄木杖村、加碑岩乡沟口村、加碑岩乡王台村、范家乡条石沟村；建昌县 2 个，分别是：老大杖子乡青牛山村、杨树湾子乡玉带湾村；兴城市 1 个，碱厂乡碱厂村；南票区 1 个，缸窑岭镇松闫村。

绥中县乡村旅游发展。近年来，休闲农业与乡村旅游日益成为农业与旅游业发展的一种新趋势，很多城市人选择在闲暇时间，来到乡村观光旅游、放松身心。绥中作为传统的农业大县与旅游大县，自然优势得天独厚，将现代农业与旅游服务业有机结合，发展休闲农业与乡村旅游，是绥中县委、县政府实施“四轮驱动”发展战略、推动农村经济发展的重要举措。近几年来，绥中县立足县情，充分利用“一乡一业”“一村一品”特色农业资源和山、海、城等独特的旅游资源，积极探索发展休闲农业与乡村旅游的新路子。随着现代设施农业、蔬菜林果产业、规模化养殖业等产业逐步发展壮大，绥中县以现代农业为依托，以乡村民俗文化为特色，构建起了范家乡百年梨园、王宝镇蓝莓采摘园、网户乡花卉观光园等一大批休闲农庄、观光采摘园，发展农家乐休闲游、农业体验游等多种形式的休闲农业，吸引了大批城市居民来到乡村观光休闲度假。依托山川秀美、浪碧沙白、名胜古迹等地方特色自然与人文景观，绥中县在保护与开发并重原则的基础上，进一步整合旅游资源，不断完善旅游基础设施，积极引进旅游项目，优化旅游发展环境，推出了滨海游、长城游、温泉游等特色旅游线路，涌现出了前所洪家、永安塔子沟、李家新堡子、加碑岩王台等主题特色旅游乡村，吃农家饭菜、赏田园风光、体验乡村风情等，在满足游客远离城市喧嚣、回归自然、休闲观光娱乐等需求的同时，也实现了广大农民的就业与增收。旅游资源得到充分开发，产业结构得到调整优化，农村经济得到繁荣发展，两年来，绥中县休闲农业与乡村旅游得到了快速发展。去年，休闲农业与乡村旅游业接待游客人数超过260 万人次，总收入超过 25 亿元。绥中被评为“省级休闲农业与乡村旅游示范县”，加碑岩乡被评为“省级休闲农业与乡村旅游示范点”，永安堡乡被评为“省级休闲农业与乡村旅游五星级单位”。

建昌县乡村旅游发展。建昌县旅发委坚定不移地实施“生态立县、旅游兴县”发展战略，利用建昌县省级乡村旅游示范县这一资源优势，按照“旅游发展带动扶贫开发，扶贫开发促进旅游发展”的思路，做大做强旅游产业。现在，建昌旅发委确定旅游扶贫重点村龙潭大峡谷景区附近青牛山村、六股河漂流景区附近的玉带湾村、白狼山景区附近的灰窑子村，以帮助他们确立旅游开发思路，规划到村，帮扶到户，鼓励他们通过旅游脱贫致富。第一，制定乡村旅游发展规划，提升精准扶贫档次和水平。建昌县旅发委充分发挥旅游业综合带动功能，实施“三个一批”，即景村共建带动一批，旅游商品帮扶一批，旅游创业扶持一批，积极探索“景村共建、村旅互动、村民同兴”的旅游扶贫之路，有力地促进全县旅游经济发展。根据县旅游发展实际情况，建昌县旅发委把脱贫攻坚任务纳入旅游业发展“十三五”规划，充分利用白狼山景区、龙潭大峡谷景区、画廊谷景区、梨花源景区、六股河漂流景区等优势景区，重点发展乡村旅游，并着力解决制约乡村旅游发展的交通、环境、接待能力等问题，改善乡村旅游发展环境，加强农产品向特色旅游商品转化，不断拓宽农民致富增收渠道。第二，整合旅游商品，助力精准扶贫。建昌旅发委充分整合要路沟小米、要路沟干豆腐、六股河鸭蛋、雷家店薄皮核桃、和尚房子花梨、黑山科大枣等特色旅游食品，提升包装档次，扮靓产品形象，提升化石、奇石等特色工艺品档次，形成相对统一的品牌形象。当地农民在农闲时间把自家产的鸡蛋、鸭蛋、葫芦条子、蘑菇、花梨、大枣拿到景区销售，成为农民脱贫致富的一个重要渠道。建昌县举办七届梨花节，扩大生态建昌在全国的知名度，把建昌县梨花源景区打造成春季赏花的最佳去处。第七届梨花旅游文化艺术节期间，建昌县开展梨园欢乐大家行、梨花经济富农家、农事体验活动、体验民俗风情、创意文化活动，宣传了建昌梨花旅游文化。2016 年梨花节期间共投入 145 万元，接待游客 8 万人。直接收入 200 万元，间接收入 1800 万元，同比增长 20%。梨花旅游文化艺术节的开展，助力了精准扶贫。第三，学习借鉴先进经验，发展乡村旅游。建昌县政府、旅发委多次带农家乐经营户到乡村旅游发展先进地区考察学习。2017 年 5 月，县政府主管领导带队到天津蓟县郭家沟、北京怀柔雁栖镇学习发展经验、经营模式、营销方式，并借鉴先进地区发展乡村旅游的成功经验，从满足游客“吃、住、行、游、购、娱”六大需求出发，发展乡村旅游。按照“四个统一”统筹管理，即：统一规划设计，统一服务标识，统一经营管理，统一服务标准。建昌县旅发委提倡公司化、合作社化管理民俗村、农家乐，统一设计引导标志牌；统一发放床单、被罩、枕巾；统一规定接待标准。每个公司、合作社依据游客反馈意见，制定出切实可行的奖惩机制，按照优奖劣汰的原则，逐步提高服务质量。实行评星挂牌制度。引导和鼓励“农家乐”经营户提升服务水平、服务质量，扩大经营规模。旅发委协调县城农产品销售店、景区设立贫困村农副产品、土特商品销售区，搭建“村企共建”平台，帮助贫困农户拓展增收渠道。

兴城市乡村旅游发展。近年来，兴城依托当地特有的地理资源、生态环境和文化资源，乡村旅游呈现出遍地开花的发展态势。截至目前，兴城市以休闲农业、观光采摘、赶海垂钓、温泉康养为特色的乡村游项目达到 45 个，涉及 16 个乡镇街道。其中亿元投资项目有 4 个。一是徐大堡镇金沙湾浴场。该项目是兴城市重点打造的乡村旅游项目。自 2016 年以来，项目已完成停车场、游客服务中心和酒店、餐饮、运动、娱乐、卫浴等服务设施建设。良好的服务设施吸引了大批游客，自 7 月中旬以来平均每天接待游客达 5000 人次。二是红海滩生态观光廊道。该项目位于兴城曹庄镇海岸线，所在地翅碱蓬植被面积达 93 公顷。项目总投资 1.1 亿元，自 2016 年开工建设以来，已完成 1000 延长米亲海木栈道、2.4 万平方米航母景观平台建设，日前正式对外开放。三是南大乡农庄生态观光园。该项目占地 3000 亩，是一个集垂钓、采摘、餐饮、休闲、观光、度假于一体的大型农家乐项目，投资 1.1 亿元建设。目前修建梯田 1000 亩，小型水库 1 座，水泥路 2.7 公里，完成景观河治理工程 900 延长米，种植果树 70000 余株。四是高家岭镇汤上村的汤上温泉。该项目有着 500 余年的发现史，2014 年兴城市启动了拉斯维加斯小镇项目，项目集温泉旅游、休闲疗养、商务会议、生态居住于一体。项目一期投资 1.2 亿元的室内温泉水上乐园和室外休闲娱乐养生区建设接近尾声，即将对外开放。随着乡村旅游开发渐入佳境，兴城正全力打造旅游风情小镇建设，分别为刘台子油菜花观光园、徐大堡海滨风情小镇和高家岭温泉小镇。其中，刘台子乡种植油菜千余亩，近两年油菜花节期间游客达 30 万人次。

2. 葫芦岛市乡村旅游体系

从大型乡村旅游景区、度假山庄、采摘类景区、温泉休闲景区、海滨休闲景区、景区依托型乡村旅游、村镇依托型乡村旅游景区、企业融合型景区以及渔家乐和农家乐等 10 种类型对葫芦岛市乡村旅游体系进行归纳总结，见表 4.12。

表 4.12　　葫芦岛市乡村旅游体系

序号	类型	景区	地点	内容	备注
1	大型景区	葫芦山庄	龙港区北港经济开发区	休闲、娱乐、体验、住宿、餐饮	AAAA 景区
2	度假山庄	乌云山生态休闲农庄	连山区	休闲、度假、住宿	AA 景区
3	采摘类	范家乡百年梨园	绥中县范家乡	观光、采摘、体验	梨园
		王宝镇蓝莓采摘园	绥中县王宝镇	观光、采摘、体验	种植园
		前所果树农场	绥中县李家堡乡	观光、采摘、体验	AAA 景区
4	温泉休闲	汤上温泉	兴城市高家岭乡汤上村	休闲、疗养	温泉
		兴城温泉	兴城市兴城河	休闲、疗养	温泉
5	海滨休闲	东戴河浴场	绥中县东戴河新区	娱乐、休闲、度假	海滨
		兴城海滨	兴城市	娱乐、休闲、度假	AAAA 景区
		龙湾海滨浴场	葫芦岛市龙湾新区	娱乐、休闲、度假	海滨
6	景区依赖型	龙潭大峡谷（青牛山村）	建昌县老大杖子乡	观光、餐饮、住宿	农家乐
		六股河景区（玉带湾村）	建昌县杨树湾子乡	餐饮、住宿	农家乐
		白狼山（白狼山村）	建昌县石佛乡	餐饮、住宿	农家乐

续表

序号	类型	景区	地点	内容	备注
7	村镇依托型	觉华岛	兴城市菊花岛街道	度假、文化、餐饮、住宿	海岛度假
		网户乡花卉观光园	绥中县网户乡	观光、采摘、体验	农业休闲
8	企业融合型	宏业集团现代农业园区	龙港区北港经济开发区	休闲、娱乐、观光	休闲农业
9	渔家乐	止锚湾	绥中县万家镇	观光、娱乐、餐饮、住宿	渔家乐
		滨海渔家乐旅游度假区	绥中县洪家村	观光、娱乐、餐饮、住宿	渔家乐
10	农家乐	阚家大院	建昌县老大仗子乡	餐饮、住宿	农家乐
		龙潭第一家	建昌县老大仗子乡	餐饮、住宿	农家乐
		庆国农家乐	绥中县高岭镇	餐饮、住宿	农家乐
		白屋酒肆农家院	南票区	餐饮、住宿	农家乐

数据来源：本研究团队收集、整理。

葫芦岛的绥中县和建昌县水果种植基础好，采摘类乡村旅游较有特色。另外，景区依托型和滨海休闲、渔家乐也较好。葫芦岛的大型乡村旅游景区——葫芦山庄发展较好，但总体数量少。农家乐数量多、层次低，度假山庄也是如此。企业融合型和村镇依托型两种类型的乡村旅游应该得到全市各县市区乡村的高度重视和大力发展。

3. 葫芦岛市乡村旅游特色与问题

（1）果园采摘基础好，数量多。葫芦岛市的绥中、建昌两县和兴城市以及南票区等都是水果种植较多地区。绥中县果树种植面积75万亩，水果产量75万吨，其中，苹果产量40万吨，梨产量32万吨，建昌县也是水果大县，全县有各种果树2650万株，万株以上果园60多个，成为果林之乡，白梨全国闻名，远销国外。苹果以口味甜美、耐储藏而备受外贸部门欢迎。基于良好的水果栽种基础，在乡村旅游发展中，以果园为基础的采摘、观赏等旅游项目发展较好。如绥中县的范家乡百年梨园、王宝镇蓝莓采摘园，建昌县养马甸子乡的万亩梨花源已成功举办九节梨花节。

（2）滨海渔村渔家乐数量较多。绥中县东戴河与秦皇岛的北戴河极为相似，形成了绝佳的滨海天然沙滩，而在漫长的滨海沙滩上一直以来没有经过大规模开发，随着我国旅游业的蓬勃发展，大量游客涌现了东戴河海滨，由此推动了当地渔村向渔家乐方向发展。为了招揽游客，村民不仅提供海鲜美食，还努力建设美丽、整洁、干净的院落，由此也推动了“美丽乡村”建设，而且是村民主动的行为，而非自上而下的行政行为。所以说，努力推动村民发展乡村旅游、美丽乡村建设，需要从根源上激发村民的积极主动性。另外，葫芦岛还拥有兴城海滨、龙湾海滨等浴场和觉华岛，周边居民也努力发展渔家乐，形成了较大规模的发展。

（3）景区依托型乡村旅游为重点。葫芦岛市的乡村旅游主要依靠景区的带动，如龙潭大峡谷、白狼山、六股河漂流、绥中东戴河、九门口长城、兴城海滨等周边涌现了大量的农家乐和农民参与旅游的经营模式，在一定程度上极大地推动了当地乡村的经济发展和农民增收致富。但另一方面存在着被动参与、缺乏创新、层次低的突出问题。

（4）农家乐数量多、规模小。葫芦岛所辖的绥中县、建昌县、兴城市和连山区、龙港区、南票区都用大量的农村地区，农家乐数量十分庞大。仅绥中县就有 600 多家农家乐，全市共计可达 2000 家。但众多的农家乐拥有的共同特点是规模小、层次低、服务水平低、综合效益不高，以家庭为主，属于最初级别的农家乐经营模式，对于乡村地区的经济带动、农民增收致富、乡村振兴的作用弱小。因此，葫芦岛农家乐亟待提档升级、创新发展、规范经营，为乡村振兴贡献积极力量。

（5）建昌县、绥中县对乡村旅游期望很高。建昌县、绥中县地处辽西北的葫芦岛市西部都是的山区大县，山多地少、交通不便，发展滞后，乡村人口众多，建昌县 624584 的总人口中农村人口 545777 人（比例 87.38%），绥中县总人口 636514 人，农业人口 516865 人，占总人口的 81.2%，比例都远高于全省（32.65%）和全国（41.18%）的平均水平。山多地少、交通不便、发展滞后、农村人口众多等不利条件，在乡村振兴的旅游发展道路上，可以转化为“生态优越、物产独特、民风淳朴、乡村景观独特、旅游劳动力充足”等有利条件。针对建昌县、绥中县的具体情况，旅游发展及旅游与农业的融合是乡村振兴的必由之路，乡村旅游承载着两县乡村振兴的主要任务，成为带动农民就业增收、乡村建设和产业发展的核心力量。

4. 葫芦岛市乡村旅游发展对策与建议

第一，重视乡村旅游在重点县市的发展，尤其在建昌县、绥中县农村人口多、贫困人口多，生态环境较好的乡镇或村庄大力发展乡村旅游，加强乡村旅游与农业生产、工艺加工、民俗文化、休闲度假等产业的融合发展，带动农民就业、增加农民收入，带动县市经济发展和乡村振兴。第二，重视乡村旅游产品体系建设，打造精品特色龙头景区或项目，建设乡村旅游集群，基础服务项目遍布的完善乡村体系。第三，推动乡村旅游提档升级，打造差异化乡村旅游产品，加快发展乡村休闲度假、民居民宿、乡村节会、乡村文化、认养农业、观光农业等特色产品。提升大众化旅游产品供给质量，深入开展旅游惠民活动，实施旅游扶贫攻坚，共享旅游发展成果。最大限度承接京津冀产业外溢的文化创意、体育休闲等功能。实现旅游产品由单一型向综合型的转变、旅游商品由低层次向高品位转变、产业经营由粗放型向集约型转变。第四，加大特色旅游纪念品开发，采取多种方式培育有代表性的优秀旅游商品进入旅游市场，形成泳装、葫芦、水果、海产品、小杂粮等品种的系列旅游纪念品，激活并带动旅游商品特色街、品牌店建设和旅游物流业的发展。

五、辽宁沿海经济带乡村旅游发展与乡村振兴研究

（一）辽宁沿海经济带乡村旅游发展的总体态势

根据前面对辽宁沿海经济带6市乡村旅游体系的分析情况，从乡村旅游的大型景区、度假山庄、采摘类景区、温泉休闲景区、滨海休闲景区、景区依托型项目、村镇依托型项目、企业融合型项目以及渔家乐、农家乐10类综合分析辽宁沿海经济带的发展情况可以将它们划分为四类：（1）发展较好的乡村旅游项目：数量多，分布广泛的乡村旅游：包括农家乐和采摘类项目，在辽宁沿海经济带各地都有分布，数量较多；（2）数量较少的乡村旅游项目：各地有所发展，但数量少，包括景区依托型、渔家乐；（3）亟待创新发展的乡村旅游项目：数量少、规模小、创新差的乡村旅游，包括大型景区、村镇依托型、企业融合型；（4）重复雷同型乡村旅游项目：缺乏特色、产品雷同，分别是滨海休闲、温泉休闲、度假山庄，见表4.13。

表 4.13　辽宁沿海经济带乡村旅游发展态势分析

序号	地区	大连		丹东		锦州		营口		盘锦		葫芦岛		经济带
	类型	资源	态势	资源	态势	资源	态势	资源	态势	资源	态势	资源	态势	评价
1	大型景区	好	少	好	少	好	少	好	缺	好	少	好	少	数量少
2	度假山庄	较好	少	好	少	较好	少	一般	少	差	缺	较好	少	数量少，功能弱
3	采摘类	较好	中等	较好	中等	较好	中等	好	多	一般	较少	好	较多	数量较多，活动雷同
4	温泉休闲	较好	好	较好	一般	一般	较好	好	好	一般	一般	好	较好	数量较多，持续创新差
5	海滨休闲	好	较好	较好	差	较好	差	较好	差	较好	差	较好	一般	滨海乡村休闲游发展不好
6	景区依赖型	好	较好	好	较好	好	好	较好	一般	好	较好	较好	一般	景区带动被作用忽视
7	村镇依托型	好	差	好	一般	好	差	好	差	好	差	好	差	发展不佳，有待大力发展
8	企业融合型	好	差	好	差	好	差	好	差	好	好	好	差	发展不足，应鼓励发展
9	渔家乐	好	较好	较好	一般	较好	一般	较好	一般	较好	一般	较好	较好	数量较少，应深入发展
10	农家乐	好	好	好	好	好	好	好	好	好	好	好	好	数量多，特色缺

数据来源：本研究团队收集、整理。

从辽宁沿海经济带6市的相互对比来看，大连市的温泉休闲、滨海休闲、渔家乐发展较好，丹东市和锦州市的景区依托型乡村旅游发展较好，带动周边农民增收致富效果较好，营口市的温泉休闲和采摘是其亮点，盘锦的企业融合型景区较为丰富，葫芦岛的采摘类乡村旅游发展较好。从劣势的角度来看，丹东的滨海休闲、企业融合型发展不佳，锦州的村镇依托型和企业融合型乡村旅游较为欠缺，营口的大型乡村旅游景区缺乏，滨海休闲、村镇依托景区发展不理想，盘锦缺少度假山庄、滨海休闲、村镇依托型景区，葫芦岛村镇依托型和企业融合型有待大力发展。

综合来看，针对辽宁沿海经济带乡村旅游的发展现状，未来应该采取不同发展思路，可将乡村旅游划分为：第一，增加数量的类型，包括大型乡村旅游景区、度假山庄；第二，强调带动作用，形成农村与旅游互动发展的类型，包括滨海休闲、景区依托型、村镇依托型、企业融合型；第三，创新发展，特色打造，丰富活动内容的乡村旅游，包括温泉休闲、采摘景区、渔家乐和农家乐。

如果将乡村旅游的发展层次和阶段划分为初级、中级和高级三阶段六种类型（参见图4.1），那么辽宁沿海经济带的乡村旅游总体上大多数都处于初级开发的静态开发和服务性开发的内容，仅有少数处于中级开发的展演开发、延伸开发，极少有高级开发层次的立体开发和创新开发，而高级开发和中级开发的内容更丰富、参与性更强、综合效益更好，带动作用更强，是乡村旅游发展的最佳效果阶段。辽宁沿海经济带乡村旅游发展层次较低的原因除了受我国旅游业起步低、发展晚等客观因素影响之外，也有本地对旅游业不重视、体制机制不活、创新意识淡薄、思想观念陈旧等主观原因影响。

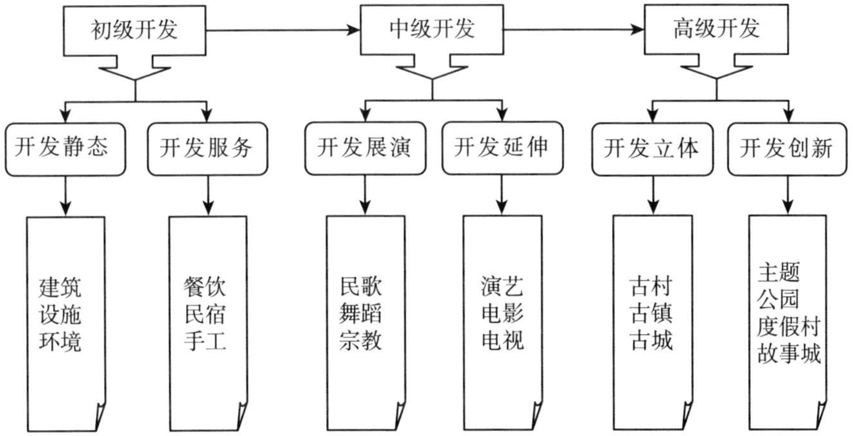

图4.1　乡村旅游开发的层次结构（本课题组整理）

（二）辽宁沿海经济带乡村旅游在乡村振兴中的作用

根据相关研究，可以总结出乡村旅游的基本功能：（1）旅游功能，为游客提供观光、休闲、度假、娱乐内容；（2）经济功能，优化产业结构，带动农村第二、第三产业发展，提高农产品附加值，增加就业机会，提高农民收入；（3）生态功能，改变农村脏、乱、差，保护和改善农村生态环境；（4）教育功能，向游客提供一个农业生态科教园地，增加游客知识；（5）社会功能，吸引城市游客，增加城乡交流，促进城乡融合发展；（6）文化传承功能，乡村旅游成为一个平台，有利于农业传统文化的传播和与继承见表 4.14。

表 4.14　　乡村旅游在乡村振兴中的作用

序号	乡村振兴		关系	乡村旅游		理想效果	实际效果
1	内涵	指标	—	作用	方式	贡献率	辽宁沿海经济带
2	产业兴旺	第三产业	带动	产业优化升级	旅游、休闲	90%	20%
3		农副业	促进	提质增效	旅游购物	50%	5%
4		农业	辅助	扩大知名度	传播宣传	50%	10%
5	环境（生态宜居）	生态环境	推动	生态修复	绿化美化	70%	15%
6		人居环境	引导	综合治理	环境保护	90%	20%
7	文化（乡风文明）	传统文化	激发	保护传承	保护利用	90%	10%
8		社会文化	引发	开放包容	乡村治理	70%	10%
9	社会（治理有效）	基层组织	加强	监管需要	加强治理	70%	10%
10		社会关系	营造	和谐稳定	营造氛围	50%	5%
11	生活富裕	农民就业	带来	提供岗位	旅游从业	90%	20%
12		农产销售	促进	带动价格提高	向游客售	70%	15%
13		经营机遇	带动	相关经营	游客服务	90%	20%
14	人口素质	交流提高	促进	交流学习	游客接触	60%	20%
15		培训提高	促进	发展需要	政府组织	60%	20%
16		自我修养	引发	适应就业	自主学习	70%	10%

数据来源：本研究团队收集、整理。

从表 4.14 中可以看出，乡村旅游在乡村振兴的过程中具有非常重要的作用，根据乡村振兴的目标及其分解内容与乡村旅游的作用及其方式与效果，将乡村旅游的作用分为极重要作用、主要作用、积极作用和辅助作用四类。乡村旅游在推动乡村第三产业发展（产业兴旺）、改善人居环境（生态宜居）、传承乡村传统文化（乡风文明）、增加农民就业与提供经营机遇（生活富裕）具有极重要作用（5 项）；而在生态环境改善、社会文化营造、乡村基层组织建设、农产品销售、农民自我修养等方面具有主要作用（5 项）；另外，乡村旅游对于农民通过交流学习、培训提高素质方面具有积极作用（2 项）。除此之外，对于农副产业提质增效、地区农业知名度提高和构建稳定、和谐的社会关系，乡村旅游还有辅助作用（4 项）。

乡村旅游不仅在推动精准扶贫、巩固脱贫成果方面发挥显著作用，而且在推动农民增收致富、促进农业转型升级、推进社会主义新农村建设、美丽乡村建设中发挥越来越大的综合带动作用，是未来乡村振兴战略实施过程中重要的力量，应该充分重视乡村旅游的积极作用，合理利用。

（三）乡村旅游在辽宁沿海经济带乡村振兴中的潜能分析

乡村旅游是乡村振兴的核心力量和重要推动力，通过前面的分析与专家的综合评价，辽宁沿海经济带的乡村旅游在乡村振兴中的作用仅仅发挥了 10% ~33% 的贡献率，还有巨大的潜能未能释放，究其原因，一方面是因为辽宁沿海经济带乡村旅游发展层次低、效果差的主客观原因；另一方面是因为前一阶段的乡村旅游处于自发状态，未能与乡村振兴有机结合，形成有组织、有步骤的科学系统发展体系。未来在科学规划、合理指导、政策引导、全面发展的态势下，乡村旅游将会有 67% ~90% 的潜能逐步释放，为辽宁沿海经济带乡村振兴贡献积极力量。

（四）辽宁沿海经济带乡村旅游发展面临的问题

辽宁沿海经济带 6 市范围内还包含着建昌县、义县这样的省级贫困县，还有绥中县、宽甸县、黑山县这样的农业大县，乡村旅游推动辽宁沿海经济带的乡村振兴任重而道远，综合来看，当前辽宁沿海经济带乡村旅游发展面临着以下问题：（1）乡村旅游发展层次低、产品体系不完善；（2）乡村旅游的创新发展不足，产品雷同，缺乏特色；（3）乡村旅游的全面性、综合性、协调性不足，处于自发状态，对于乡村的整体发展、农民的全面带动作用弱；（4）乡村旅游的发展资金不足，发展理念陈旧，缺乏大型龙头型乡村旅游景区带动地方、地区和经济带知名度提升；（5）缺乏乡村旅游的总体规划来协调、整合、指导辽宁沿海经济带及各市县乡村旅游科学发展和稳步推进，升级换代；（6）乡村旅游发展的支撑措施不足，未能形成大力推进和鼓励乡村旅游发展的良好氛围；（7）精品景区或项目少，示范作用不强，作为乡村旅游发展的原动力，根本要在各地形成成功乡村旅游“示范”带动作用，从内心激发各地农民参与乡村旅游的积极性；（8）人才缺乏，“乡村旅游”是旅游的组成部分，大众创业、万众创新，除了科技、体制机制、管理等方面的创新，旅游业也更需要创新，而创新的本源是人才，辽宁沿海经济带的乡村旅游存在着人才缺乏、人才流失、不重视人才的现状。

（五）辽宁沿海经济带乡村旅游发展对策与建议

2017年全国乡村旅游达25亿人次，旅游消费规模超过1.4万亿元，乡村旅游成为扶贫和富民新渠道。辽宁沿海经济带未来乡村旅游发展应该以本地特色为基础，因地制宜、科学规划、全面发展、综合协调、逐步升级，形成结构合理、层次分明、内容丰富、活动有趣、服务高效、体验深入的精品乡村旅游地带，具体建议包括：（1）深刻认识乡村旅游的积极作用，从宏观决策层高度重视乡村旅游发展；（2）科学规划乡村旅游发展，为乡村旅游与乡村振兴协调发展提供明确发展思路；（3）完善产品体系，从核心产品、活动内容、节庆活动、文艺演出、餐饮住宿、交通出行、娱乐体验、购物消费等全方位打造完善的乡村旅游体系；（4）鼓励创新与投资，为乡村旅游的精品建设提供思路和资金，打造精品、特色、亮点，牵引经济带乡村旅游提档升级；（5）重视乡村农民参与，加强农民收入均衡化发展，注重乡村旅游发展过程中的贫富差距缩小，防止两极分化，实现乡村全面发展、协调发展；（6）将乡村旅游发展与乡村振兴有机衔接，在乡村旅游逐步发展、逐步升级的过程中，实现乡村振兴工作的稳步推进，消除贫困、增加收入，改善环境、扶持产业、带动地方；（7）重视乡土文化的保护与科学开发利用，让传统文化在乡村旅游和乡村振兴的大舞台重新“大放异彩”；（8）加强乡村旅游与乡村振兴人才队伍建设，为辽宁沿海经济带乡村旅游的持续发展构建源源不断的创新动力源泉。

专题报告五

辽宁沿海经济带营商环境发展研究报告

引　言

世界银行最新发布的《2019年营商环境报告》显示，我国营商环境总体评价在190个经济体中列46位，较上年上升32位，体现出我国营商环境改善的成绩。2018年11月8日，国务院办公厅正式印发《关于聚焦企业关切进一步推动优化营商环境政策落实的通知》，将持续推进营商环境重点领域改革，引导地方形成竞相优化营商环境的良好氛围，加快形成市场化、法治化、国际化的一流营商环境。辽宁省政府早在2016年就正式公布《辽宁省优化营商环境条例》，要求辽宁省行政区域内的各级机关和有关部门、单位及其工作人员履行优化营商环境职责。2017年又发布实施了《关于优化投资环境的意见（试行）》，随后成立了省委书记、省长任组长的辽宁省软环境建设工作领导小组，在加强制度和平台建设的同时，连续开展多次专项整治行动。地区营商环境建设在很大程度上决定着东北振兴能否成功，以省级立法的形式加强软环境建设，凸显了辽宁省优化营商环境的决心，力度上也明显加强，标志着辽宁省营商环境建设将进一步法制化、规范化。

营商环境是影响区域市场主体行为的一系列综合发展环境的总和，包括政治环境、经济环境、社会文化环境等因素，是市场与正度、社会相互作用的结果。良好的营商环境不仅是一个国家和地区经济软实力的重要体现，也是提高综合竞争力的重要内容。

近年来，中国为企业改善营商环境实施的改革数量创下纪录，不同地区和城市针对营商环境纷纷提出了具体措施。习近平总书记多次指出“要加快完善公平竞争的市场建设，”“改善营商环境和创新环境，降低市场运行成本，提高运行效率，提升国际竞争力，”“要求一些特大城市要率先加大营商环境改革力度，营造稳定公平透明、可预期的营商环境，加快建设开放型经济新体制”。

2018 年 11 月 28 日，国务院总理李克强主持召开国务院常务会议，听取优化营商环境工作汇报，决定开展中国营商环境评价。会议指出，建立企业参与营商环境政策制定的工作机制，支持开展第三方评估，打造市场化、法治化、国际化营商环境。会议决定，按照国际可比、对标世行、中国特色原则，围绕与市场主体密切相关的开办企业、办理建筑许可、获得信贷、纳税、办理破产等方面和知识产权保护等，开展中国营商环境评价，逐步在全国推开，推动出台更多优化营商环境的硬举措，让企业有切身感受，使中国继续成为中外投资发展的热土。

营商环境是一项涉及经济社会改革和对外开放众多领域的系统工程。在国内营商环境水平整体提升的背景下，辽宁沿海经济带内主要城市的营商环境在过去的一年里究竟有哪些改善？辽宁沿海经济带发展研究院课题组根据国家、省、市各级统计部门发布的数据，对 2018 年度辽宁沿海经济带内主要城市的营商环境进行了评价。

一、辽宁沿海经济带营商环境建设情况

2016 年以来，辽宁省推进营商环境建设，服务老工业基地振兴发展。经过全省上下的共同努力，目前辽宁沿海经济带内营商环境建设已取得阶段性进展。2016 年 1 月 11 日，审议《关于优化投资环境的暂行规定（试行)》，以投资环境的优化带动整个发展环境的改善。2016 年 12 月 7 日，省十二届人大常委会第三十次会议全票通过了《辽宁省优化营商环境条例》，这是全国首部省级优化营商环境地方性法规。2017 年 1 月，省政府工作报告将“优化投资营商环境”列在 9 项重点工作的第一位，并将 2017 年确定为优化营商环境建设年。2017 年 2 月 9 日，全省优化营商环境建设年电视电话会议召开，省、市、县、乡各级领导干部 5000 余人分别在主会场、分会场参会。会议指出，从转变观念、优化服务、放活市场、完善法治、诚信建设、聚贤纳才六方面着手，推动全省营商环境建设。

同年，成立了软环境建设工作领导小组，成员包括44个省直部门和14个市的主要负责人。与此同时，还专门组建了省营商环境建设监督局，负责全面推进营商环境建设工作，各市均组建了专门的行政管理机构。2017年5月26日至27日，全省落实新发展理念和“四个着力”“三个推进”现场会在沈阳召开。适应经济发展新常态，结合自身情况，省委、省政府给出科学判断，营商环境是生产力，营商环境建设是推进振兴发展的突破口。

在以上政策的贯彻、落实下，辽宁沿海经济带内营商环境明显改善。全面深化“放管服”改革，建设覆盖全省的“互联网+政务服务”体系，开通8890政务便民服务平台，省直部门行政职权精简17.7%。工业产品生产许可证种类压减1/3。一般性经营企业开办时间压缩到3.5个工作日以内。“证照分离”“多证合一”改革在全省推开，376项证照实现即办即取。“双随机、一公开”监管全面推行。开展“办事难”专项整治，清理证明事项530项，清理偿还政府欠款194亿元。为重大项目配备“项目管家”。

（一）大连市营商环境建设情况[①]

1. 在制度建设方面

2018年，为深入推动营商环境建设，及时纠正、有效解决营商环境建设中的工作偏差和重点问题案件，大连市依据省相关规章出台《大连市营商环境建设工作约谈制度》，以此促进营商环境建设责任落实。

2. 在压缩企业开办时间方面

大连市对现有审批和许可事项逐一深入论证，要求除关系国家安全和重大公共利益等的项目外，市场机制能有效调节的经济活动不再保留审批和许可。建立清单动态调整机制，规范完善权责清单。根据法律法规“立改废释”和国家、省职权调整决定，再取消调整部分行政许可等事项。在做好下放行政许可等职权承接落实工作基础上，实现了行政许可等事项“应减尽减”和“应放尽放”。深化相对集中行政许可权改革，强化市县行政审批服务机构职能。按照全省统一部署，启动

① 中共大连市委办公厅，大连市人民政府办公厅．大连市关于进一步优化营商环境的实施意见．[N]．大连日报．2018-12-05.

了变相审批和许可自查整改工作，在一定程度上杜绝了以备案、登记、行政确认、征求意见等为名行审批和许可之实的情况，消除了审批和许可的“灰色地带”。

3. 在行政审批服务管理方面

大连市努力推进工程建设项目审批制度改革。按照国家和省工作要求进一步统一审批流程，精简审批环节，完善审批体系，实现“一张蓝图”统筹项目实施、“一个系统”实施统一管理、“一个窗口”提供综合服务、“一张表单”整合申报材料、“一套机制”规范审批运行。加快工程建设项目审批信息管理系统建设。大力推广并联审批，推行联合勘验、联合测绘、联合审图、联合验收及区域评估。预计到 2019 年 6 月底前，大连市将进一步促进行政审批提质增效，实现审批流程再优化、审批手续再精简、审批时限再压缩。对工商、税务、刻章、社保等企业开办重点环节加大了优化力度，能合并办理的合并办理。为了优化刻制印章服务，合理增加了刻制印章企业数量。在办理企业登记事项的行政服务场所或共享平台上公布公章制作单位目录，申请人自主选择公章制作单位，严禁指定公章刻制企业，纠正和制止了垄断经营、强制换章、不合理收费等现象。落实相关制度修订及调整要求，按照上级统一部署，逐步将企业银行开户核准改为备案。

4. 在优化企业办税服务方面

大连市在优化流程、减少时间、改进服务上做出努力，在为新办企业提供集信息确认、户管注册、税种核定、资料发放、新办企业培训等一体服务的基础上，进一步优化了办税流程，推出“套餐式”服务事项，提高了企业办税效率。以“全程网上办”为原则，开展“一网通办”服务。计划于 2019 年年底前，实现涉税服务事项网上办理率达到 80%，2020 年年底前达到 90%。推进简易处罚网上办理、误征退税无纸化等工作，实现了纳税人在申报期内，对企业所得税、增值税申报数据可进行网上自主更正申报并补缴相应税款的功能，并计划在 2019 年年底前，将此项服务扩大到各个税种。简并申报缴税次数，实现网上办税系统与企业财务软件对接。

5. 全面推进“一网、一门、一次”改革

大连市进一步规范政务服务事项，实现了政务服务事项“一库管理”。按照“谁建设系统、谁负责对接”的原则，将各部门业务信息系统与市政务服务平台及省政务服务平台进行对接。加快推进政务信息资源交换共享工作。进一步规范审批标准、办事指南和时限，消除模糊条款，优化审批服务流程，制作易看易懂、实用简便的办理流程图。预计到2019年年底，大连市本级审批事项网上办理率不低于80%，除特殊事项外，全市各级政务服务事项基本实现“应进必进”，70%以上政务服务事项实现“一窗受理”，企业群众到政府办事提供材料减少60%以上，市本级100个高频事项实现“最多跑一次”。

6. 在提升项目服务水平方面

大连市进一步完善服务秘书制度，拓展服务范围，计划在未来实现所有规上企业配备服务秘书。在持续巩固发展区域内现有企业的基础上，加大招商引资力度，完善招商引资政策，加强策划宣传，以此增强企业投资者信心。以对口合作为契机，加大产业项目招商力度，不断优化招商引资项目结构。加强与产业政策、规划、土地、环保的衔接，提高招商引资签约项目落地率。落实关于扩大对外开放积极利用外资的若干政策措施，制定扶持政策，以优质外资增量带动产业结构优化升级。定期对招商引资项目落地和履约情况进行调度检查。

（二）营口市营商环境建设情况①

2018年7月25日，营口市第十六届人民代表大会常务委员会第六次会议通过了《营口市关于进一步优化营商环境的决定》。

1. 健全制度，完善机制，为优化营商环境提供有力保障

第一，2018年，营口市进一步健全优化了营商环境的体制机制，用制度保障了营商环境持续优化提升，发挥出了乘数效应。第二，结合党政机关和事业单位改革，理顺了全市营商环境建设监督机构设置，明确了“三定”方案，强化了工作职能，统筹、指导、协调、监督了全市营商环境建设工作。第三，营口市不断完善优化营商环境制度建设，贯彻落实了《辽宁省优化营商环境条例》《关于优化营商环境的实施意见》（营委发〔2017〕3号）。第四，实施了营商环境工作“一把手”工程，落实了行政首长负责制，强化了责任意识、落实主体责任，形成了政府领导、部门负责、各方齐抓共管、全社会参与的工作格局。第五，营口市于2018年强化了优化营商环境的队伍建设，加强了培训，提升了能力和待

① 2018年7月25日营口市第十六届人民代表大会常务委员会第六次会议通过的《营口市人大常委会关于进一步优化营商环境的决定》。

遇，激发了工作热情，为营商环境持续优化贡献力量。第六，营口市完善了营商环境建设的绩效考核工作，定期开展了营商环境建设考核评价，建立起科学奖惩机制，对正面典型进行奖励，对发现的问题问责追责，进一步激发了全市党员干部群众积极性。第七，营口市加大了对全市营商环境建设的典型事例和成功经验的宣传力度，加强了宣传造势、舆论引导，形成了改善营商环境做贡献的浓厚氛围。

2. 突出重点，精准创新，努力打造优质营商环境品牌

第一，2018 年，营口市坚持以新思维、新理念抓好营商环境建设，着力解决了制约和影响经济社会发展的各类“瓶颈”问题，从根本上提升营商环境建设品质和内涵。充分发挥“第三方评估”作用，就存在的弱项短板问题有针对性地开展了优化提升工作。通过倒逼机制，提升了营商环境整体水平。第二，营口市加快自贸区营口片区“多证合一”“证照分离”改革制度创新经验的推广、复制和宣传，用自贸区体制机制创新的“小气候”推动了全市营商环境大变样。第三，营口市继续压缩行政审批事项、加大简政放权力度，提高放权精准度和含金量，用政府权力的“减法”换取市场活力的“加法”。第四，营口市深入推进“双随机一公开”监管改革，创新权力下放的后续监管方式，大力推广普及自贸区“16 + X 集中监管执法”，通过综合执法、联合执法等多种方式，规范了监管行为，提升了监管质量，把好了监管尺度。第五，在完善“互联网 + 政务服务”模式上，营口市加强了部门间信息互联互通，加快推进了政府服务“一网通办”和企业群众办事“只进一扇门”“最多跑一次”的“一网、一门、一次”改革，形成了“营口速度”“营口效率”，解决了企业和群众反映强烈的办事难、办事慢、办事烦问题。第六，营口市通过加强“诚信营口”建设，建立健全了覆盖全社会的诚信体系，尤其是对企业和投资者要守信践诺，杜绝“新官不理旧账”，营造了向上向善、诚实守信的良好社会风尚。

3. 严督实查，标本兼治，从严从实抓好营商环境建设

2018 年，营口市坚持问题导向，聚焦群众反映集中、企业反映强烈、社会反映普遍的突出问题严督实查，有效整改，以整改促优化、促发展、促提升。要求全市各级、各相关部门要抓住机关作风整顿有利契机，集中力量对营商环境建设中存在的各类问题进行集中清理、集中规范、集中督办，建设“清”“亲”新型政商关系，构筑营商环境新高地。各级政府深入开展了“办事难”等各类专项整治行动，聚焦企业、群众反映强烈的“基层好狠”等问题，通过明察暗访、联动换访等方式，对不作为、慢作为、乱作为等问题进行了检查，及时通报检查结果，对存在问题的相关单位负责人进行追责。各级行政执法机关按照执法公示制度规定，对企业生产经营活动开展行政执法检查，编制年度行政执法检查计划；切实规范执法检查行为，同一行政执法机关对同一企业的执法检查每年不超过一次，同一系统的上级行政执法机关已对同一企业执法检查的，下级行政执法机关不再次检查，保护企业合法经营，做到了阳光执法，合法行政。各级监察机关聚焦党风政风工作重点，紧盯侵害群众利益、“四风”新动向和隐身变异等问题，强化压力传导，从严执纪问责，为打造风清气正的营商环境提供了坚强的纪律保证。各级法院对直接关系营商环境的案件，慎用查封、扣押、冻结、拍卖等强制措施，通过多做执行和解工作，防止因强制措施不当影响企业正常生产经营。各级检察机关通过建立起涉企案件快速办结机制，最大限度地减少了对企业正常生产经营活动造成的负面影响，提高了办案效率和质量，依法保护了各类市场主体权益。全市各类行业协会也行动起来，积极参与到优化营商环境建设之中，充分发挥了在政府和企业间的桥梁和纽带作用，精准传递了企业声音，强化了行业自律，为优化营商环境做出应有贡献。全市各级、各相关部门充分发挥好各自职能作用，在一定程度上消除了各类隐性壁垒和“潜规则”，全面优化了营商环境建设，用监督问责层层传导压力，促进了工作落实。

4. 强化服务，完善举措，大力提升政府部门服务水平

第一，2018 年，营口市通过进一步增强服务理念，从发展的角度、企业的角度、群众的角度出发考虑问题，着重在热情、高效、规范、廉洁服务上下功夫，把服务优势、制度优势转化为竞争优势。第二，通过进一步深化“放管服”改革，在抓好简政放权、放管结合工作基础上，着重提升和优化了服务水平。第三，营口市通过规范涉企收费，将没有法定依据的审批、审查、资格认证、中介服务、行政收费等予以取缔，切实减轻了企业负担。第四，营口市放宽市场准入政策，平等对待各类市场主体，破除阻碍民营经济发展的门槛和壁垒。第五，通过采用市场主体在投资核准、政府扶持、参与政府投资项目等方面享受同等待遇的方法，取消了没有法定依据的审批、投资限制、技术性审查、公共产品及公共服务指定。第六，营口市建立了各级领导干部负责联系企业的工作机制，落实“四个一”帮扶制度，深入企业开展“零距离”服务，想企业所想，急企业所急，排企业所忧，解企业所困。第七，营口市全面推进政务公开，政府有关部门要将本部门除涉密规定外的职责内容、工作程序、服务承诺、行政执法等履行职责的政务活动事项，通过网站、广播、电视、报刊等各类媒体向社会公开，接受社会监督，进一步扩大公众知情权、参与权和监督权。第八，营口市不断完善法律服务体系，优化公正服务，为群众和企业提供精准法律服务，有效化解各类矛盾。通过建立健全受理损害营商环境行为的投诉、举报制度，要求政府机关对于群众和企业对损害营商环境的举报投诉，要在 7 个工作日内做出书面答复。营口市通过不断加强人才队伍建设，完善人才培养使用、选拔评价、激励保障机制，落实创业创新人才引进的具体措施，在人才“引的来、留得住”上取得了实效。要求各级政府部门将提供优质高效、便捷周到的服务转化为思想自觉和行动自觉，竭尽全力为企业和群众服好务，不做影响发展的“中梗阻”。

5. 依法履职，积极作为，在营商环境建设中发挥人大作用

第一，营口市各级人大及其常委会发挥职能作用，议大事、抓重点、督落实，保证和促进营商环境持续优化。市人大常委会积极推动营商环境法治化建设，深入开展了营商环境立法调研，研究出台了优化营商环境相关地方性法规。第二，对营口市现行地方性法规、规章和规范性文件进行了清理，修改或废止与优化营商环境不适应、与改革发展不协调、与当前国家有关行政审批改革要求不相符合的地方性法规、规章和规范性文件，为营口市优化营商环境提供有力的法治保障。第三，营口市充分发挥依法监督职能，坚持问题导向，针对营商环境建设存在的问题组织代表开展了视察调研、执法检查和明查暗访等活动，推动了相关问题的解决，确保营商环境建设工作的有力推进、落实到位。营口市人大代表发挥表率作用，深入落实《关于在优化营商环境推进项目建设中进一步发挥人大代表作用的实施意见》，扎实开展“四个一”活动，深入基层、深入群众，收集企业和群众的诉求，积极提出意见和建议，为抓招商上项目宣传推介、牵线搭桥、建言献策，为加快推进营口振兴发展提供了有力保障。

（三）锦州市营商环境建设情况①

第一，坚持以智慧城市建设为依托深化“放管服”改革。2018 年，锦州市把智慧城市建设作为解决城市管理粗放松散、政务服务及营商环境不佳的重要抓

① 汤龙，王斯文．打造最优营商环境 让百姓共享锦州振兴发展成果［N］．人民网辽宁频道．2019－01－17．

手，深入学习上海、宜昌、南京等8座城市先进经验，在全省率先推行信息资源集中化、政务服务一窗化等六大方面26项重点改革任务，倒逼政府从“管”走向“服”，全面推行网格化管理、信息化支撑、全程化服务，推动群众和企业办事便利、便捷、高效。抓住华为辽宁大区（锦州）云计算中心在锦州建设契机，依托“华为云”进一步整合政务资源，全力打造新的市政务云平台。目前，华为数据中心土建工程已基本完工，业务信息系统迁移上云工作成效明显。警务云平台18台机柜已满负荷运行。政务云平台33台机柜，使用负荷率接近80%，已迁入41个市直部门的87个业务系统，7个部门的9个业务系统资源需求已通过审核，正在进行迁移。通过智慧城市建设，有效推动城市治理体系和治理能力现代化，切实提升城市精细化管理和营商环境建设水平。

第二，从优化机构职能入手优化营商环境。为全面优化营商环境，早在2014年，锦州就成立了机关作风监督局，专门整治机关“衙门”作风，并在媒体设立机关作风曝光台。2016年年底又加挂软环境领导小组办公室牌子，推动机关作风监督和软环境治理双管齐下。在2017年，省交办33件、市排查42个“办事难”问题全部办结，并公开曝光7起典型案例，特别是2起不动产登记业务的“办事难”问题，相关人员均受到党政纪处理，真正形成了震慑。2018年，锦州又抓住中央和省委自上而下推进机构改革的大好机遇，组建市营商环境建设局，作为政府工作部门之一，专职负责全市优化营商环境工作，给企业家提供反映诉求的渠道，对不利于营商环境建设的人和事、对基层办事人员的“吃拿卡要”等问题坚决予以查处。

第三，健全完善扶持民营经济发展政策，切实提高政策的实效性、含金量。对过去出台的一系列扶持民营经济发展的政策文件进行梳理，该合并的合并，不具备时效性的坚决清理废止，尤其是把2017年年底出台的促进民营经济发展10条政策进一步细化拓展，制定了《锦州市支持民营经济发展壮大的若干意见》，在降低民营企业生产经营成本，解决民营企业“融资难”“融资贵”问题，依法保护民营企业和企业家合法权益，推动民营企业高质量发展等方面出台了31条硬举措，都是针对性很强、企业迫切需要、支持力度空前的好政策。把这些政策纳入“重强抓”专项行动，各级各部门协同发力，一项一项分解，一件一件落实，坚决破除各种歧视性限制和隐性障碍，着力解决民营企业反映强烈的突出问题。

第四，建立广泛深入的沟通联络机制，做到真“亲”真“清”。为进一步密切与民营企业联系，及时帮助民营企业解决实际困难，锦州建立了领导干部与民营企业联系沟通和帮扶企业制度，实行市委常委、市政府副市长党政“双组长”负责制，确定了政策传达通报、对话监督、联谊交友等5项制度，市四大班子领导都分配了具体联系企业和联系人，坚持靠前服务，带头与企业家结对子、交朋友。各级党政机关主动当好民营经济发展的坚强后盾，定期走访企业，组织企业家座谈，一对一、点对点、实打实地帮助企业解决生产经营方面的问题。

第五，大力宣传企业家精神，在全市营造重视民营经济发展的良好氛围。2018 年 10 月，锦州市委召开了全市非公经济纪念改革开放 40 周年座谈会，与民营企业家朋友深入交流，进一步激励广大民营企业家创新创业的热情。2018 年年底，锦州又召开全市民营经济工作会议，深入贯彻落实总书记在民营企业座谈会上的重要讲话精神以及省加快民营企业发展大会精神，在全市营造尊重民营企业、弘扬企业家精神的浓厚氛围。同时，连续三年开展功勋企业和优秀企业家表彰活动，评选 50 家作出突出贡献的功勋企业和 100 位优秀企业家，鼓励企业和企业家创新突破，让广大企业真正感受到党和政府的关怀和支持。

（四）丹东市营商环境建设情况

2017 年，丹东市政府出台《丹东市优化营商环境专项整治督导组督导检查工作方案》，将开展 8 个专项整治，即整治法治环境方面存在的问题①；整治政务环境方面存在的问题；整治招商引资、市场准入方面存在的问题；整治政府侵占企业财产行为；整治违规增加企业负担行为；整治执法环境中存在的问题；整治特定行业服务不规范行为；整治小微企业“融资难”“融资贵”问题。在督导检查中，督导组将在各地区、各部门进行自查自纠的基础上，通过现场调查、与企业座谈、问卷调查、核查回访、督促整改等措施，检查整改落实情况，并把各地市场主体是否大幅度增加、市场主体对营商环境的满意度是否大幅度提高、民间投资是否明显增加、各项工作目标是否顺利完成、“八个凡是”的落实情况、开展专项整治的批次、解决实际问题的数量等，作为衡量营商环境建设工作是否取得实效的考核指标。督导组每季度会对各地区、各部门专项整治工作完成情况进行考核评价，凡是各地区、各单位在自查整改中没有发现的问题，或对发现的问题未按进度进行整改、依法依规进行处理的，将予以全市通报，情节严重的提请市监察局追究有关领导责任，并纳入绩效考核内容。目前，市营商环境建设监督局和市软环境建设领导小组办公室正在研究建立全市营商软环境建设考核评价机制，通过科学完整的机制对各地区、各单位的营商环境进行量化考核。

① 丹东市优化营商环境专项整治督导组督导检查工作方案［OL］，丹东新闻网，2017 - 3 - 17。

2018 年 12 月 26 日，丹东市召开营商环境社会监督员聘任大会①。218 名受聘监督员将开始履行监督职责。丹东市通过人大代表、政协委员、侨联、民营企业家协会、各行业协会、各县（市）区推荐，筛选出各行业有影响力、有代表性的企业家及各行业协会负责人共 218 人作为 2019 年营商环境社会监督员。监督范围包括全市各级党政机关、人民团体、事业单位、基层站（所）及具有公共服务性质的企事业单位及其工作人员等，具体对全市行政审批、政务公开、服务承诺、特定行业服务规范、行政执法及基层窗口服务等情况进行监督；收集并反馈社会各界对全市营商环境建设的意见建议，及损害营商环境的问题；参与全市营商环境监督综合测评及与营商环境有关的座谈、调研等工作；配合营商环境监督检查部门开展投诉举报信息核查等工作；宣传全市优化营商环境建设的有关政策、规定及措施，以及做好市营商环境建设局委办的其他工作。

（五）盘锦市营商环境建设情况②

2017 年以来，盘锦市各级政府围绕优化营商环境、完善体制机制、推进结构调整以及发展环境与市情、强化人才支撑等方面集中开展大调研活动，认真总结分析制约经济社会发展的问题所在。在体制机制建设方面，就转变政府职能简政放权、政府机构改革、财税体制改革、优化营商环境、经济园区创新发展等课题进行了深入研究。通过大调研、各专题调研组共查找问题 26 大类，摆出具体问题和现象 500 多个，为盘锦深化改革找到了突破口和切入点。

走出去向先进地区学习优化营商环境的举措，成为盘锦市调研的重点，无论是市直各部门还是各县区、经济区，都在通过调研提升服务企业的水平。辽东湾新区管委会先后赴上海自贸区和天津滨海新区考察学习，重点研究以简政放权、放管结合制度创新为核心的投资管理制度、贸易监管制度、金融制度和事中事后管理制度。通过考察，辽东湾新区根据单一窗口集中受理、信息共享、社会力量参与市场监督制度等先进地区的经验，结合省、市工作实际提出创新建议 44 项，将辽东湾新区打造成辽宁沿海经济带所有园区中开放最彻底、政策最透明、服务最高效的“自贸区”。

为使决策更加科学，在内部充分调研的基础上，盘锦市还借助“外脑”为

---

① 景翩翩．丹东 218 名营商环境社会监督员上岗［N］．辽宁日报．2018－12－18.

② 开展调查研究，借力“外脑”智库为盘锦优化营商环境先把脉后决策［OL］．东北新闻网．2017－3－23.

决策“把脉”。盘锦正逐步建立起各行各业的发展智库，形成盘锦发展的“外脑”。年初，盘锦委托上海元方智库，并特别邀请中央党校、国家行政学院、国家会计学院、复旦大学等单位的专家学者共同对 2016 年“四个着力”全链条落实体系的完成情况进行评估。评估组历时一个半月，形成了 4 个专项报告。在《着力完善体制机制第三方评估报告》中，重点对行政审批制度改革和优化营商环境等方面进行了评估。专家团队对标先进地区的行政审批制度和营商环境，找出了盘锦存在的不足，同时给出具体整改建议。盘锦市正按照整改建议，一项一项进行整改，全面优化营商环境。

通过多次专题调研并借助“外脑”，盘锦实现了把情况弄清、把问题找准的目标，更加坚定了发展信心。作为一个中等规模城市，盘锦是国内为数不多的人均地区生产总值超过 1 万美元的城市。盘锦加速集聚各种资源要素，形成了在全省乃至全国城市发展中脱颖而出的竞争优势，进入了向更高层次发展的良性循环轨道。盘锦提出“要用国际化视野谋划盘锦发展，站在国家平台推动盘锦建设”，大力优化营商环境，吸引更多投资，加快建成国际化中等发达城市。

2018 年 12 月，国家发展改革委“民营企业在东北”专题调研组一行 9 人，赴盘锦市调研多家民营企业。调研中发现，盘锦市各级政府按照“放管服”要求，大力开展行政审批改革，减轻企业负担，提高服务效能。中蓝所在的盘锦高新技术产业园区在全省率先推行企业注册电子化改革，构建“全程代办”和“全程我办”服务体系，实行“一站式”审批服务，为配套企业入驻提供便利，对企业发展起到推动作用。据了解，在全力建设“亲、清”型政商关系的整体工作思路指导下，当前，盘锦市营商环境呈现出了良好态势，充分体现了“亲商、爱商、安商”的浓郁氛围，结合“放、管、扶”相结合，层层简化企业相关审批手续，精准服务、精心培育、精密扶持，在企业项目建设、手续审批、业务办理等方面，坚持以服务为宗旨，提供“一站式”帮扶，有力地推动了企业的健康、和谐发展。

（六）葫芦岛市营商环境建设情况①

葫芦岛市首先建立广泛、有力的工作机制。营商环境建设工作机制层次高、涉及面广，具有鲜明的目的性、带动性、整体性，突出主要领导率先垂范，打破部门界限，抓住了工作重点，形成了工作合力，使优化营商环境真正融入全市大局。

---

① 葫芦岛打基础建制度积极构建营商环境建设长效机制［OL］. 凤凰网辽宁 . 2017 - 7 - 20.

调整完善了以市委书记和市长为组长的软环境建设工作领导小组，明确各成员单位职责。坚持机构组建、人员到位、工作推进“三同时”，组建了集营商环境建设、督查、考核于一体的市营商环境建设监督局，统筹全市营商环境建设工作，各县（市）区、开发区也同步建立营商机构。市委、市政府为市营商局明思路、配班子、出点子、压担子、解难题，创造良好的外部环境。他们还把优化营商环境建设纳入各级党委政府重要日程，并作为市委选人、用人的重要参照，完善了“党委领导、政府主抓、人大政协监督、相关部门各负其责、企业和群众广泛参与”的工作机制。他们把优化营商环境作为“一把手”工程，主要领导亲自挂帅，分管领导具体负责，形成了一级抓一级、层层抓落实的工作格局。

其次是健全规范、长效的制度体系。为确保省、市优化营商环境决策、部署和《辽宁省优化营商环境条例》全面落实，葫芦岛市出台了《中共葫芦岛市委 葫芦岛市政府关于打造一流营商环境的意见》，制定了《葫芦岛市人民政府关于加强政府系统党的建设 转变工作作风 提高行政效能的实施意见》《葫芦岛市优化营商环境建设年实施方案》《葫芦岛市 2017 年开展损害营商环境问题专项整治行动方案》等系列文件，形成了工作推进、评议评估、投诉举报、督查巡查、考核问责、综合协调等 26 个制度（文件）、四级制度（文件）体系，做到标准高、监督实、问责严，为营商环境建设抓早、抓实、抓久提供制度保障。

此外，他们还采取有序、有效的活动方式，多渠道查问题，深化专项整治，开展案件“大起底”，实施审批流程优化再造，不断探索投资项目审批新模式，并积极委托第三方评估机构随机抽取项目，就其涉及的相关部门、多项审批展开深入调查分析。强化教育，营造氛围。把营商环境建设纳入“一校两院”培训体系，并作为重点研究课题；举办“葫芦岛大讲堂”，邀请法律专家对《辽宁省优化营商环境条例》进行解读，同时组织律师团深入企业宣讲《条例》，提供法律服务；出台了《葫芦岛市优化营商环境宣传工作方案》，广泛发动社会各界力量，充分发挥传统媒体和新媒体作用，大力宣传营商环境建设的重要意义、政策措施、先进典型和经验做法，对不良现象及时曝光。

二、辽宁沿海经济带营商环境评价指标体系构建

（一）构建的原则

从理论层面上看，营商环境的指标越全面越好，但是由于受到定量分析方法

和数据收集的限制，在实践中，只能有针对性地选取具有一定代表性的指标，并且应遵循以下的几个原则：

（1）科学性原则。指标的选择，指标权重计算方法的确定，数据的选取、整理、计算等都要建立在科学的基础上，最终形成的指标体系才能够真实、有效地反映营商环境的客观规律，从而为城市提升营商环境的对策建议提供科学、可靠的依据。

（2）综合性原则。在指标选取上，要综合考虑指标的内在联系，既要尽可能全面地反映营商环境的各个方面，又要尽量避免冗余。同时为了清晰地反映营商环境，便于横向比较，要按照指标层次的高低，设立一级指标和二级指标，对指标体系进行分层。

（3）可行性原则。在众多反映城市营商环境的指标中，要按照可行性原则选取适宜的指标。首先，指标的数据必须是能够收集到的或者通过收集简单处理得到的，对于理论上具有重要性，但是在现实操作中无法获取的数据尽量不采用。其次，为了便于对比分析，尽可能地采用容易量化的指标，对定性指标尽量少用，或者选取定性指标中能够间接赋值计算的指标，以减少主观臆断。

（二）指标的选取

根据国内外营商环境案例研究成果，结合营商环境的内涵、特征，按照科学性、综合性和可行性原则，从辽宁沿海经济带的实际情况出发，本报告形成了辽宁沿海经济带营商环境评价指标体系（见表 5.1）。此指标体系主要参照了《2017 年中国城市营商环境报告》。随着城市营商环境理论的不断完善、研究的不断深入，指标的选取也会不断充实、修改和完善。

本报告所用数据基本上是来自 2018 年度的《辽宁统计年鉴》、各地级市的《2018 年国民经济和社会发展统计公报》或在此基础上整理而成的。这样获取来的数据能够最大限度地保证统计口径的一致性，从而增强城市间指标的可比性，便于辽宁沿海经济带内主要城市营商环境的比较。

指标体系解释如下：

软环境：软环境是指相对于自然地理、资源状况、基础设施等物质条件以外的政策、法律、制度、文化等外部条件和要素的总和。软环境是一个地区市场发育水平、政府管理水平和社会文明程度的综合体现，是推动社会经济发展的重要因素。良好的软环境是生产要素聚集的洼地、高端人才向往的高地，是经济发展的新“动力源”。

市场环境：市场环境包括市场结构、市场容量、市场规则、市场参与者等。它从总体上衡量一个地区的经济发展水平，是地区持续发展的基础和保障，反映了地区对资源的配置能力和对生产要素的利用能力。市场环境不仅体现一个地区经济发展所处的阶段和水平，更预示着地区未来参与竞争所具备的能力。

商务成本：商务成本是企业为获取从事生产经营活动所必需的资源和服务而产生的交易性耗费的补偿价值以及各种社会性支出的总和。一般来说，商务成本分为三个部分：一是要素成本，又称为“硬成本”，包括土地成本、原材料成本、水电煤气成本、劳动力成本、资本成本、交通通信费用以及当地生活费用等；二是交易成本，又称为“软成本”，包括政府部门工作效率、法规政策（税率、各类行政事业性收费等）、市场运行规范程度、要素配置市场化程度、经济信息可获得程度等方面；三是社会性支出，是除了要素成本和交易成本之外的，又属于商务成本的成本，如养老保险、医疗保险、环境保护等。其中，要素成本最为常见；交易成本由于其复杂性和不确定性，引起越来越多的关注，定性分析的比较多；社会性支出在商务成本中占比很小。鉴于数据的可得性，本报告只研究商务成本中的要素成本，即“硬成本”。

城市基础设施：城市基础设施分为工程性和社会性两种。工程性基础设施是指交通系统、通信系统、能源系统、防灾系统等。社会性基础设施则指医疗卫生、金融保险、文化教育、社会福利等。城市基础设施是企业在城市中进行各种生产服务和其他社会活动的基础，是企业实现经济效益的必要条件之一。本报告从指标体系的整体设计考虑，城市基础设施仅包括工程性基础设施；社会性基础设施归为社会服务环境一级指标中。

社会服务环境：社会服务环境主要包括指医疗卫生、金融保险、文化教育、社会福利等。它由政府部门、经济合作组织、行业协会和其他服务组织构成，是集政府公共服务体系和群众自我服务体系于一体的综合性服务系统。社会服务环境中政府起着决定性作用，政府作为城市的管理者和参加者，利用财政收入为城市提供公共产品和服务，同时又为城市制定发展战略。

生态环境：生态环境是影响人类生产和生活的水资源、土地资源、生物资源、气候资源等各种自然力量和作用的总和。人类对自然环境破坏和污染达到一定程度会危害到人类自身的生存。生态环境越来越引起关注，要“像对待生命一样对待生态环境”，促进绿色发展。

表 5.1　　辽宁沿海经济带营商环境评价指标体系

一级指标	二级指标	指标类型
软环境	人均地方公共财政预算支出（元）	正向
	人均金融机构贷款余额（元）	正向
	人均固定资产投资（元）	正向
	产品销售率（%）	正向
市场环境	人均 GDP 总量（万元）	正向
	GDP 增长率（%）	正向
	人均进出口总额（亿美元）	正向
	人均社会消费品零售额（元）	正向
商务成本	工业成本费用利润率（%）	正向
	工业土地价格（元/平方米）	负向
	职工年平均工资（元/年）	负向
城市基础设施	人均拥有道路面积（平方米）	正向
	人均港口货物吞吐量（吨）	正向
	人均铁路货运量（吨）	正向
	每万人拥有公路里程（公里）	正向
社会服务环境	每千人医疗床位数（张）	正向
	每万人拥有授权发明专利数量（项）	正向
	每十万人口高校在校生人数（人）	正向
	城镇适龄人口就业率（%）	正向
生态环境	环境空气综合指数	负向
	城市人均公园绿地面积（平方米）	正向
	一般工业固体废物综合利用率（%）	正向

（三）指标编制方法

1. 测量方法的选择

在多指标决策中，科学确定指标权重是十分重要的。指标权重反映指标在指标体系中的重要程度，对指标体系影响越大，权重也应该越大。不同的指标权重会产生不同甚至是截然相反的测算结果，从而影响对评价对象的正确认识。因此，要慎重选择指标权重的测算方法。

指标权重的测算方法包括主观赋权法和客观赋权法。

主观赋权法是从评价者自身出发，根据其主观认为的重要程度对指标赋权。常用的主观赋权法包括：德尔菲法（Delphi）、层次分析法（AHP）、特征向量法等。这种方法主要是由专家根据其主观经验判断，并通过数学处理获得反映指标重要程度的权重。这种方法的优点是指标权重不会出现与现实明显不一致的情况；缺点是主观随意性太大，不易判断出指标与评价对象之间的内在联系。

客观赋权法，一般是依据原始数据之间的相关关系与变异程度，通过决策矩阵，运用一定的运算方法来确定权重。该方法的判断结果不依赖于人的主观判断，有较强的客观性和数学理论依据。常用的客观赋权法主要有均方差、熵值法、主成分分析法以及变异系数法等。主成分分析法利用降维的思想，用多个指标提炼出几个综合指标来替代原有指标，各成分所包含的信息占总信息的百分比就是该成分的权重，进而达到充分解释评价对象的目的。这种方法可以消除指标之间的相关影响，减少了指标选择的工作量，有专门的软件便于计算，但容易造成信息的缺失，并且主成分的解释含义会带有一定模糊性，从而影响评价结果的准确性。熵值法是用信息熵来评价系统内部信息的有序程度和效用大小的一种方法，在综合评价系统中较为常用。通过计算信息熵，根据指标相对变化程度对整个系统的影响来确定权重。一般认为，熵值法可以比较深刻地反映指标信息熵的效用价值，不仅能够克服确立权重的主观性和指标信息重叠等问题，还可以反映指标的相对重要性，因此具有较高说服力和可行度。根据营商环境评价指标体系所选取的数据特征，本报告将采用熵值法来对辽宁沿海经济带的营商环境评价指标体系进行赋权，以此达到较高的可信度并在此基础上做出尽可能科学准确的测量与评价。

2. 指标权重的计算

熵的概念是由德国物理学家克劳修斯于 1865 年首次提出的。最初应用于热力学，随着物理统计、信息论等一系列科学理论发展，其在概率论、控制论、生命科学、天体物理等领域都有重要应用。熵的本质是一个系统“内在的混乱程度”，即用于度量一个体系混乱的程度。熵值法的基本原理是通过计算指标信息熵，依据各个指标所含信息量的大小以及指标相对变化程度对整个系统的影响来确定其权重。指标包含的信息量越大，不确定性越少，熵也就越小；指标包含的信息量越小，不确定性越大，系统越混乱，熵也就越小。

熵值法的基本步骤：

第一步，原始数据的收集与和整理。例如，要衡量辽宁沿海经济带 6 市的营商情况，评价体系内共含有 j 项评价指标，则所得矩阵为：

$$M=\begin{bmatrix} x_{11} & x_{1j} \\ x_{i1} & x_{ij} \end{bmatrix} \tag{5.1}$$

第二步，指标的标准化。为了使评价指标体系中的各项指标之间具有充分的可比性，就要消除指标单位及量纲的影响，因此，首先要对指标进行标准化。

（1）正向指标，其指标数值大，代表对营商环境具有提升作用，如开办企业便利度、GDP、GDP 增长率等。对于此类指标，采用如下公式进行标准化：

$$x'_{ij}=\frac{x_j - x_{min}}{x_{max} - x_{min}} \tag{5.2}$$

逆向指标，即指标数值越大对营商环境的影响越不利，如税负水平、工业水价、工业电价等。对于逆向指标，采用如下公式进行标准化：

$$x'_{ij}=\frac{x_{max} - x_j}{x_{max} - x_{min}} \tag{5.3}$$

（2）计算第 j 项指标在指标体系中占的比重。

$$y_j = \frac{x'_{ij}}{\sum_1^i x'_{ij}} (0 \leqslant y_j \leqslant 1) \tag{5.4}$$

第三步，计算指标的信息熵 e 和信息效用值 d。

（1）计算第 j 项指标的信息熵值：

$$e_j = -k\sum_1^i y_j Lny_j \tag{5.5}$$

其中 k 为常数，$k=1/Lni$。

（2）计算某项指标的信息效用 d。

每个指标的信息效用价值取决于与该项指标的信息熵之间的差值，这个差值直接影响权重大小，值越大，权重也越大，计算公式为：

$$d_j = 1 - e_j \tag{5.6}$$

第四步，计算评价指标权重 W。

用熵值法估算每项指标的权重，实际上就是利用信息上的价值系数来确定其权重大小，价值系数越高，则对应的指标体系权重越大，指标评价对象也越重要，对评价结果贡献也越大。

第 j 项指标的权重：

$$w_j = \frac{d_j}{\sum_{1}^{j} d_j} \quad (5.7)$$

第五步，计算指标得分 P 和样本综合评价值 U。

根据指标权重，计算指标得分：

$$p_j = y_j \times w_j \quad (5.8)$$

利用加权求和公式，计算评价对象的综合评价值：

$$U = \sum_{1}^{j} y_j w_j \times 100 \quad (5.9)$$

其中，U 为综合评价值，U 越大，评价对象的效果越好。通过比较不同地区 U 值的差别可以分析营商环境。

三、辽宁沿海经济带营商环境评价

（一）软环境

营商软环境包括政府公共财政投入水平、金融市场发展水平、工业制造成本水平、招商引资水平、市场流通水平等因素。以上因素的代表指标如下：

地方公共财政预算支出，是地方政权为行使其职能，对筹集的财政资金进行有计划的分配使用的总称。地方公共财政预算支出，体现政府的活动范围和方向，反映财政资金的分配关系。

金融机构贷款余额，指某一时点金融机构贷款金额，其中金融机构主要包括商业银行和政策性银行、非银行信贷机构和保险公司。金融机构贷款余额的多少，反映了地区金融业的发展水平的高低。

工业成本费用利润率，指在一定时期的利润与成本费用之比，是反映工业生产成本及费用投入的经济效益指标，同时也是反映降低成本的经济效益的指标。

500 万元以上新开工项目数量，反映的是地区招商引资工作质量的重要指标，同时也反映了投资者对于在该地区投资的信心。

产品销售率，指一定时期内销售产值与同期全部工业总产值之比，反映工业产品生产已实现销售的程度。

辽宁沿海经济带内主要城市软环境排名如表 5.2 所示。

表 5.2　　辽宁沿海经济带内主要城市软环境排名

城市	软环境排名	人均地方公共财政预算支出（元）	人均金融机构贷款余额（元）	人均固定资产投资（元）	工业产品销售率（%）
大连	1	15462.10	200950.10	27782.26	97.44
营口	3	9349.44	91744.54	19842.46	99.13
锦州	4	8017.91	58272.63	12073.98	97.36
丹东	5	8528.29	61855.64	10227.70	97.09
盘锦	2	14245.11	70556.03	46595.23	97.72
葫芦岛	6	7179.67	41180.71	8051.82	98.30

数据来源：《辽宁统计年鉴（2018）》。

（二）市场环境

市场环境通过 GDP（地区生产总值）总量、人均 GDP、GDP 增速、进出口总额、社会消费品零售额进行测算，数据来源于《辽宁统计年鉴（2018）》。

辽宁沿海经济带内主要城市市场环境排名如表 5.3 所示。

表 5.3　　辽宁沿海经济带内主要城市市场环境排名

城市	市场环境排名	人均 GDP 总额（万元）	GDP 增长率（%）	人均进出口总额（美元）	人均社会消费品零售额（元）
大连	1	11.75	9.4	5989.28	62573.56
营口	3	5.48	6.8	1004.19	22888.04
锦州	4	3.64	9.6	487.12	21418.43
丹东	5	3.35	6.9	438.72	24337.04
盘锦	2	8.39	6.7	995.12	30343.71
葫芦岛	6	2.59	8.4	260.18	17976.71

数据来源：《辽宁统计年鉴（2018）》。

（三）商务成本

商务成本包括工业成本费用利润率、平均房价、职工年平均工资等指标。

劳动力价格中，采用各市城镇单位就业人员年平均工资进行测算。数据来源于《辽宁统计年鉴（2018）》。

辽宁沿海经济带内主要城市商务成本排名如表5.4所示。

表5.4　　辽宁沿海经济带内主要城市商务成本排名

城市	商务成本排名	工业成本费用利润率（%）	工业土地价格（元/平方米）	职工年平均工资（元/年）
大连	5	3.92	115～360	81884
营口	2	5.76	140～200	50074
锦州	1	6.74	115～180	54892
丹东	3	3.34	115～180	42230
盘锦	6	-1.74	140～240	45890
葫芦岛	4	0.28	115～220	55037

数据来源：《辽宁统计年鉴（2018）》《辽宁省协议出让国有土地使用权最低价标准》。

（四）城市基础设施

城市基础设施包括人均拥有道路面积、港口货物吞吐量、货运量、每百人拥有电话户数、每千人拥有的公共汽电车数、每千人拥有的出租车数，共6个指标，分别测算城市的公路设施、港口设施、货运设施、电话通信设施、公交服务、出租车服务的水平。

辽宁沿海经济带内主要城市基础设施排名如表5.5所示。

表5.5　　辽宁沿海经济带内主要城市基础设施排名

城市	城市基础设施排名	人均拥有道路面积（平方米）	人均港口货物吞吐量（吨）	铁路货运量（吨）	每万人拥有公路里程（公里）
大连	1	13.80	69.73	27.27	201.19
营口	3	7.62	146.03	0.07	18.61
锦州	5	11.88	31.02	0.54	23.21
丹东	2	14.43	63.78	4.07	39.89
盘锦	4	13.03	26.60	1.09	29.81
葫芦岛	6	11.44	6.67	0.70	33.74

注：数据源自各市《国民经济与社会发展公报》。

（五）社会服务环境

社会化服务环境针对医疗服务、科技服务、融资服务、教育服务、养老服务5个方面，分别使用每万人医疗床位数、科技投入占GDP比例、金融机构本外币贷款占GDP比例、学生人数与常住人口之比、城镇职工基本养老参保比例来测算（部分数据不可获得，因为变动不会很大，部分采取了2015年可比较的数字，但是不影响排名）。

科技投入是由全社会（包括政府、企事业单位、社会团体和个人等）投入的，用于研发活动、科技成果转化应用和科技服务这三类活动的全部资金投入。科技投入是企业进行创新活动的物质基础和有力保障，是促进经济增长的重要因素。只有不断加大科技投入力度，优化升级科技投入结构，才能够使科技对经济和社会的推动作用更明显。

各市的学生人数包括幼儿园在园人数、小学生在校人数、普通中等学校在校人数、各类中等职业教育在校人数、普通高等教育在校人数（仅包括本、专科人数）等。鉴于指标数据的可得性和可测算性，指标统计中不包括研究生及以上在校学生人数，成人高等教育和特殊教育人数。

基本养老保险要包括城镇职工基本养老保险和城乡居民基本养老保险，是我国养老保险体系的核心，也是退休人员收入最主要的来源。鉴于本报告考虑的是地区的营商环境，采用城镇职工基本养老保险更贴切。

辽宁沿海经济带内主要城市社会服务环境排名如表5.6所示。

表5.6　辽宁沿海经济带内主要城市社会服务环境排名

城市	社会服务环境排名	每千人医疗床位数（张）	每万人拥有授权发明专利数量（项）	每十万人口高校在校生人数（人）	城镇适龄人口就业率（%）
大连	1	6.83	25561	6304	97.6
营口	5	5.90	276	770	97.0
锦州	2	5.84	410	3476	96.1
丹东	4	7.57	137	1189	96.3
盘锦	3	7.09	576	549	97.5
葫芦岛	6	5.71	161	657	95.2

数据来源：《辽宁统计年鉴（2018）》。

（六）生态环境

生态环境指标包括环境空气综合指数、城市人均公园绿地面积、一般工业固体废物综合利用率。

辽宁沿海经济带内主要城市生态环境排名如表 5. 7 所示。

表 5. 7　　辽宁沿海经济带内主要城市生态环境排名

城市	生态环境排名	环境空气综合指数	城市人均公园绿地面积（平方米）	一般工业固体废物综合利用率（%）
大连	3	101	11. 11	78. 45
营口	4	116	10. 86	90. 48
锦州	5	142	13. 45	89. 72
丹东	6	85	9. 97	40. 89
盘锦	2	126	12. 34	95. 71
葫芦岛	1	125	14. 78	94. 75

数据来源：《辽宁统计年鉴（2018）》。

注：环境空气综合指数数据源自网络数据统计。http：//www. tianqi. com/air/liaoning. html.

（七）营商环境排名

依据前面介绍的指标权重计算方法，通过测量得出，软环境指标占比为 22. 15%，市场环境指标占比为 24. 12%，商务成本指标占比为 11. 08%，城市基础设施指标占比为 24. 16%，社会化服务指标占比为 13. 69%，生态环境指标占比为 6. 72%。具体各市营商环境的得分见表 5. 8。

表 5. 8　　辽宁沿海经济带城市营商环境排名

城市	营商环境排名	软环境排名	市场环境排名	商务成本排名	基础设施环境排名	社会服务环境排名	生态环境排名
大连	1	1	1	5	1	1	3
营口	2	3	3	2	3	5	4
锦州	4	4	4	1	5	2	5

续表

城市	营商环境排名	软环境排名	市场环境排名	商务成本排名	基础设施环境排名	社会服务环境排名	生态环境排名
丹东	5	5	5	3	2	4	6
盘锦	3	2	2	6	4	3	2
葫芦岛	6	6	6	4	6	6	1

在上一章对城市营商环境内涵界定的基础上，本报告根据科学性、综合性、可行性的原则，从软环境、市场环境、商务成本、城市基础设施、社会服务环境、生态环境这六个维度，共选取了22个有代表性的指标来构建营商环境评价体系，并最终形成了营商环境指标评价体系。在此基础上，通过比较测量方法，选择熵值法来测算各项指标的权重，进一步得出辽宁沿海经济带内主要城市2018年营商环境的评分和总体排名。

四、辽宁沿海经济带营商环境分析

从排名来看，辽宁沿海经济带内城市营商环境排名顺序为大连、营口、盘锦、锦州、丹东、葫芦岛。其中，除了大连市以35.03分高居榜首外，营口、盘锦、锦州、丹东四市的综合得分处于11.97～14.24分，总体差别不大，葫芦岛市以8.29分居末位。大连市在软环境、市场环境、基础设施和社会服务环境方面均居经济带内的首位；锦州以较低的商务成本居经济带内的首位；葫芦岛市的生态环境在经济带内各城市之中排名第一。

（一）软环境分析

从营商软环境来看，排名前三位的是大连、盘锦和营口。从政府公共财政预算支出上看，大连市和盘锦市分别以人均1.55万元和1.42万元领跑经济带内其他城市，说明大连市对于公共安全、教育、科学技术、文化体育、社会保障和就业、医疗卫生、环境保护、交通运输、工商业及金融业发展等公共服务的投入高于经济带内的其他城市。从金融机构贷款余额上看，大连市以人均20万元在经济带内城市中居首位，说明大连市的金融市场的活跃程度优于其他城市，同时也说明大连企业的信贷环境要优于其他城市。从人均固定资产投资上看，盘锦市以人均固定资产投资 4.6 万元在经济带内城市中居首位，反映出盘锦市的社会再生产活动的活跃程度优于其他城市，在一定程度上说明了盘锦市未来经济增长具有较好的潜力。从工业产品销售率上看，辽宁沿海经济带内主要城市的工业产品销售率均在 97% 以上，各城市之间的差异不大，且与近五年的统计数值持平，说明辽宁沿海经济带内经济运行比较平稳（见图 5.1）。

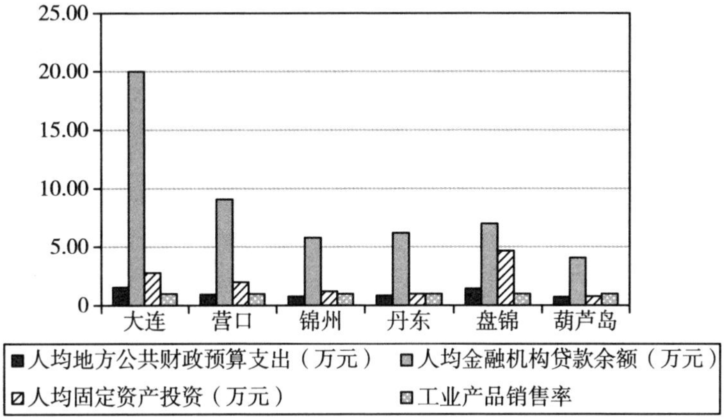

图 5.1　辽宁沿海经济带内城市软环境统计数据比较

（二）市场环境分析

在市场环境方面，随着振兴东北步伐的推进，辽宁沿海经济带的经济发展呈现出抬头态势。从 GDP 的增长率上看，辽宁沿海经济带内各城市的 GDP 增长率均高于辽宁省 5.7% 的平均水平。其中，锦州市的 GDP 增长速度最快，以 9.6% 领跑辽宁沿海经济带内其他城市；大连市以 9.4% 的增长率位居第二；盘锦市以 6.7% 居于末位。从人均 GDP 总额上看，虽然锦州的 GDP 增长率较高，但人均 GDP 总额只有 3.35 万元，说明锦州市前期的经济发展滞后，在辽宁沿海经济带内的六个城市中位居第五。大连市的人均 GDP 总额为 11.745 万元，在经济带内排名第一位，且 GDP 增长率为 9.4%，说明大连市的经济发展形势在辽宁沿海经济带内六大城市中是最好的。从人均进出口总额上看，大连市作为辽宁沿海经济带内对外开放的窗口城市，国际贸易优势明显，人均进出口总额达到 5989.28 美元，是其他五个城市的总和。从人均社会消费品零售额上看，大连市以 62573.56 元排名第一，说明大连市整体的市场消费水平较高。从六大城市的排名上看可以发现，不同城市的市场消费水平基本上与人均 GDP 总额之间存在较强的相关性（见图 5.2）。

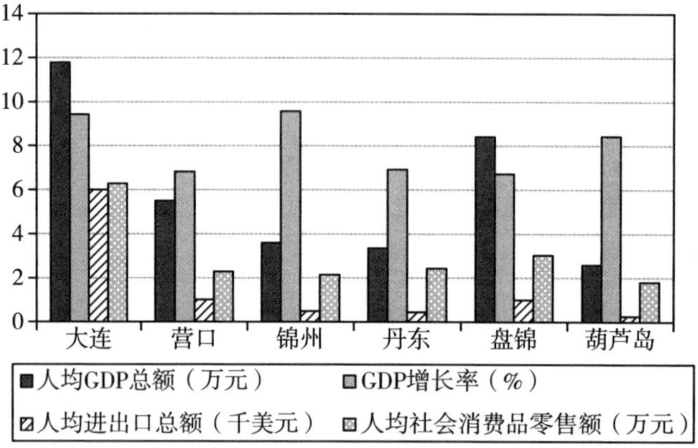

图 5.2　辽宁沿海经济带内城市市场环境统计数据比较

（三）商务成本分析

在商务成本方面，随着辽宁沿海经济带内工业土地价格和劳动力成本的逐年上涨，各城市原有的商务成本优势正呈现出逐步弱化的趋势。其中工业土地价格成为影响商务成本的最主要因素。由于近年来工业土地资源的逐年减少，导致辽宁沿海经济带内工业用地的土地使用权价格有了较大幅度的上涨，并且这种趋势将继续保持下去。未来，是否存在可利用的工业土地资源可以成为当地 GDP 发展是否具有后劲的关键因素。其次，劳动力价格上涨和知识性员工流失等问题，是造成辽宁沿海经济带内各大城市商务成本上涨的重要原因。在辽宁沿海经济带内的六个城市中，锦州市以 6.74% 的工业成本费用利润率、较低的工业土地价格和工资水平成为辽宁沿海经济带内成为成本最低的城市（见图 5.3）。

（四）基础设施环境分析

在城市基础设施方面，辽宁沿海经济带的交通运输投资主要集中在辽南地区，但是其对经济的促进作用正在减弱，而辽西地区的基础设施投入严重不足，制约了当地的经济发展。其中，表现最为明显的是大连市的人均铁路货运量和每

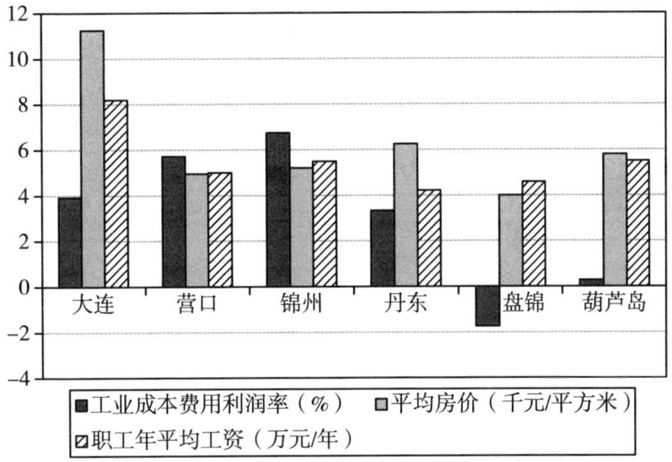

图 5.3 辽宁沿海经济带内城市商务成本环境统计数据比较

万人拥有公路里程数量均比其他五市人均铁路货运量和每万人拥有公路里程数量的总和还要多，这说明在辽宁沿海经济带内，铁路和公路交通资源的分配存在明显的不均衡现象（见图 5.4）。

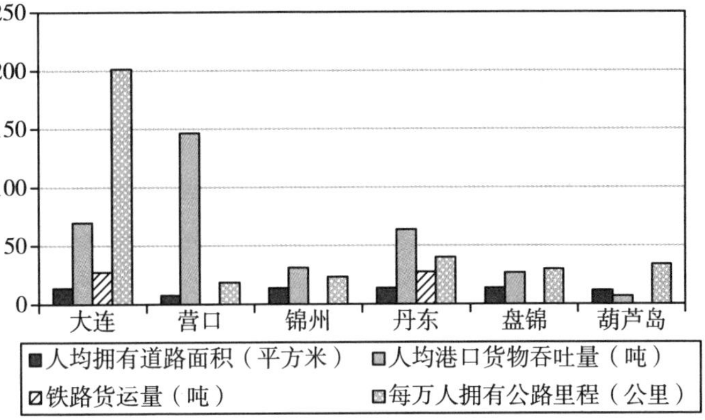

图 5.4 辽宁沿海经济带内城市基础设施环境统计数据比较

（五）社会服务环境分析

社会服务设施环境排名是大连、锦州、盘锦、丹东、营口和葫芦岛。从医疗条件上看，大连市是辽宁沿海经济带内医疗资源最为丰富的城市，但是由于大连市的人口基数大，使大连市的人均医疗资源在辽宁沿海经济带六大城市中仅排在第三位。从科学技术研究环境上看，大连市作为辽宁沿海经济带内以技术创新为特点的城市，其授权发明专利的数量远远高于其他城市，说明大连市整体的科技研发氛围已经形成。在教育资源上看，大连、锦州成为辽宁沿海经济带内教育资源最丰富的城市，这也说明了教育资源在辽宁沿海经济带内同样存在分配不均衡的现象。从城市提供的岗位数量上看，大连、盘锦的城镇适龄人口就业率最高，分贝达到97.6%和97.5%；葫芦岛的城镇适龄人口就业率只有95.2%，就业形势不容乐观（见图5.5）。

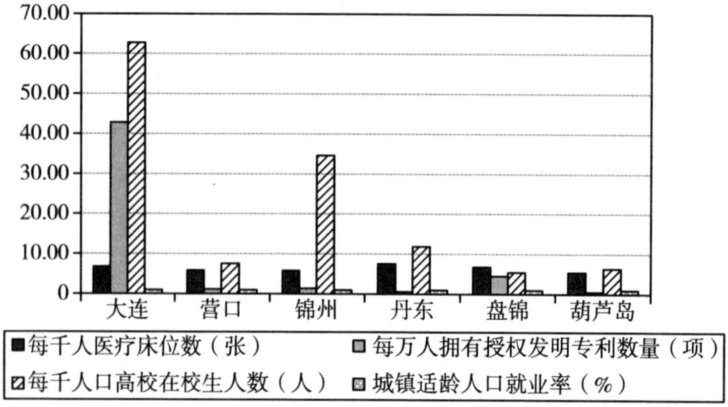

图5.5 辽宁沿海经济带内城市社会服务环境统计数据比较

（六）生态环境分析

生态环境是影响投资、吸引人才的重要因素，而生态环境可以由环境空气质量、城市人均公园绿地面积和一般工业固体废物综合利用率等指标表示。在空气质量方面，根据气象部门的统计数据，辽宁沿海经济带内近三年以来的空气质量表现出持续的提高。但从辽宁沿海经济带内六个城市的具体表现来看并不理想。只有丹东市全年环境空气综合指数低于100，说明辽宁沿海经济带内各市未来的空气环境治理仍要面临严峻的考验。从城市人均公园绿地面积上看，辽宁沿海经济带内六大城市的人均公园绿地面积均低于13.7的全国平均标准。从一般工业固体废物综合利用率上看，国内其他城市的标准各不相同，但基本上在70%以上。如果按照此标准，辽宁沿海经济带内只有丹东市未能达标（见图5.6）。

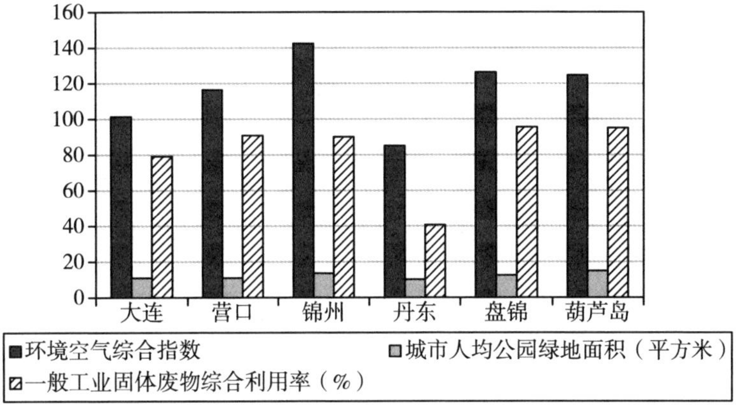

图 5.6　辽宁沿海经济带内城市生态环境统计数据比较

五、进一步优化辽宁沿海经济带内营商环境的对策

（一）全面推进商事制度改革

在推进商事制度改革上一直走在全国前列的省份是广东省，近几年的改革也取得了突出成绩：行政审批效率明显增强、商事主体数量迅猛增长、信用监管模式不断创新。但是，辽宁沿海经济带内的商事制度改革距离世界先进水平还有很大差距，改革过程中也发现很多问题：行政许可部门改革相对滞后、与现有法律制度产生冲突、窗口受理与后续监管人员不足等。因此，我们要不断深化商事登记制度改革。当务之急就是要加快行政许可部门的改革步伐：通过审批部门联动推动工商注册的便利化、推行电子营业执照、明确行政管理职责。在商事制度改革不断推进的过程中要完善法律法规，健全相关配套文件；优化行政人员的人力资源配置，培养高素质、高效率的行政人员；创新监管模式，加强效能监察力度；建立大数据监管中心，提升政府软硬件服务能力。

（二）促进区域协调发展

市场环境对地区营商环境至关重要。进出口总额指标在整个营商环境指标中占比最高，因此要全面提升开放型经济水平，尤其是辽西地区，要积极利用外资，降低外资准入门槛，扩大制造业、服务业对外开放，努力成为外商投资首选地。辽南地区要继续打造高水平对外开放门户。大连市继续保持国际、国内航运、海运枢纽功能。营口、锦州、盘锦要扩大对外开放的力度和步伐，利用“一带一路”和东北亚经济走廊的有利政策，加强与东亚地区和东蒙地区的经济交流。

GDP 增长率代表地区的发展潜力，辽宁沿海经济带内城市要努力保持经济的中高速增长，尤其是要释放辽南地区的消费潜力：支持大连地区软件行业的持续发展；挖掘盘锦、葫芦岛地区的化工产业发展潜力，提升产业的科技创新水平；挖掘丹东、锦州、营口的港口经济、汽车及零备件制造、有色金属等行业的发展水平。

辽南地区与辽西地区经济发展差异巨大，要统筹区域间协调发展，推进产业共建。辽西地区要推进制造业转型升级和物流服务业发展，形成新的经济增长点。辽南地区要以产业、交通、公共服务为重点，加快重点转移项目落地建成，抓好内联外通快速交通网项目建设，以项目带动形成一批产业集群。

（三）建立商务成本监控机制

商务成本的变化对区域产业结构的调整起着重要的作用，在工业化初期和中期，区域产业结构呈现劳动密集型产业主导时，控制要素成本有利于保持制造业优势，而对于经济发展已经进入或者将要进入高级阶段的地区来说，抑制生产要素成本来实现经济的持续增长是不必要的，此时努力降低交易成本更有利于推进产业升级。目前的当务之急是推进行业联盟制度，进一步降低生产要素成本。

推进市场竞争与行政适度干预，构建引导商务成本降低机制；推行“收费从低”原则与“收费公示制”，健全市场规则、完善监管制度，建成“低成本、高信誉”互利共赢的商务环境。组建商务成本监控机构，建立商务成本监控机制，实时监控商务成本走向：由政府指导，发改局、物价局、工信局，以及涉及企业用水、用电、用气、用地、劳动力的主管部门，组建商务成本监控指导小组，负责构建商务成本监控体系、全面检测商务成本的变化和走向，及时发现问题和薄弱环节，使企业的商务成本控制在企业可承受的范围内。

（四）进一步完善交通网络

提升辽宁沿海经济带的营商环境，要加快交通基础设施建设，重点优化辽西地区交通基础设施体系。在过去 20 年，辽宁沿海经济带内的交通基础设施已经得到较大程度的完善，对辽宁沿海经济带的经济发展也起到了积极的促进作用。但随着经济的进一步发展，加上辽宁沿海经济带内区域发展不平衡，使交通设施对地区经济发展的影响减弱，因此，政府需要制定合理科学的交通基础设施布局规划，协调相邻城市的交通资源分配问题。

（1）完善航空、航道网络。推进丹东浪头国际机场、金州湾机场、营口兰旗机场等改扩建及航线扩容工程，提高辽东、辽西和辽南地区机场服务保障能力，扩大其对整个辽宁沿海经济带区域的航空服务范围；依托现有基础设施，发展通用航空，构建多元化航空服务体系。加强环渤海地区重要航道建设，推进大连、丹东、营口和锦州航道扩能升级，形成渤海湾内辽宁和山东两省之间的高等级航运主通道。

（2）加快高速铁路、高速公路建设。强化辽西地区对整个东北地图的辐射，重点推进丹东至大连、营口至大连、营口至锦州等铁路；实现市市通高速铁路，对高速瓶颈路段改扩建。优化路网衔接，加强高速公路与沿线重要产业园区、经济开发区和重要城镇连接。

（3）发展城市轻轨。辽宁沿海经济带内中心城市周边地区是中心城市未来新的经济增长点，但是受到交通情况的限制，形成了人口密度低、基础设施不完善等问题，对吸引投资造成障碍。因此，要在现有的交通方式上，加大对轨道交通和城际轻轨等新型交通工具的投资，通过打造良好的居住和就业环境来改善这些地区的投资环境。

（五）进一步改善社会服务环境

改善辽宁沿海经济带内各城市的医疗环境，就要推进深化医药卫生体制改革，完成基层医疗卫生补短板任务，实现人人享有基本医疗卫生服务的目标。应建立科学的分级诊疗制度：优化医疗卫生资源布局，推进大医院与基层医疗机构、全科医生与专科医生的资源共享与合作；提升基层医疗卫生服务能力，尤其要以常见病、多发病的诊断和鉴别为重点，强化基本医疗服务能力；引导群众科学就医，县、镇级医疗机构要明确功能定位和医疗服务范围，实现“小病在基层、大病去医院、康复回基层”的就医秩序。

建设教育结构更加优化，服务体系更加健全的人力资源强省。实现基本公共教育服务均等化，加大对辽西地区教育投入力度，尤其是要扩充城镇地区学前教育、义务教育，普及高质量高水平的高中教育；创建全国优质高等职业学校，促进职业学校专业与职业岗位对接、专业课程与职业标准对接；促进民办教育规范优质发展，鼓励社会力量和民间资本投资，提供多样化教育服务，提升民办教育社会声誉；深化教育对外交流与合作，提高中外合作办学质量。

加大科技投入，通过加快推进高新技术产业开发区体制机制创新，大力发展高新技术产业和培育战略性新兴产业，不断优化创新创业环境，提升高新区经济发展水平，为地区经济发展形成明显的支撑作用。各高校、科研院所应以服务地方经济社会发展为己任，积极参与，主动对接，推进成果转化落地，以促进创新链和产业链的有机衔接。

推进金融改革创新，构建满足实体经济需求的多元化、多层次、互补性金融市场，在传统金融业与新兴金融业协同发展中增强经济发展后劲。坚持金融服务实体经济，加大金融机构对重大项目、优势产业的支持力度，培育区域产业增长极。优化金融政策环境和人才环境，让高端金融人才汇聚辽宁、扎根辽宁、服务辽宁。

（六）加大对生态文明建设的投入

生态文明建设需要健全的体制保障，传统的政府规划多以宣传、教育、劝导为主，缺乏威慑力，要将生态文明的建设纳入依法管理、依法治理的轨道上来。生态文明建设需要科技支撑，财政支持是一方面，更重要的是作为主要污染源的企业能够积极实现技术创新，以绿色、清洁、可持续利用的资源取代污染、稀缺和不可持续的资源，开发和应用资源节约和环境友好的科学技术，实现资源的可持续发展。生态文明建设需要充足的资金保障，财政应加大对生态建设的投资比例，将土地收益的合理比例用于生态城市基础设施的建设上。

| 专题报告六 |

辽宁沿海经济带绿色发展研究报告

引 言

绿色发展是以效率、和谐、永续为目标的经济增长和社会发展方式。绿色发展理念是“五大发展理念”的重要组成部分，是我国破解发展难题、实现发展目标的关键，必须牢固树立并切实贯彻。绿色发展的思想萌芽古已有之，我国古代倡导天人合一、道法自然，早在先秦时期就建立了山虞、川衡、林衡、泽虞等“环保机构”，避免出现涸泽而渔、焚林而猎等现象。西方古代环境保护思想可以追溯至古希腊时代，柏拉图对雅典土地的过度开垦十分忧心，并呼吁应当保持适度的人口规模。

在近代工业革命兴起后，人类的生产和生活对生态环境的压力日益增大，资源消耗不断加速，频繁发生的环境污染事故更是对环境和人类健康产生了威胁。面对资源和环境的严峻形势，人类开始反思自身的行为。20 世纪 60 年代，现代环境保护的理念开始出现。1972 年，联合国在瑞典首都斯德哥尔摩召开了人类环境会议，此次会议是世界各国政府探讨全球环境保护的第一次国际会议，会议通过了《联合国人类环境宣言》。80 年代，“可持续发展”“绿色经济”“循环经济”“工业生态”等理论相继出现，将传统的环境保护理念提升到了更高的层面。1992 年，联合国在巴西里约热内卢召开了“环境与发展大会”，会议通了《21 世纪议程》，其中的重点就是号召工业提高能源效率，发展清洁生产，对有害原料和产品逐步替代。21 世纪以来，为了应对能源安全和气候变化的威胁，世界各国开始大力发展“低碳经济”，其目标是构建以低能耗、低污染、低排放为基础的新经济模式。

绿色发展与环境保护、可持续发展、循环经济、低碳经济等理念一脉相承，但内涵更加丰富，不但明确了发展目标，更重要的是指出了具体的实现路径。党的十九大报告中指出，“建设生态文明是中华民族永续发展的千年大计。必须树立和践行绿水青山就是金山银山的理念，坚持节约资源和保护环境的基本国策，像对待生命一样对待生态环境，统筹山水林田湖草系统治理，实行最严格的生态环境保护制度，形成绿色发展方式和生活方式，坚定走生产发展、生活富裕、生态良好的文明发展道路，建设美丽中国，为人民创造良好生产生活环境，为全球生态安全作出贡献。”

近年来，辽宁沿海经济带积极贯彻绿色发展理念，在资源节约和环境保护领域开展了大量工作，取得了显著的成效。但不可否认的是，与先进地区相比，辽宁沿海经济带各市还存在着很大的改善空间。本报告将利用《辽宁统计年鉴(2018)》中的相关数据，分别从水资源利用、能源利用、土地资源利用、污水治理、固体废物治理、大气污染防治等方面分别对沿海六市进行对比，并针对存在的主要问题，提出相应的对策建议。

一、水资源利用情况

（一）用水总量

在《辽宁统计年鉴（2018）》中各城市用水总量与市政供水总量相同，因此不含农村灌溉用水以及生活用地下水等。2017 年沿海 6 市的用水总量为 49.83 亿立方米。其中，大连市用水总量最多，约占沿海 6 市用水总量的 32.79%；盘锦次之，约占 6 市总量的 24.48%；营口用水最少，仅占 6 市总量的 2.63%（见图 6.1）。

（二）规模以上工业用水量

2017 年沿海 6 市规模以上工业企业用水总量为 20.56 亿立方米。其中，大连

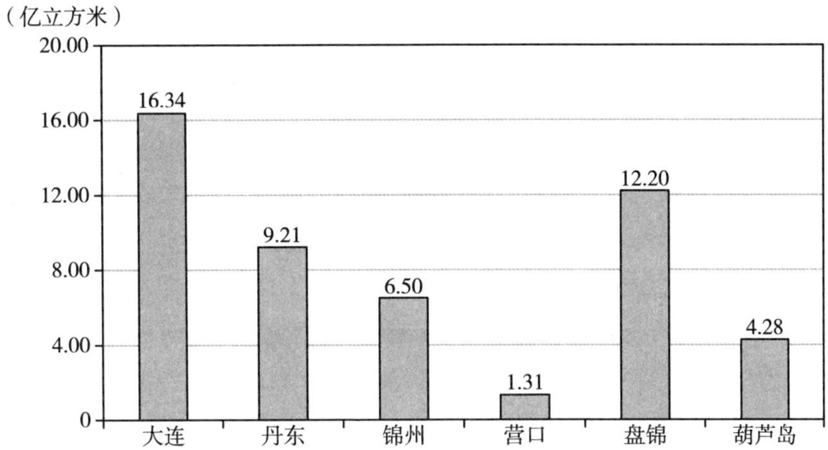

图 6.1　2017 年辽宁沿海 6 市用水总量

规模以上工业用水量最多，约占沿海 6 市总量的 67.24%，远高于其他城市；葫芦岛规模以上工业用水量最少，约占 6 市总量的 2.4%（见图 6.2）。

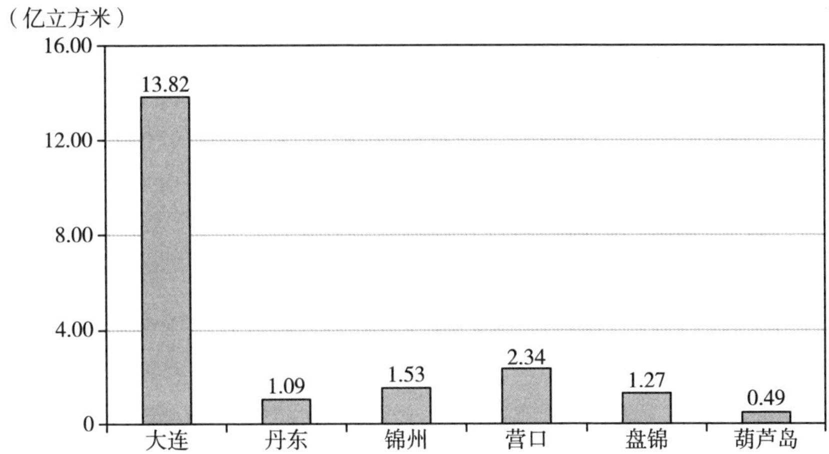

图 6.2　2017 年辽宁沿海 6 市规模以上工业用水量

（三）市辖区居民家庭用水总量

2017 年沿海 6 市市辖区居民家庭用水总量为 25909 万吨。其中，大连市辖区居民家庭用水量最多，约占沿海 6 市总量的 56.16%，远高于其他城市；丹东市辖区居民家庭用水量最少，约占 6 市总量的 7.29%（见图 6.3）。

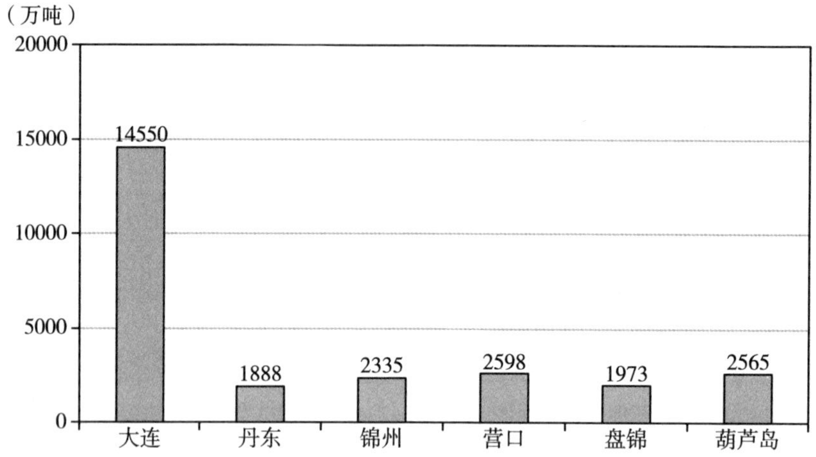

图 6.3　2017 年辽宁沿海 6 市城镇居民家庭用水总量

（四）市辖区居民人均用水量

由于部分城市缺乏市辖区常住人口统计数据，此处的市辖区人口数为户籍人口。2017 年沿海 6 市市辖区居民平均用水量为 29.92 吨/年。大连市辖区居民人均用水量为 36.42 吨/年，远高于其他城市；盘锦市辖区居民人均用水量最少，为 19.28 吨/年（见图 6.4）。

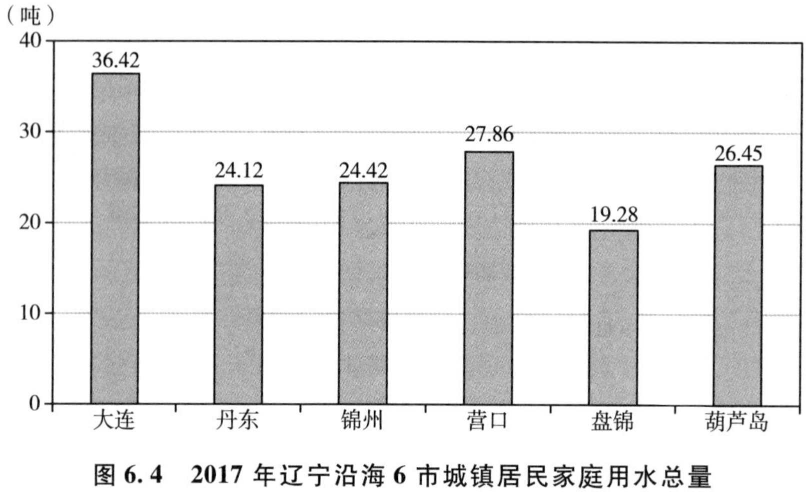

图 6.4　2017 年辽宁沿海 6 市城镇居民家庭用水总量

二、能源利用情况

（一）规模以上工业能源消费量

2017年沿海6市规模以上工业能源消费总量为5104万吨标准煤。其中，大连和营口规模以上工业能源消费量相对较多，丹东和锦州相对较少（见图6.5）。

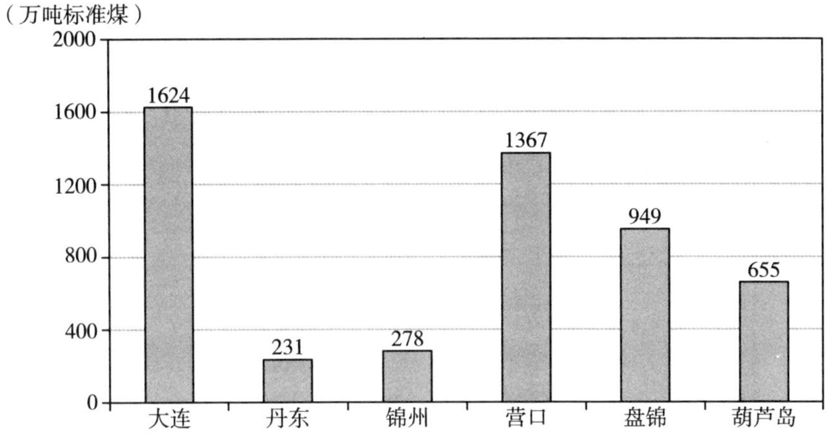

图6.5　2017年辽宁沿海6市规模以上工业能源消费量

（二）全社会用电量

2017年沿海6市全社会用电总量为947亿千瓦时。其中，大连全社会用电量最多，约占沿海6市总量的35.7%；营口次之，约占6市总量的25.63%；其他4个城市相差不大，均为90亿千瓦时左右（见图6.6）。

（三）单位GDP用电量

单位GDP用电量是全社会用电量与地区生产总值的比值，2017年沿海6市平均单位GDP用电量为0.08万千瓦时/万元。其中，大连单位GDP用电量最低，为0.05万千瓦时/万元；锦州和盘锦的单位GDP用电量也比较低；营口最高，

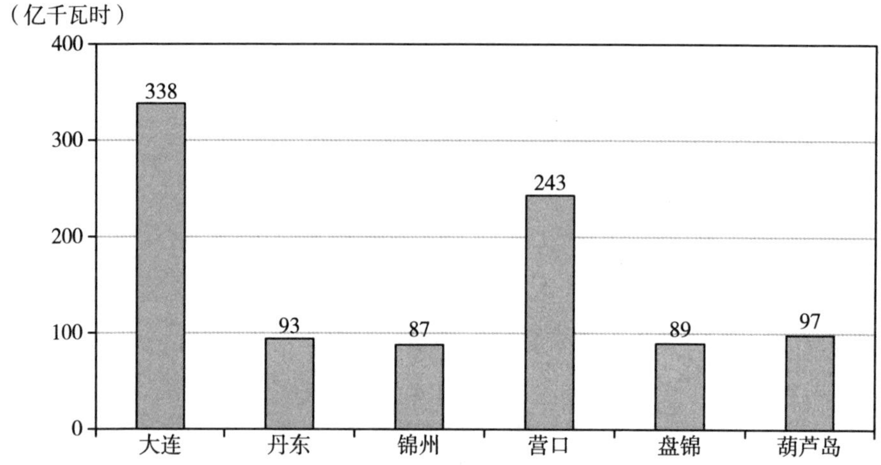

图 6.6　2017 年辽宁沿海 6 市全社会用电量

约为大连的 4 倍（见图 6.7）。

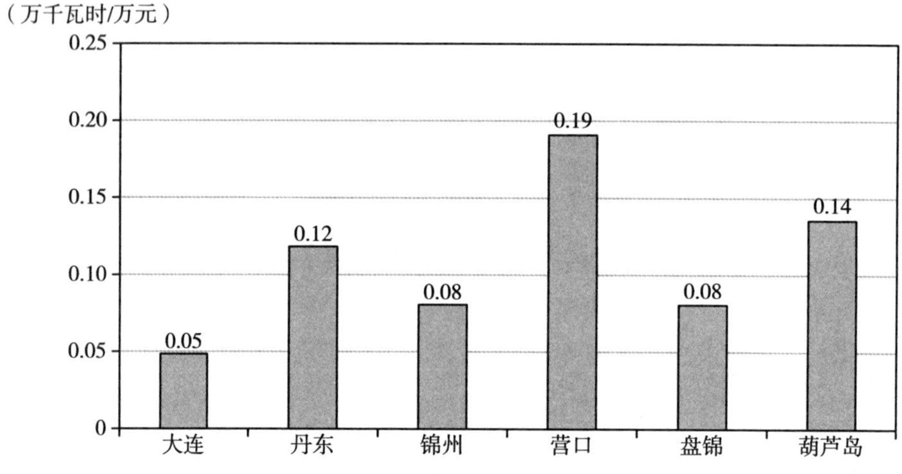

图 6.7　2017 年辽宁沿海 6 市单位 GDP 用电量

（四）工业用电量

2017 年沿海 6 市工业用电总量为 670 亿千瓦时，约占全社会用电量的 70.75%。其中，大连工业用电量最多，约占沿海 6 市总量的 22.53%；营口次之，约占 6 市总量的 21.92%；其他 4 个城市相差不大，均为 60 亿千瓦时左右（见图 6.8）。

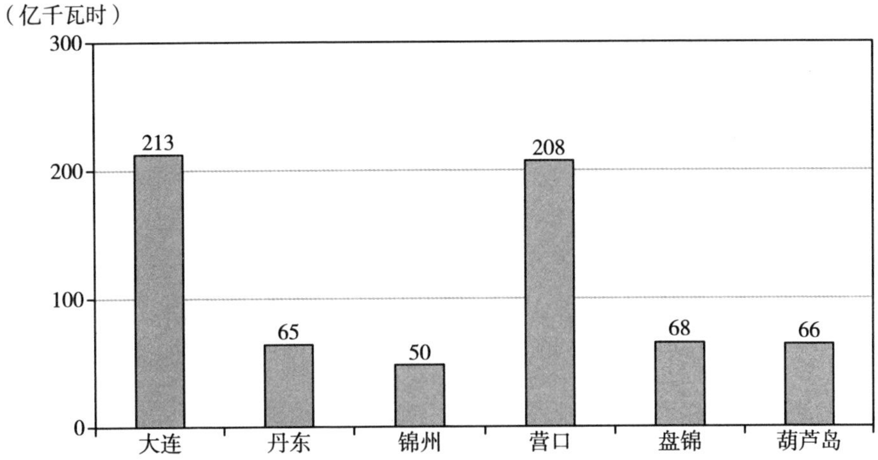

图 6.8　2017 年辽宁沿海 6 市工业用电量

（五）第二产业单位增加值的工业用电量

第二产业单位增加值的工业用电量是工业用电量与第二产业增加值的比值，2017 年沿海 6 市第二产业单位增加值的平均工业用电量为 0.14 万千瓦时/万元。其中，大连第二产业单位增加值的工业用电量最低，为 0.08 万千瓦时/万元；锦州和盘锦也比较低；营口最高，接近大连的 5 倍（见图 6.9）。

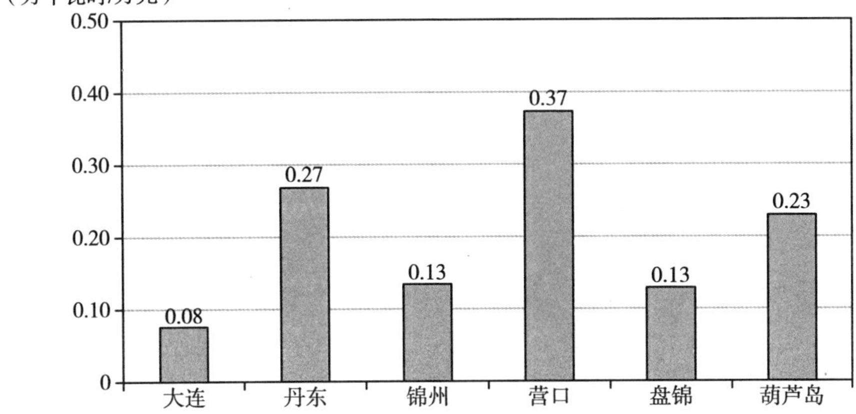

图 6.9　2017 年辽宁沿海 6 市第二产业单位增加值的单位工业用电量

（六）城乡居民生活用电量

2017 年沿海 6 市城乡居民生活用电总量为 109 亿千瓦时，约占全社会用电量的 11.5%。其中，大连城乡居民生活用电量最多，约占沿海 6 市总量的 43.89%；其他 5 个城市相差不多，为 10 亿千瓦时左右（见图 6.10）。

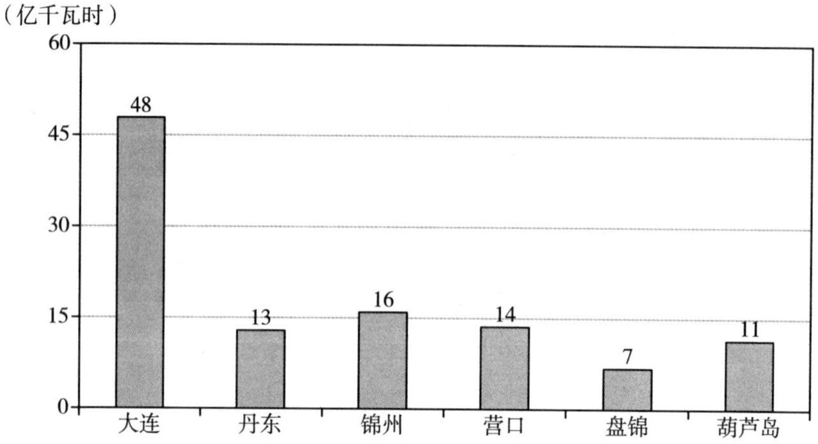

图 6.10　2017 年辽宁沿海 6 市城乡居民生活用电量

（七）城乡居民人均生活用电量

城乡居民人均生活用电量能够反映城乡居民的平均生活用电水平，此处使用的人口数为各市的常住总人口。2017 年沿海 6 市城乡居民的平均生活用电量为 579 千瓦时。其中，大连城乡居民人均生活用电量最多，为 686 千瓦时；葫芦岛最少，为 450 千瓦时（见图 6.11）。

（八）城镇居民生活用电量

城镇居民生活用电量不含农村地区用电情况，2017 年沿海 6 市城镇居民生活用电量为 64 亿千瓦时，约占全社会用电量的 6.76%。其中，大连城镇居民生活用电量最多，约占沿海 6 市总量的 29.61%；其他 5 个城市相差不多，为 5 亿千瓦时左右（见图 6.12）。

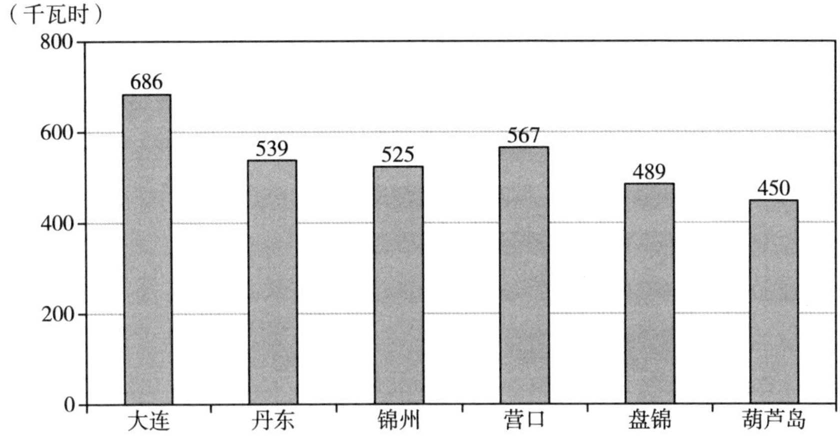

图 6.11　2017 年辽宁沿海 6 市城乡居民人均生活用电量

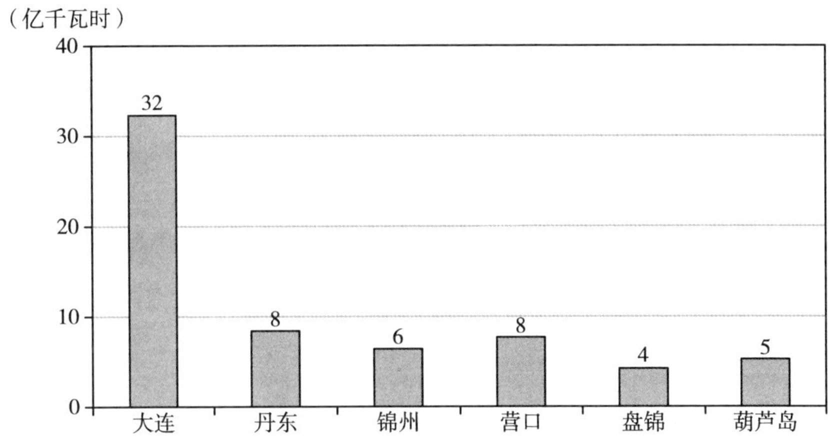

图 6.12　2017 年辽宁沿海 6 市城镇居民生活用电量

（九）城镇居民人均生活用电量

此处使用城镇人口数作为各市的城镇常住总人口，计算发现，城镇居民人均生活用电量要低于乡村居民人均生活用电量。2017 年沿海 6 市城镇居民的平均生活用电量为 514 千瓦时。其中，大连城镇居民人均生活用电量最多，为 590 千瓦时；锦州最少，为 391 千瓦时（见图 6.13）。

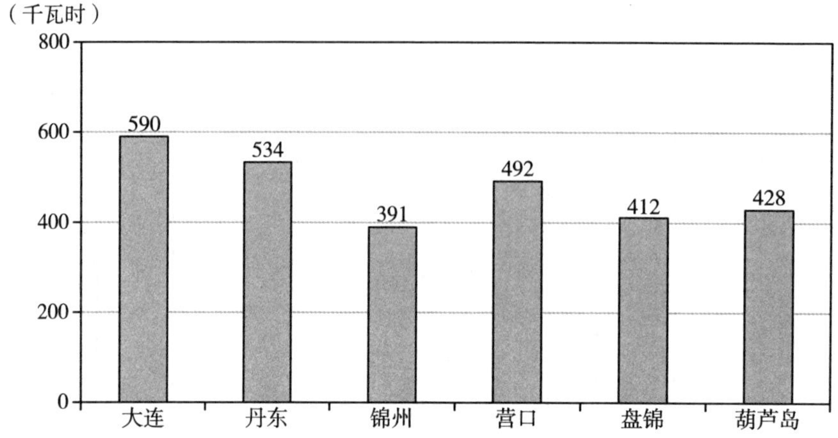

图 6.13　2017 年辽宁沿海 6 市城镇居民人均生活用电量

三、土地资源利用

（一）行政区域土地面积

2017 年沿海 6 市行政区域土地总面积为 57851 平方公里，其中，丹东行政区域土地面积最大，约占沿海 6 市总量的 26.43%；大连次之，约占 6 市总量的 21.74%；盘锦土地面积最小，仅占沿海 6 市的 7.09%（见图 6.14）。

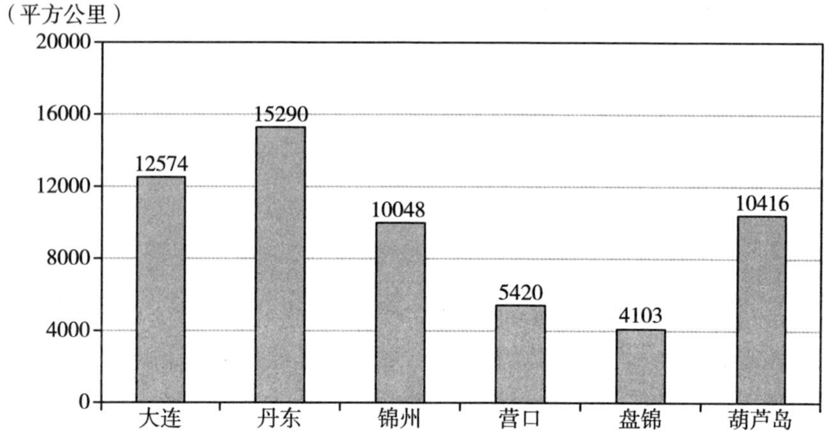

图 6.14　2017 年辽宁沿海 6 市行政区域土地面积

（二）单位土地面积 GDP 产出

此处的单位土地面积 GDP 产出为地区生产总值与行政区域土地面积的比值。2017 年沿海 6 市单位土地面积 GDP 产出的平均值为 2062 万元/平方公里，其中大连的单位土地面积 GDP 产出最多，丹东、葫芦岛和锦州相对较少（见图 6.15）。

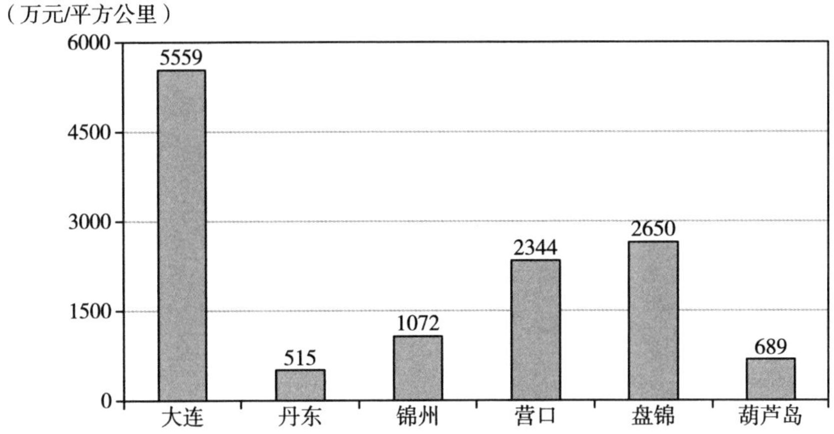

图 6.15 2017 年辽宁沿海 6 市单位土地面积 GDP 产出

（三）建成区面积

2017 年沿海 6 市建成区总面积为 1190 平方公里，其中，大连建成区面积最大，约占沿海 6 市总量的 33.95%；营口次之，约占 6 市总量的 21.26%；盘锦建成区面积最小，仅占沿海 6 市的 7.98%（见图 6.16）。

（四）城市人口密度

2017 年沿海 6 市城市人口密度差异较大。其中，盘锦城市人口密度最高，为每平方公里 4285 人，丹东城市人口密度最小，约为盘锦的 1/4（见图 6.17）。

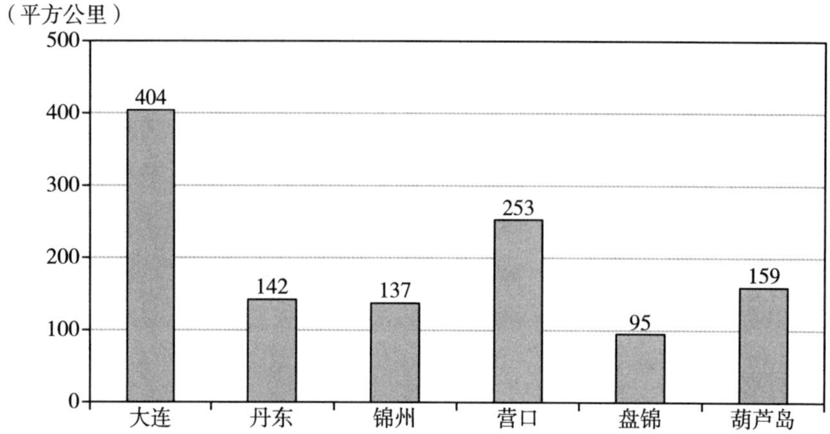

图 6.16　2017 年辽宁沿海 6 市建成区面积

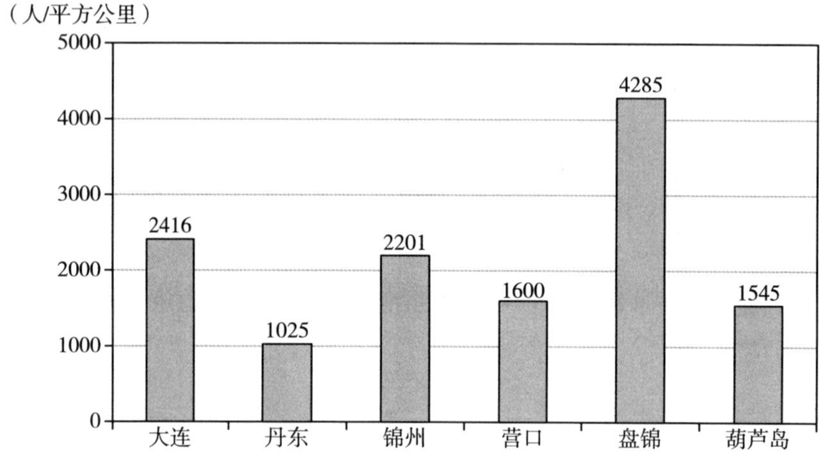

图 6.17　2017 年辽宁沿海 6 市建成区常住人口密度

（五）建成区绿化覆盖率

2017 年，辽宁沿海 6 市建成区绿化覆盖率介于 36% ~47%。其中，大连和盘锦绿化覆盖率相对较高，其他 4 市相差不大（见图 6.18）。

（六）建成区绿地率

2017 年，辽宁沿海 6 市建成区绿地率介于 33% ~46%。其中，大连建成区

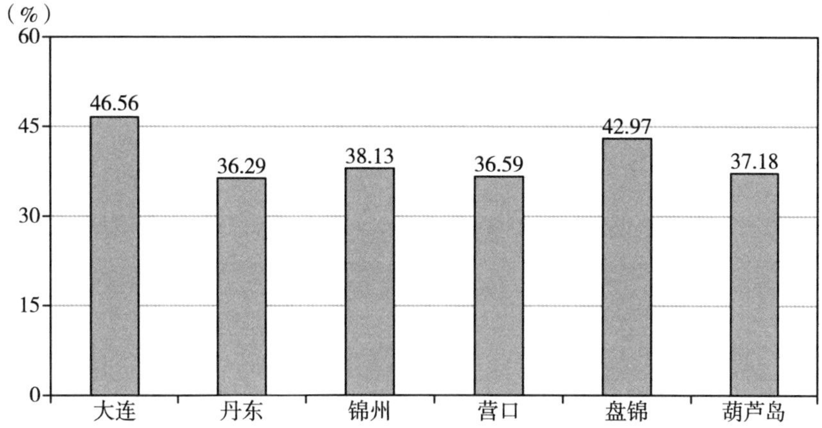

图 6.18　2017 年辽宁沿海 6 市建成区绿化覆盖率

绿地率相对较高，远高于其他城市；营口相对较低（见图 6.19）。

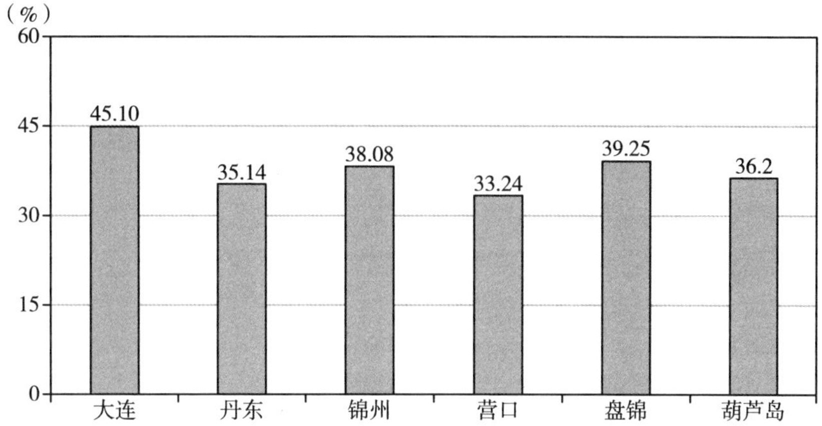

图 6.19　2017 年辽宁沿海 6 市建成区绿地率

四、污水治理

（一）废水排放总量

2017 年，辽宁沿海 6 市的废水排放总量为 11.42 亿吨。其中，大连的废水排放量最多，超过 6 亿吨，约占沿海 6 市总量的 53.74%；锦州次之，约占 6 市总量的 16.07%；丹东最少，仅占 6 市总量的 4.95%（见图 6.20）。

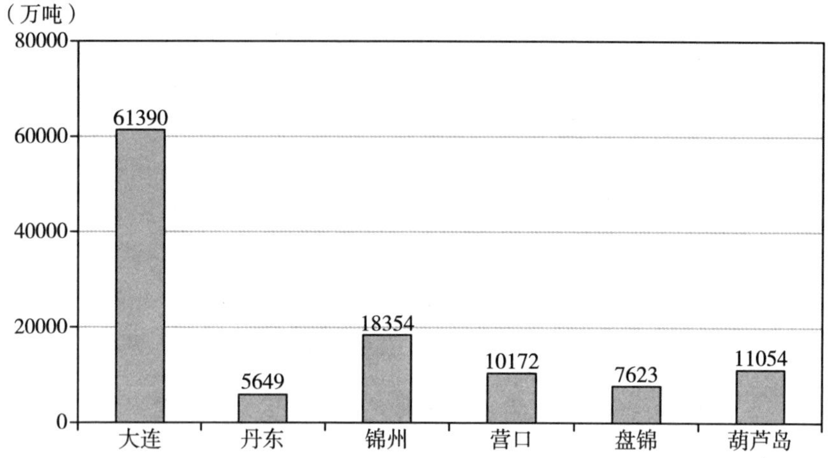

图 6.20　2017 年辽宁沿海 6 市废水排放总量

（二）单位 GDP 废水排放量

2017 年，辽宁沿海 6 市单位 GDP 废水排放量的平均值为 9.58 吨/万元。其中，盘锦的单位 GDP 废水排量最少，为 7.01 吨/万元；丹东次之，为 7.18 吨/万元；锦州和葫芦岛表现相对较差，其中锦州的排放强度约为盘锦的 2.4 倍（见图 6.21）。

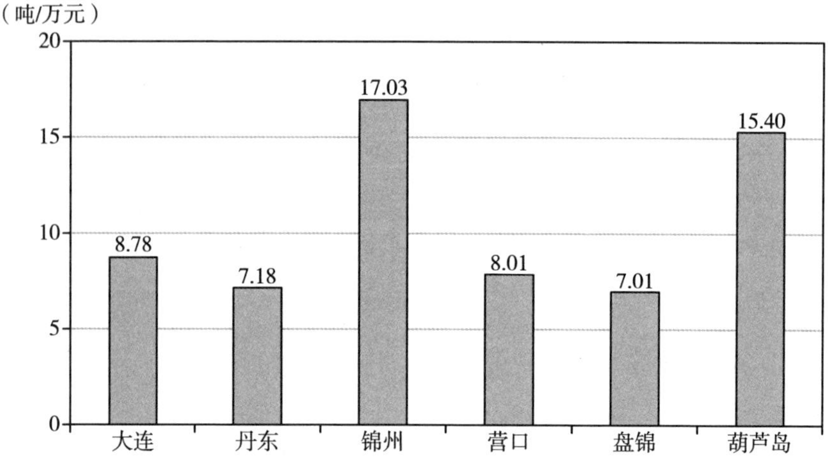

图 6.21　2017 年辽宁沿海 6 市单位 GDP 废水排放量

（三）化学需氧量排放量

2017 年，辽宁沿海 6 市化学需氧量排放总量为 13.2 万吨。其中，大连化学需氧量排放最多，约占沿海 6 市总量的 38.94%；丹东次之，约占 6 市总量的 22.62%；锦州最少，约占 6.1%（见图 6.22）。

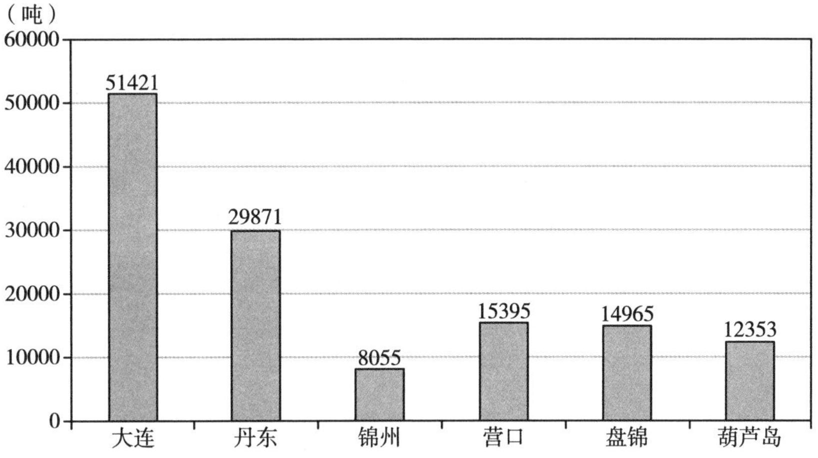

图 6.22　2017 年辽宁沿海 6 市化学需氧量排放量

（四）氨氮排放量

2017 年，辽宁沿海 6 市化学需氧量排放总量为 2.16 万吨。其中，大连氨氮排放最多，约占沿海 6 市总量的 48.79%；丹东次之，约占 6 市总量的 17.68%；锦州最少，约占 5.24%（见图 6.23）。

（五）城镇污水处理率

2017 年，辽宁沿海 6 市中有 4 个市的城镇污水处理率超过 95%。其中，盘锦表现最好，处理率为 98.15%；葫芦岛次之，为 98%；丹东和营口表现相对较差，其中丹东的处理率不足 60%，亟待改善（见图 6.24）。

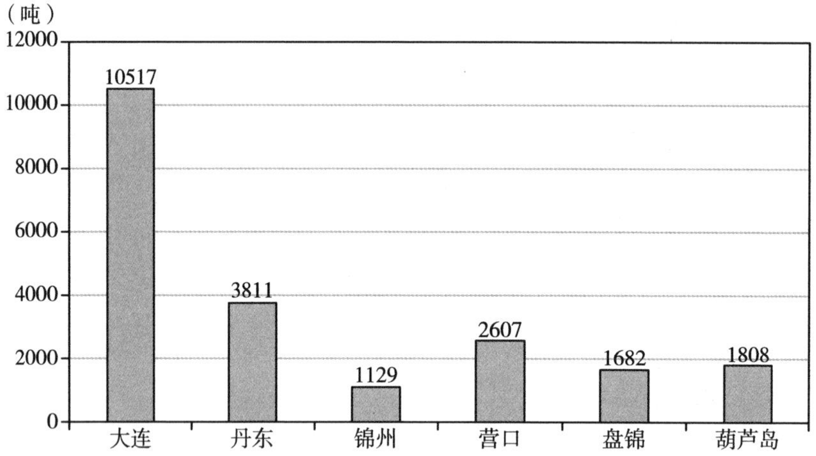

图 6.23　2017 年辽宁沿海 6 市氨氮排放量

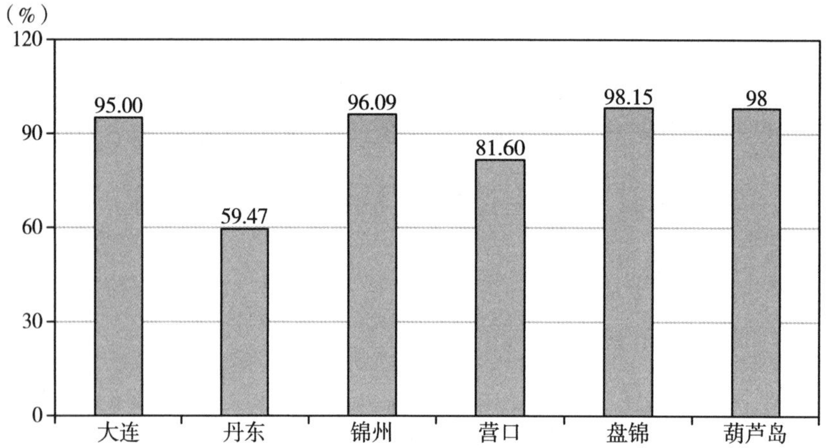

图 6.24　2017 年辽宁沿海 6 市城镇污水处理率

五、固体废物治理

（一）一般工业固体废物产生量

2017 年，辽宁沿海 6 市共产生一般工业固体废物 3366 万吨。其中，丹东的产生量最多，为1106万吨，约占沿海6市总量的32.86%；盘锦产生量最少，仅约为丹东的1/8（见图6.25）。

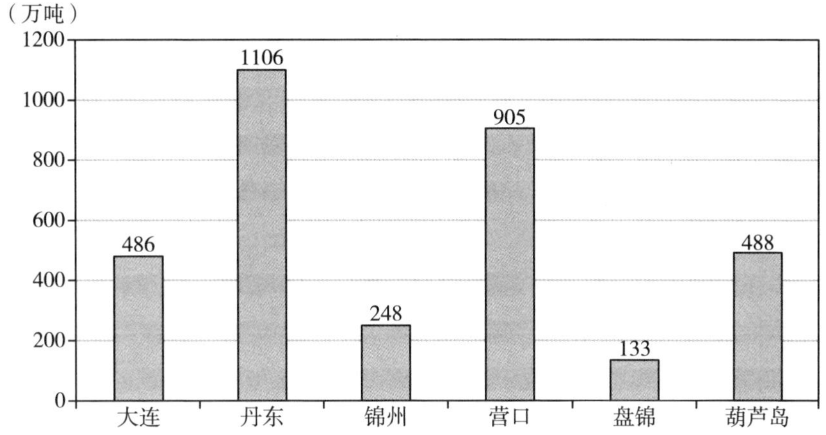

图6.25　2017年辽宁沿海6市一般工业固体废物产生量

（二）一般工业固体废物综合利用率

2017年，辽宁沿海6市的一般工业固体废物综合利用率均超过75%。其中，大连和营口表现相对较好，均为95%；葫芦岛相对较差，仅为75.8%（见图6.26）。

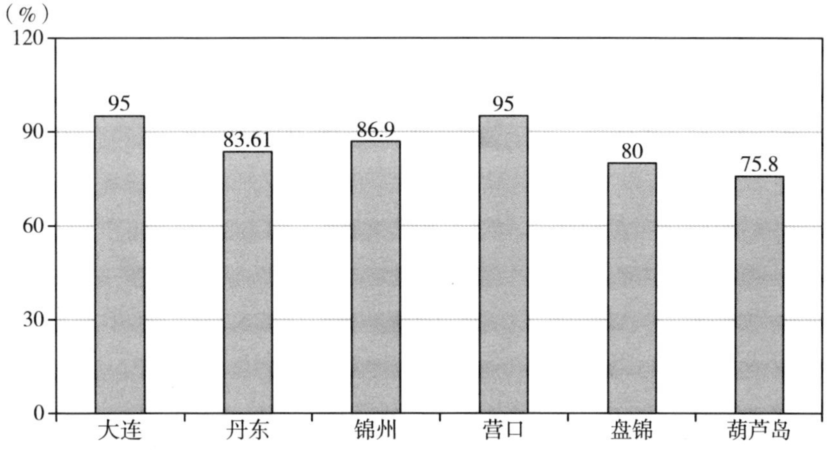

图6.26　2017年辽宁沿海6市一般工业固体废物综合利用率

（三）生活垃圾清运量

2017 年，辽宁沿海 6 市的生活垃圾清运总量为 406 万吨。其中，大连的生活垃圾清运量最多，约占沿海 6 市总量的 42.61%；盘锦最少，仅为 6 市总量的 5.17%（见图 6.27）。

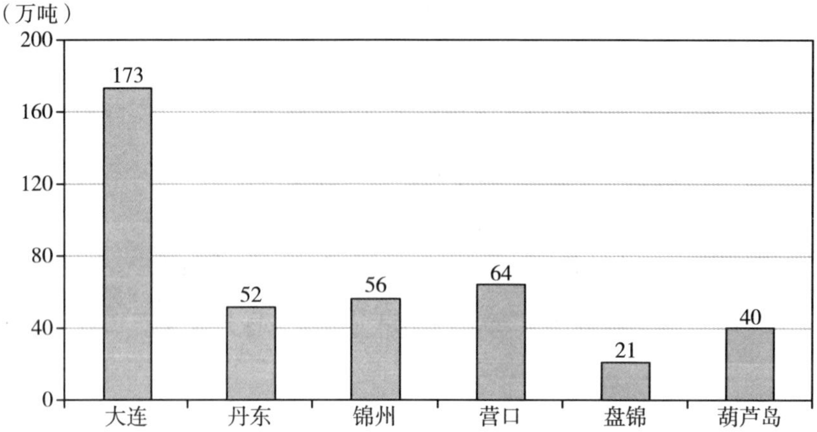

图 6.27　2017 年辽宁沿海 6 市生活垃圾清运量

（四）生活垃圾无害化处理率

2017 年，辽宁沿海 6 市中有 4 个市的生活垃圾无害化处理率为 100%。葫芦岛为 98%，也很接近 100%；只有锦州为 80.1%，与其他城市差距较大（见图 6.28）。

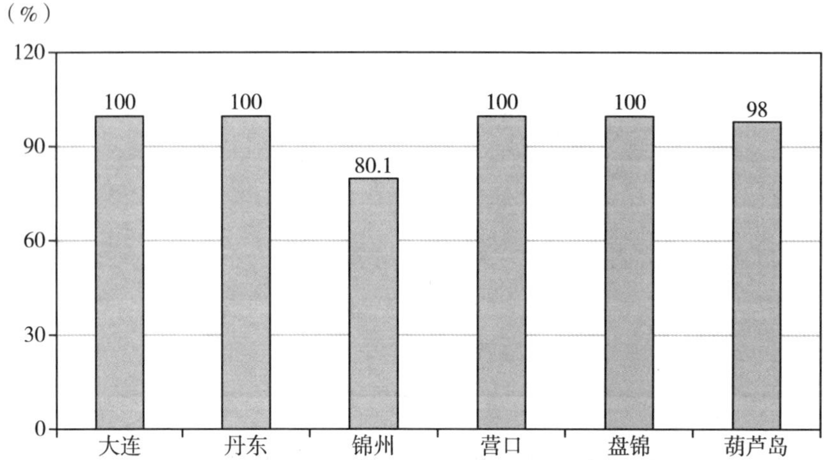

图 6.28　2017 年辽宁沿海 6 市生活垃圾无害化处理率

六、大气污染防治

（一）工业废气排放量

2017 年，辽宁沿海 6 市的工业废气排放总量为 21379 亿立方米。其中，营口的排放量最多，为 15189 亿立方米，约占沿海 6 市总量的 71.05%；丹东、锦州和盘锦的工业废气排放量相对较少（见图 6.29）。

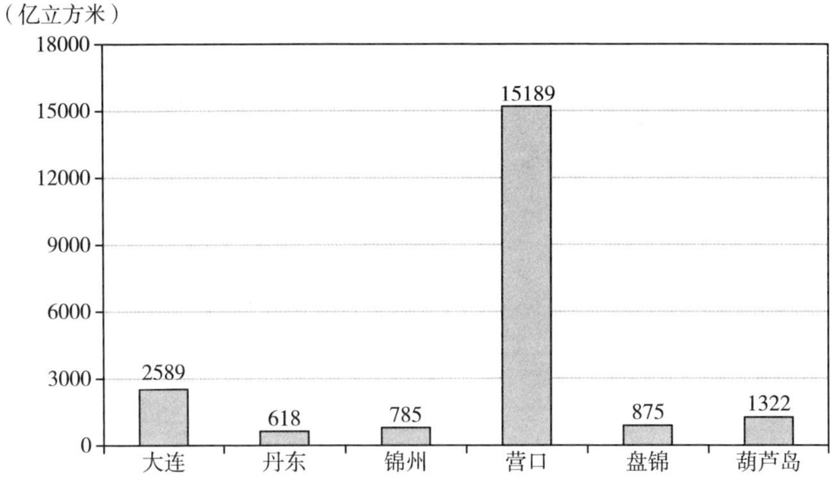

图 6.29　2017 年辽宁沿海 6 市工业废气排放量

（二）工业粉尘排放量

2017 年，辽宁沿海 6 市的工业粉尘排放总量为 13.73 万吨。其中，营口的排放量最多，为 76170 吨，约占沿海 6 市总量的 55.49%；盘锦和葫芦岛的工业粉尘排放量相对较少（见图 6.30）。

（三）可吸入细颗粒物（PM2.5）年平均浓度

2017 年，辽宁沿海 6 市的可吸入细颗粒物（PM2.5）年平均浓度介于 34～48。

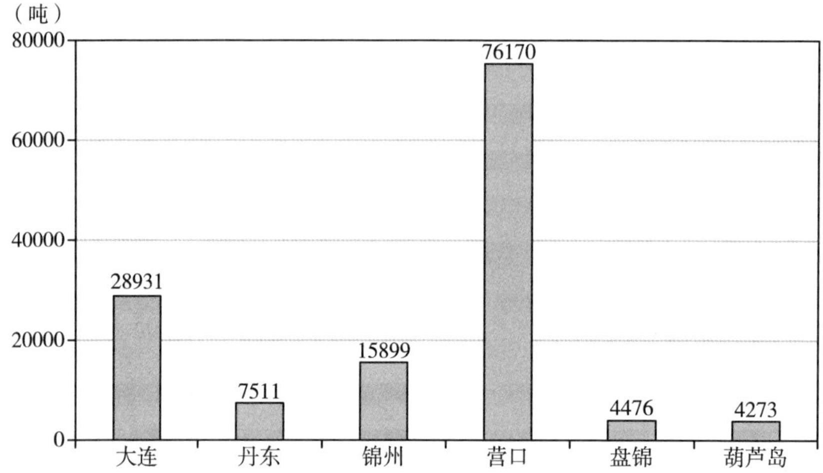

图 6.30　2017 年辽宁沿海 6 市工业粉尘排放量

其中，大连表现最好，为 34μg/m³；丹东和大连很接近，为 35μg/m³；锦州和葫芦岛相对较差（见图 6.31）。

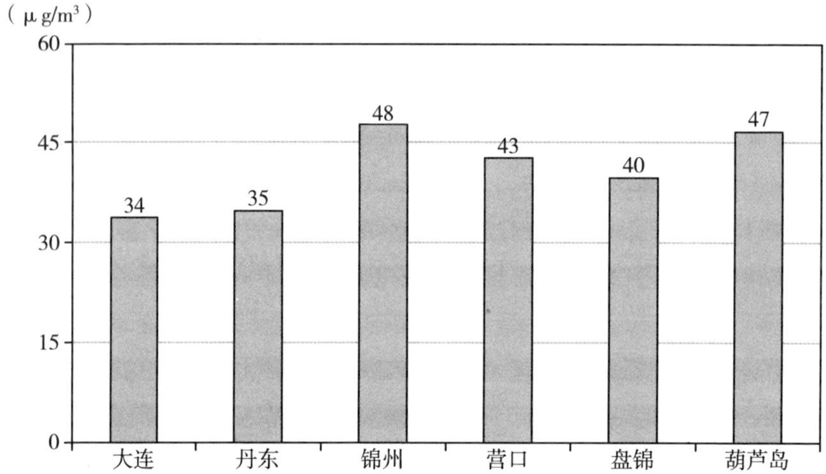

图 6.31　2017 年辽宁沿海 6 市可吸入细颗粒物（PM2.5）年平均浓度

（四）空气质量达到及好于二级的比例

2017 年，辽宁沿海 6 市的空气质量达到及好于二级的比例介于 68%～90%之间。其中，丹东表现最好，达到 90%；大连次之，82%；葫芦岛表现较差，不足 68%（见图 6.32）。

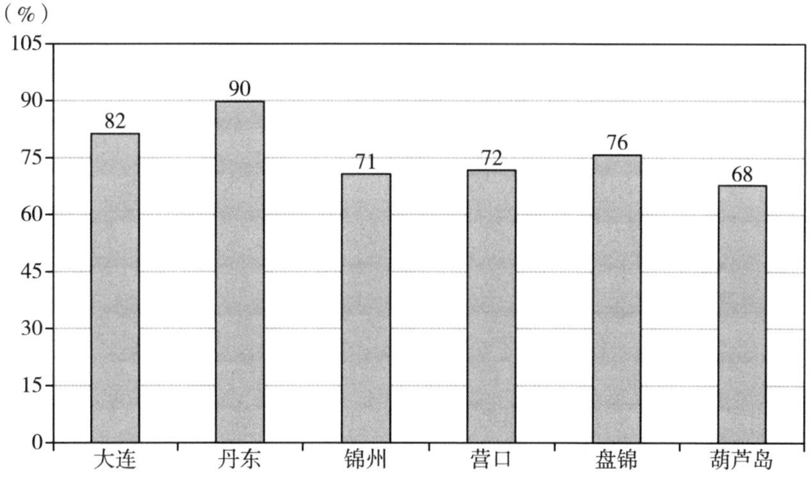

图 6.32　2017 年辽宁沿海 6 市空气质量达到及好于二级的比例

七、辽宁沿海经济带绿色发展的对策建议

通过上述分析可以发现，2017 年辽宁沿海经济带各城市的绿色发展取得了积极的成效，绝大多数指标与 2016 年相比都呈现转好的趋势。由于城市规模、产业结构、地理地貌等方面存在差异，沿海 6 市在各项指标上的表现各有千秋。在辽宁沿海经济带内部，表现相对较差的城市应积极借鉴其他城市的经验，尽快扭转局面；表现相对较好的城市则不应满足现状，还应该百尺竿头、更进一步。

（一）绿色发展的指导思想

辽宁沿海经济带的绿色发展必须以习近平新时代中国特色社会主义思想为指导，深入学习贯彻落实党的十九大精神，坚定不移贯彻创新、协调、绿色、开放、共享的发展理念，全面贯彻新时代坚持和发展中国特色社会主义的基本方略，还要深入学习贯彻落实习近平总书记在深入推进东北振兴座谈会上的重要讲话以及在东北三省考察时的重要指示精神。

习近平总书记指出："我们要建设的现代化是人与自然和谐共生的现代化，

既要创造更多物质财富和精神财富以满足人民日益增长的美好生活需要，也要提供更多优质生态产品以满足人民日益增长的优美生态环境需要。必须坚持节约优先、保护优先、自然恢复为主的方针，形成节约资源和保护环境的空间格局、产业结构、生产方式、生活方式，还自然以宁静、和谐、美丽”。

党的十九大报告对于推进绿色发展、着力解决突出环境问题、加大生态系统保护力度、改革生态环境监管体制等各项工作做出了明确部署。在绿色发展方面，要求加快建立绿色生产和消费的法律制度和政策导向，建立健全绿色低碳循环发展的经济体系。构建市场导向的绿色技术创新体系，发展绿色金融，壮大节能环保产业、清洁生产产业、清洁能源产业。推进能源生产和消费革命，构建清洁低碳、安全高效的能源体系。推进资源全面节约和循环利用，实施国家节水行动，降低能耗、物耗，实现生产系统和生活系统循环链接。倡导简约适度、绿色低碳的生活方式，反对奢侈浪费和不合理消费，开展创建节约型机关、绿色家庭、绿色学校、绿色社区和绿色出行等行动。

在着力解决突出环境问题方面，要求坚持全民共治、源头防治，持续实施大气污染防治行动，打赢蓝天保卫战。加快水污染防治，实施流域环境和近岸海域综合治理。强化土壤污染管控和修复，加强农业面源污染防治，开展农村人居环境整治行动。加强固体废弃物和垃圾处置。提高污染排放标准，强化排污者责任，健全环保信用评价、信息强制性披露、严惩重罚等制度。构建政府为主导、企业为主体、社会组织和公众共同参与的环境治理体系。积极参与全球环境治理，落实减排承诺。

在加大生态系统保护力度方面，要求实施重要生态系统保护和修复重大工程，优化生态安全屏障体系，构建生态廊道和生物多样性保护网络，提升生态系统质量和稳定性。完成生态保护红线、永久基本农田、城镇开发边界三条控制线划定工作。开展国土绿化行动，推进荒漠化、石漠化、水土流失综合治理，强化湿地保护和恢复，加强地质灾害防治。完善天然林保护制度，扩大退耕还林还草。严格保护耕地，扩大轮作休耕试点，健全耕地草原森林河流湖泊休养生息制度，建立市场化、多元化生态补偿机制。

在改革生态环境监管体制方面，要求加强对生态文明建设的总体设计和组织领导，设立国有自然资源资产管理和自然生态监管机构，完善生态环境管理制度，统一行使全民所有自然资源资产所有者职责，统一行使所有国土空间用途管制和生态保护修复职责，统一行使监管城乡各类污染排放和行政执法职责。构建国土空间开发保护制度，完善主体功能区配套政策，建立以国家公园为主体的自然保护地体系。坚决制止和惩处破坏生态环境行为。

辽宁沿海经济带各级政府部门必须高度重视、加快行动，深刻认识和把握“绿水青山就是金山银山”理念的逻辑，并结合各地实际，认真进行任务分解，层层落实，将这些政策真正地贯彻好、落实好。

（二）对沿海6市的具体建议

结合前面的对比分析，分别向沿海6市分别提出以下建议：

大连市：在水资源方面，应千方百计控制用水总量，重点控制规模以上工业企业的用水量，提高现有企业的水资源的利用效率，并发展节水型产业。应进一步增强全社会的节水意识，培养居民的良好用水习惯。在能源方面，应大力发展低能耗产业，合理使用电力资源，在现有水平上进一步降低单位GDP用电量，倡导城乡居民节约用电，大幅降低人均生活用电量。在土地资源方面，保持土地的高产出水平，并向其他城市推广经验；稳步推进全域城市化，保持合理的人口密度，稳步提升绿化覆盖率和绿地率。在污水治理方面，可以向丹东和盘锦借鉴经验，下大力气控制污水排放总量，尽可能降低化学需氧量排放量和氨氮排放量。在固体废物治理方面，积极推行清洁生产和循环经济，进一步减少一般工业固体废物的产生量和生活垃圾清运量，积极推行生活垃圾分类投放、分类运输。在大气污染防治方面，在现有基础上进一步降低工业废气排放量和工业粉尘排放量，使PM2.5保持在较低的水平，并努力提高空气质量良好天数的比例。

丹东市：在水资源方面，应采取多种措施降低用水总量，使规模以上工业企业的用水量进一步减少，倡导居民进一步节约生活用水。在能源方面，保持较低的能源消耗水平，不发展高耗能产业；合理使用电力资源，降低单位GDP用电量，倡导城乡居民节约用电，大幅降低人均生活用电量。在土地资源方面，向大连借鉴经验，大幅提高土地的产出水平，严格控制建设用地审批，适当提高人口密度，大力提升绿化覆盖率和绿地率。在污水治理方面，始终保持较低的污水排放总量，并向其他城市推广经验；尽可能降低化学需氧量排放量和氨氮排放量；分析城镇污水处理率较低的深层次原因，千方百计提高城镇污水处理率，向其他城市看齐。在固体废物治理方面，尽可能减少一般工业固体废物的产生量，提高工业固体废物的利用率，减少垃圾清运量。在大气污染防治方面，保持较低的工业废气排放量和工业粉尘排放量，使PM2.5控制在较低的水平，保持空气质量良好的比例，并向其他城市推广经验。

锦州市：在水资源方面，应进一步降低用水总量，使规模以上工业企业的用水量进一步减少；应进一步增强全社会的节水意识，培养居民的良好用水习惯。在能源方面，保持较低的能源消耗水平，不发展高耗能产业；合理使用电力资源，在现有水平上进一步降低单位 GDP 用电量，倡导城乡居民节约用电，保持较低的城市居民生活用电量，并向其他城市推广经验。在土地资源方面，提高土地的产出水平，保持合理的人口密度，大力提升绿化覆盖率和绿地率。在污水治理方面，大幅减少废水排放总量，力争将单位 GDP 废水排放量降低到 2017 年的一半水平；保持较低的化学需氧量排放量和氨氮排放量，并向其他城市推广经验。在固体废物治理方面，将一般工业固体废物的产生量保持在较低的水平，提高工业固体废物的利用率；减少生活垃圾清运量，推行生活垃圾分类投放、分类运输，大幅提高生活垃圾无害化处理率，向其他城市看齐。在大气污染防治方面，保持较低的工业废气排放量，重点降低工业粉尘排放量，使 PM2.5 的浓度大幅度降低，尽可能提高空气质量良好的比例。

营口市：在水资源方面，应保持较低的用水总量，重点控制规模以上工业企业的用水量；应进一步增强全社会的节水意识，向盘锦学习，培养居民的良好用水习惯。在能源方面，应大力发展低能耗产业，大幅削减规模以上工业能源的消费量；合理使用电力资源，大幅降低单位 GDP 用电量，倡导城乡居民节约用电，大幅降低人均生活用电量。在土地资源方面，保持土地的高产出水平，稳步推进全域城市化，适当提高人口密度，大力提升绿化覆盖率和绿地率。在污水治理方面，进一步减少废水排放量，进一步降低化学需氧量排放量和氨氮排放量，大幅提高城镇污水处理率。在固体废物治理方面，积极推行清洁生产和循环经济，尽可能减少一般工业固体废物的产生量，向其他城市推广工业固体废物的利用经验；进一步减少生活垃圾清运量，推行生活垃圾分类投放、分类运输。在大气污染防治方面，千方百计控制工业废气排放量和工业粉尘排放量，使 PM2.5 的浓度进一步降低，并努力提高空气质量良好的比例。

盘锦市：在水资源方面，应千方百计控制用水总量，重点是控制规模以上工业企业的用水量；要使居民保持现有的良好用水习惯，总结节水经验，向其他城市推广。在能源方面，应大力发展低能耗产业，减少能源使用量；合理使用电力资源，在现有水平上进一步降低单位 GDP 用电量，倡导城乡居民节约用电，降低人均生活用电量。在土地资源方面，保持土地的高产出水平，适度降低人口密度，稳步提升绿化覆盖率和绿地率。在污水治理方面，保持较低的废水排放总量，进一步降低化学需氧量排放量和氨氮排放量。在固体废物治理方面，保持较少的工业固废产生量和较低的生活垃圾清运量，提高工业固体废物的利用率。在大气污染防治方面，保持较低的工业废气排放量和工业粉尘排放量，使 PM2.5 保持在较低的水平，尽可能提高空气质量良好的比例。

葫芦岛市：在水资源方面，应进一步降低用水总量，重点是增强全社会的节水意识，从盘锦借鉴经验，培养企业和居民的良好用水习惯。在能源方面，应进一步降低规模以上工业能源消费量，合理使用电力资源，降低单位 GDP 用电量，保持较低的生活用电水平，并向其他城市推广经验。在土地资源方面，向大连借鉴经验，大幅提高土地的产出水平，严格控制建设用地审批；保持合理的人口密度，大力提升绿化覆盖率和绿地率。在污水治理方面，进一步减少废水排放量，争取将单位 GDP 废水排放量降低到 2017 年的一半水平，进一步降低化学需氧量排放量和氨氮排放量。在固体废物治理方面，积极推行清洁生产和循环经济，尽可能减少一般工业固体废物的产生量和生活垃圾清运量，提高工业固体废物的利用率，推行生活垃圾分类投放、分类运输。在大气污染防治方面，在现有基础上进一步降低工业废气排放量和工业粉尘排放量，使 PM2.5 的浓度大幅度降低，千方百计提高空气质量良好的比例。

专题报告七

创新驱动背景下我国产业转型升级对辽宁沿海经济带的启示研究报告*

当前，我国国民经济结构呈现传统产业产能过剩与第三产业发展滞后的失衡状态。推进供给侧结构性改革，是升级有效供给、促进消费拉动经济增长的重要举措。供给侧结构性改革并非仅仅是数量结构的调整，更为主要的是产业结构的转型与升级。然而，由于战略适应性不强及技术敏感度不高，导致产业转型升级面临重重困难。创新作为发展的原动力，能够提升创新主体对产业发展趋势和前瞻性技术的敏感度，并增强创新主体的战略适应性，提升战略竞争能力。因此，创新在产业转型升级过程中扮演着十分重要的角色，其既能够培育新的经济增长点，又能够在供给侧增强“造血机能”，从而为产业转型升级提供源源动力，更是实施创新驱动发展战略的重要组成部分。创新也被认为是新常态下中国经济结构优化升级、摆脱中等收入陷阱和支撑综合国力的关键因素与必然选择。通过加强创新能力实现经济发展方式的转变已经迫在眉睫。因此，研究创新与产业转型升级之间的关系，对实施创新驱动产业转型升级具有重要意义。

关于创新如何驱动产业转型与产业升级这一问题引起了学术界的广泛关注，但研究结论并不一致。一方面，部分学者研究发现，创新能够积极影响产业升级。鲍莫尔（Baumol）指出，技术创新能够通过推动新兴产业的发展，进而促进产业结构升级。蒙托贝（Montobbio）认为，技术创新能够为创新主体提供行为差异，从而通过企业竞争推动产业升级。纪玉俊等利用我国 2003～2012 年省级面板数据的计量检验表明，

* 本文主体部分刊发于《河北工业科技》2019 年第 2 期，并得到辽宁省社会科学基金重点项目（L16AGL001）的支持，在此一并表示感谢。

地区创新对产业升级具有显著且稳健的促进作用。蔡玉蓉等利用我国 2000～2014 年省级面板数据的分位数回归研究表明，创新投入对产业结构升级具有积极的驱动效应，但存在明显的区域差异。另一方面，部分学者研究发现，创新并不必然促进产业转型升级。巴蒂斯塔（Baptista）等指出，创新可能导致“拥堵效应”和“竞争效应”，对区域产业升级的正向影响并不明显。霍远等对我国 2004～2013 年 30 个省区市产业创新与产业升级耦合协调发展分析的发现，产业创新与产业升级耦合协调发展度呈现递减趋势。陈生明等基于 1997～2013 年我国 31 个省级面板数据的实证检验发现，技术选择有助于产业结构升级，并在短期内阻碍经济增长，但在长期有助于整体经济增长。周柯等基于 2008～2014 年我国 30 个省级面板数据的回归分析发现，科技创新对产业升级的影响在区域层面和产业发展阶段层面存在显著差异。高素英等以 2005～2015 年我国 30 个省区市的数据的空间计量研究表明，创新资金投入与人员投入均明显促进本地产业结构优化升级，但创新人员投入会“挤占”其他省产业结构的高级化发展。

基于系统论和协同论的视角，创新及产业转型升级各自都是一个复杂系统，两个复杂系统之间的作用关系不仅仅是系统层面的表象关系，更多的应该是系统要素与系统要素间的深层次关系。各系统要素间的关系是复杂的，多组复杂的要素间关系的聚合会导致系统间关系的不确定性。已有研究在研究设计上的惯常做法多将创新或产业转型升级作为整体变量加以考量：一方面，通过生产函数构建创新变量表达式；另一方面，通过高技术产业比重衡量产业转型升级。将创新或产业转型升级的归一化处理，在给研究带来便利的同时，也导致了对两者复杂关系的片面解读，限制了研究结论的实践应用。到底是创新投入还是创新产出影响产业转型升级？创新的不同维度影响的到底是产业转型升级的外在表现还是内在本质？具体影响机制如何？这些问题有待于进一步探索。因此，在已有研究的基础上，为了更为合理地剖析创新对产业转型升级的影响机制，本报告拟进行以下两方面的探索。一方面，将产业转型升级描述为内涵质量与外显效应的集合；另一方面，从创新投入与创新产出两个维度分别考量各维度对产业转型升级内涵质量与外显效应的影响机制。通过以上两个方面的探索，本报告希望为推动创新驱动发展战略与产业转型升级提供政策建议。

一、基本概念与研究假设

（一）基本概念界定

产业转型升级。学术界并未对产业转型升级的概念界定达成一致。业界一般认为，产业转型升级是产业从价值链中低端向中高端的上升过程，可以由产业结构的高级化和合理化来表征。产业结构高级化一般可以通过第二产业和第三产业特别是第三产业占优势比重加以解释，已有研究多将产业结构高级化作为产业转型升级研究的表征指标；产业结构合理化是指产业向纵深化发展，不断提高生产效率，有利于经济和社会的发展。许多地方误认为产业转型升级就要淘汰传统产业上马新兴产业，忽视了产业结构的合理性以及产业转型升级的根本目的。这也导致“产业结构不合理”成为经济发展亟待解决的关键问题。本报告认为，一方面，转产业并不一定意味着产业转型，产业转型也并不一定需要转产业，单纯的转产业与转型之间没有必然联系；另一方面，产业升级既包括产业间的升级，也包括产业内升级。因此，本报告从内涵质量和外显效应两方面描述产业转型升级。其中，内涵质量表征的是产业转型升级的根本目的，即经济升级与发展；外显效应表征的是产业转型升级的基本表现，即产业结构的调整与优化。

创新。创新是“一种生产函数的重新组合”，包括产品创新、工艺创新、市场创新、资源配置创新、组织创新等五种形式，其根本目的在于取得市场价值。这一概念体现了技术与经济的结合，讨论了技术创新在经济发展过程中的重要作用。一般情况下，可以从创新投入和创新产出两个方面剖析创新过程。其中，创新投入一般由人力资本投入和资金资本投入为参数；创新产出一般由专利数和新产品销售收入等为参数。如田晖等研究证实，创新驱动对智慧城市经济绿色发展具有促进作用，但创新投入与创新产出两个不同创新驱动指标的作用存在差异。而且，中国情境下的创新投入与创新产出之间存在着典型的不对称现象，有必要从创新投入与创新产出两个维度分别探究创新的驱动作用。因此，为了更为清晰地辨别创新对产业转型升级的驱动作用，本报告分别探讨创新投入和创新产出对产业转型升级的各异影响。

（二）创新对产业转型升级的影响机制

1. 创新产出对产业转型升级内涵质量的影响

产业转型升级的内涵体现在生产效率提升与经济增长质量上，而生产效率提升与经济增长质量则需要以创新的成果产出来推动。关于研发投入是否促进生产效率的增长，已有研究并未达成统一结论。创新投入不一定导致创新产出，且其直接产出应是创新产出而非经济产出。李政等基于我国省级面板数据的研究发现，创新投入与经济增长间并不存在联动机制。因此，较之创新投入，创新产出更能够直接影响产业转型升级内涵质量。

从创新直接产出来看，创新的直接表现便是专利的申请与授权，高质量的专利本身及专利创造所具有的创新溢出效应与产业运用价值能够有效地促进经济增长，这种促进作用在专利申请与授权迅速增长的情况下更为明显。根据《2016年我国规模以上工业企业专利活动与经济效益统计分析报告》统计的数据也可以看出，专利活动为企业利润创造提供了有力的支撑。从创新间接产出来看，创新的价值表现可以用技术成果转化和新产品加以体现，而创新的价值表现是经济增长的必然组成部分。一方面，技术成果转化体现为技术市场成交额，意味着创新成果与市场需求的契合程度及认可程度。技术成果在生产要素中具有先导性，能够促进其他生产要素介入生产活动，从而为生产效率及经济增长提供长效动力。另一方面，新产品销售收入反映了创新的价值创造，是新产品成功市场化的重要表现。新产品销售收入占总销售收入的比重越高，意味着创新主体内涵发展越趋向于产业链上端，也意味着创新主体自身市场竞争力越强。同时，新产品激发了消费者的潜在需求甚至创造了新的需求，进而拉动生产要素的增长，促进经济的发展。

据此，本报告提出如下研究假设：

H1：创新产出对产业转型升级内涵质量具有积极的推动作用。

2. 创新投入对产业转型升级外显效应的影响

创新投入对产业结构高级化具有重要的带动作用，是产业结构优化升级的重要影响因素。优化创新环境，聚焦创新资源，打造创新生态，对于产业转型升级至关重要。创新所需的人力资本与财力资本投入能够在供给侧提供更强的“造血机能”，从而提高产品的技术含量和附加值，为满足需求升级提供动力。人力资本投入方面，高素质人力资源具有高增值性和创造性，能够推动创新成果转化为技术进步，从而推动产业向高级化发展。高素英等实证研究证实，创新人力资本投入对产业结构高级化进程具有促进作用。财力资本投入方面，研发经费投入体现了创新的强度，是创新活动最为重要的资源。在投资驱动阶段，资金投入对产业发展尤为重要。劳伦斯（Lawrence）等研究指出，国家财政支出能够促进产业结构优化升级。

创新投入能够促进产业所依赖的知识基础的不断更新，提升产业的基础技术水平，从而带动产业链条向高级化发展。而且，创新投入能够改变产业生命周期，加速产业动态变化，推动产业由要素推动转变为创新驱动，促进产业结构水平的提升。特别地，传统产业产能过剩，第三产业发展滞后，更需要从创新投入这一供给侧为产业转型升级助力。研发投入多投入于高技术产业和服务业，促进了产业结构向高级化转型。研究表明，研发聚集对产业转型升级具有正向影响，研发集聚的行业或企业能够率先实现转型升级，这也正说明了创新投入对产业结构升级的重要促进作用。据此，本报告提出如下研究假设：

H2：创新投入对产业转型升级外显效应具有积极的推动作用。

二、模型设定与数据说明

（一）模型的建立

基于前面研究推论与研究假设，本报告构建了创新影响产业转型升级的基本函数模型：

$$\ln ITU_{it} = \beta_0 + \beta_1 \ln II_{it} + \beta_2 \ln IO_{it} + \varphi' Control_{it} + \varepsilon_{it} \quad (7.1)$$

其中，下角标 i 代表地区，t 代表年份。β_0、β_1、β_2为待估计参数，被解释变量 ITU 代表产业转型升级，解释变量 II 和 IO 分别代表创新投入和创新产出，Control 为控制变量集合。φ'为待估计控制变量的参数聚合，ε_{it}为随机干扰项。

为了更为精确地辨析创新对产业转型升级的影响，一方面，本报告从内涵质量与外显效应两个方面度量产业转型升级，产业转型升级的函数表达式为：

$$ITU_{it} = \alpha_i \times IU_{it}^{\beta_1} \times IT_{it}^{\beta_2} \quad (7.2)$$

其中，IU 代表产业转型升级内涵质量，IT 代表产业转型升级外显效应，β 为弹性。

另一方面，本报告分别构建了创新投入及创新产出的基本函数模型，如模型（3）和模型（4）所示：

$$II_{it} = \alpha_i \times RDK_{it}^{\beta_1} \times RDL_{it}^{\beta_2} \quad (7.3)$$

$$IO_{it} = \alpha_i \times PA_{it}^{\beta_1} \times TMC_{it}^{\beta_2} \times NPS_{it}^{\beta_3} \quad (7.4)$$

其中，RDK 代表创新的资金投入，RDL 代表创新的人力投入，PA 代表专利授权，TMC 代表技术市场合同成交情况，NPS 代表新产品销售情况。

同时，参考现有研究，本报告选取外商直接投资、政府财政支出、对外开放作为控制变量。控制变量集合 Control 为：

$$\text{Control}_{it} = \alpha_1 \ln \text{FDI}_{it} + \alpha_2 \ln \text{GE}_{it} + \alpha_3 \ln \text{Open}_{it} + \alpha_4 \ln \text{Open}_{it}^2 \quad (7.5)$$

其中，FDI 代表外商直接投资，GE 代表政府财政支出，Open 代表对外开放。

将模型（7.2）、模型（7.3）、模型（7.4）、模型（7.5）代入模型（7.1），并考虑创新投入与产出对产业转型升级的各异影响机制，可以整理分解为产业转型升级内涵质量和外显效应的各自函数表达。因此，本报告最终需要分析的模型如下：

$$\ln \text{IU}_{it} = \beta_0 + \beta_1 \ln \text{PA}_{it} + \beta_2 \ln \text{TMC}_{it} + \beta_3 \ln \text{NPS}_{it} + \beta_4 \ln \text{FDI}_{it} + \beta_5 \ln \text{GE}_{it} + \beta_6 \ln \text{Open}_{it} + \beta_7 \ln \text{Open}_{it}^2 + \varepsilon_{it} \quad (7.6)$$

$$\ln \text{IT}_{it} = \beta_0 + \beta_1 \ln \text{RDK}_{it} + \beta_2 \ln \text{RDL}_{it} + \beta_3 \ln \text{FDI}_{it} + \beta_4 \ln \text{GE}_{it} + \beta_5 \ln \text{Open}_{it} + \beta_6 \ln \text{Open}_{it}^2 + \varepsilon_{it} \quad (7.7)$$

（二）变量选取与数据来源

1. 变量的选取

（1）被解释变量。一方面，国内生产总值是区域经济发展的最关键指标，而人均国内生产总值则体现了区域经济发展带给居民的获得感，这体现了产业转型升级的根本目的。因此，本报告选取人均国内生产总值作为产业转型升级内涵质量的代理度量变量。另一方面，三次产业间的比例关系是产业转型升级的最直观表现。基于资源禀赋及所处经济发展阶段的不同，并非所有城市都适合发展第三产业，“一刀切”地要求所有城市都实现第三产业增加值超过第二产业增加值并不合理。产业结构层次系数反映了区域产业结构的高级化程度，是更为合理的评价指标。因此，本报告选取产业结构层次系数作为产业转型升级外显效应的代理度量变量。参照柯军给出的产业结构层次系数计算公式，并根据实际情况，将产业按照“第一产业、第二产业、第三产业”的层次顺序加以排序，即为“第一产业、第二产业、第三产业”分别赋予权重“1、2、3”，分别计算各省域的产业结构层次系数。具体公式如下：

$$W_{it} = 1 \times \frac{\text{One}_{it}}{\text{GDP}_{it}} + 2 \times \frac{\text{Two}_{it}}{\text{GDP}_{it}} + 3 \times \frac{\text{Three}_{it}}{\text{GDP}_{it}} \quad (7.8)$$

其中，W 代表产业结构层次系数，GDP 代表国内生产总值，One 代表第一产业增加值，Two 代表第二产业增加值，Three 代表第三产业增加值。

（2）解释变量。投入指标部分，根据柯布—道格拉斯生产函数 $Y = A(t)L^{\alpha}$

$K^{\beta}\mu$，假设综合技术水平 A(t)保持不变的情况下，创新产出应是劳动投入和资本投入的综合函数。因此，本报告选取 R&D 人员全时当量代表创新的劳动投入，并选取 R&D 经费内部支出代表创新的资本投入。产出指标部分，从直接表现和价值表现两个维度加以考虑。一方面，尽管用专利授权衡量科技产出受到了诸多质疑，但该指标具有数据可靠、客观、易获得等特点，且与创新活动密切相关，因此，本报告选取专利授权数代表创新的直接表现。另一方面，创新从根本上讲应该是市场化的过程。鉴于数据的可得性与指标的重要性，本报告选取技术市场合同成交金额和新产品销售收入代表创新的价值表现。

（3）控制变量。首先，在经济全球化趋势及全球新产业革命迅速发展的新时代，提升外资利用水平对于我国经济新旧动能转换至关重要。因此，本报告选取外商直接投资作为影响产业转型升级的控制变量之一。其次，政府财政政策具有“定向诱导”功能和“租金创造”机能，在地区产业转型升级过程中扮演着不可替代的角色。因此，本报告选取政府财政支出作为影响产业转型升级的控制变量之一。最后，对外开放是我国实现产业结构优化升级的重要途径。大部分研究均认可对外开放对产业结构升级与区域经济发展的促进作用，但也有研究发现，对外开放程度过高，会导致对外资的过度依赖而阻碍本土经济的良性发展。因此，本报告选取进出口总额作为衡量对外开放的代理变量，引入模型作为影响产业转型升级的控制变量之一，并考虑对外开放可能产生的“过犹不及”的影响。

2. 数据来源与处理

本报告以中国 30 个省域（不包括港澳台，西藏自治区的数据缺失较为严重，故不在研究范围之内）为研究对象。鉴于重庆市 1997 年正式设立，并考虑数据的可得性，本报告时间跨度为 1998～2016 年。创新相关指标的原始数据来源于《中国科技统计年鉴》，产业转型升级及控制变量的相关指标的原始数据则来源于《中国统计年鉴》。数据处理采用静态非平衡面板模型，所用计量软件为 EViews9.0。

三、实证结果分析

（一）模型估计

本报告面板数据是一个“短面板”，T 较小而 n 较大，因而在实证分析过程中并未考虑面板的单位根检验问题。实证分析过程中，首先，通过 Hausman 检验确定模型形式；然后，进行模型估计与分析。模型估计结果如表 7.1 所示。由表 7.1可知，当被解释变量为产业转型升级内涵质量和外显效应时，Hausman 检验结果均显示其显著性概率水平 $p < 0.05$，因此，拒绝原假设，即应建立固定效应模型。并且，由于数据是“短面板”，因此估计方法采用截面加权估计法（cross - section weights，CSW）。

表 7.1　　模型估计结果

变量	方程 1（被解释变量 = ln IU）	方程 2（被解释变量 = ln IT）
	估计值	估计值
ln RDK		0.0071*** (2.8698)
ln RDL		0.0105*** (3.8753)
ln PA	0.0277*** (2.6284)	
ln TMC	0.0148*** (2.8056)	
ln NPS	0.0511*** (5.7261)	
ln FDI	0.0332** (2.4035)	0.0057** (2.5479)
ln GE	0.5158*** (32.5957)	0.0165*** (5.6413)
ln Open	0.1760*** (5.7825)	-0.0006 (-0.0903)
ln $Open^2$	-0.0036*** (-2.6325)	-0.0004* (-1.8006)
常数项	3.0757*** (10.4967)	0.6671*** (9.4630)
R^2	0.9931	0.9231

续表

变量	方程 1 （被解释变量 = ln IU）	方程 2 （被解释变量 = ln IT）
	估计值	估计值
F 检验量 （p - value）	2129.367 （0.0000）	183.1039 （0.0000）
Hausman 检验量 （P - value）	130.2297 （0.0000）	29.5433 （0.0000）
模型选定	固定效应模型	固定效应模型

注：*** 、** 、* 分别表示 1% 、5% 、10% 的显著水平；括号内数值为 t 值。

（二） 结果讨论

1. 创新产出影响产业转型升级内涵质量的模型结果分析

由表 7.1 的方程 1 可以看出，专利授权数对人均国内生产总值的正向影响显著（$\beta = 0.0277$，$p < 0.01$），说明专利授权数每增长 1 个百分点，人均国内生产总值将提高 0.0277 个百分点；技术市场合同成交金额对人均国内生产总值的正向影响显著（$\beta = 0.0148$，$p < 0.01$），说明技术市场合同成交金额每增长 1 个百分点，人均国内生产总值将提高 0.0148 个百分点；新产品销售收入对人均国内生产总值的正向影响显著（$\beta = 0.0511$，$p < 0.01$），说明新产品销售收入每增长 1 个百分点，人均国内生产总值将提高 0.0511 个百分点。同时，各控制变量对被解释变量的影响也符合理论假设。因此，假设 H1 得到验证，创新产出对产业转型升级内涵质量具有积极的推动作用。

2. 创新投入影响产业转型升级外显效应的模型结果分析

由表 7.1 的方程 2 可以看出，R&D 经费内部支出对产业结构层次系数的正向影响显著（$\beta = 0.0071$，$p < 0.01$），说明 R&D 经费内部支出每增加 1 个百分点，产业结构层次系数将提高 0.0071 个百分点；R&D 人员全时当量对产业结构层次系数的正向影响显著（$\beta = 0.0105$，$p < 0.01$），说明 R&D 人员全时当量每增加 1 个百分点，产业结构层次系数将提高 0.0105 个百分点。同时，各控制变量对被

解释变量的影响也符合理论假设。因此，假设 H2 得到验证，创新投入对产业转型升级外显效应具有积极的推动作用。

四、理论贡献与研究结论

（一）理论贡献

本报告的理论贡献主要在以下两个方面：一方面，基于系统论，本研究将产业转型升级系统描述为外显效应与内涵质量的集合，这为产业转型升级问题研究提供了一个可以借鉴的理论视角；另一方面，基于协同论，本报告实证分析了创新系统各维度对产业转型升级系统各维度的各异影响机制，这为创新驱动产业转型升级问题的后续研究提空了一个可参考的研究范式。

（二）研究结论

本报告以 1998～2016 年中国 30 个省域为研究对象，采用固定效应面板数据模型，分析并检验了创新投入与创新产出对产业转型升级内涵质量与外显效应的各异驱动机制。研究结论证实，创新能够驱动产业转型升级，但创新投入与创新产出驱动产业转型升级的机制并不相同。主要研究结论包括以下方面：

第一，创新产出对产业转型升级内涵质量具有积极影响。创新产出的各表征变量（专利授权数、技术市场合同成交金额、新产品销售收入）每增长 1 个百分点，产业转型升级内涵质量的表征变量人均国内生产总值将提高 0.0148～0.0511 个百分点。首先，新产品销售收入对产业转型升级内涵质量的影响最为突出，表明创新的市场价值得到了消费者的广泛认可，对经济增长的贡献愈趋增强；其次，专利授权数对产业转型升级内涵质量的影响较为突出，体现了我国自主创新能力的提升及其对经济增长贡献的显著增强；最后，技术市场合同成交金额对产业转型升级内涵质量的影响虽然显著但并不突出，说明技术转移和技术成果转化能力不足及效益不高仍是制约创新驱动经济发展的主要障碍之一。

第二，创新投入对产业转型升级外显效应具有积极影响。创新投入的各表征变量（R&D 经费内部支出、R&D 人员全时当量）每增加 1 个百分点，产业转型升级外显效应的表征变量产业结构层次系数将提高 0.0071～0.0105 个百分点。

一方面，人力资本投入对产业转型升级外显效应的影响相对较高，说明人是生产力中最基本最活跃的要素，我国人才兴国战略成效逐渐凸显；另一方面，财力资本投入对产业转型升级外显效应的影响显著但低于人力资本产生的影响，表明资金只有与人力资本等其他生产力资源有效结合才能更好地发挥作用，也体现了我国正处于从要素驱动、资本驱动向人才驱动的积极转变。

同时，我们也得到一些其他结论：（1）政府财政支出显著推动产业转型升级的内涵质量和外显效应，证实了作为消费需求重要组成部分的政府需求对产业结构更替与变迁的重要影响，能够加速创新资本的合理聚集及产业发展，也体现了“看得见的手”对产业转型升级的宏观调控作用。（2）外商直接投资显著推动产业转型升级内涵质量和外显效应，体现了在改革开放进程中外商投资对产业结构优化的深远影响。不可否认，虽然我国的创新活动规模已经位居世界前列，但创新基础仍比较薄弱，创新能力与发达国家还有较大差距，在“跟跑、并跑、领跑”格局中仍以跟跑为主。（3）对外开放对产业转型升级内涵质量和外显效应的影响呈现倒“U”形变化。出口是拉动我国经济增长的重要引擎之一，初期的“技术外溢”促进了产业转型升级。但随着我国自主创新能力的不断提高、产业结构的不断优化及国际市场需求疲软，出口的技术“低端锁定”效应和“挤出效应”逐渐凸显，其对产业转型升级的促进作用逐渐削弱，甚至限制我国产业向合理化和高级化发展。

五、对辽宁沿海经济带创新驱动产业转型升级的启示

（一）辽宁沿海经济带产业转型升级情况

1. 辽宁沿海经济带产业转型升级外显效应情况

2017 年，辽宁沿海经济带 6 市的三次产业增加值占 GDP 比重情况如图 7.1 所示。由图 7.1 可以看出，辽宁沿海经济带 6 市的第三产业增加值占 GDP 的比重均超过其第二产业增加值占 GDP 的比重，而第二产业增加值占 GDP 的比重均超过其第一产业增加值占 GDP 的比重，说明各市产业结构高级化特征明显。进一步，依照前面给出的产业结构层次系数的计算公式，可以计算出辽宁沿海经济带各市的产业结构层次系数，如图 7.2 所示。由图 7.2 可知，大连市的产业结构层次系数最高，为 2.48；营口市的产业结构层次系数也超过 2.4；丹东市、盘锦

市、锦州市的产业结构层次系数低于 2.4，但高于 2.3；葫芦岛市的产业结构层次系数最低，仅为 2.28。

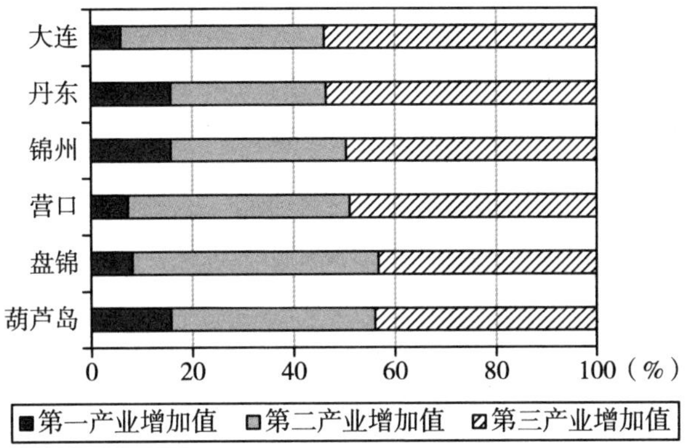

图 7.1　辽宁沿海经济带 6 是三次产业增加值占 GDP 比重情况

注：数据来源于《辽宁统计年鉴（2018）》。

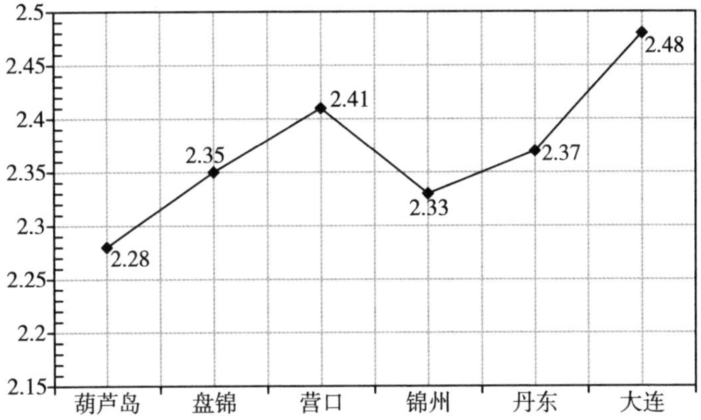

图 7.2　辽宁沿海经济带 6 市产业结构层次系数

2. 辽宁沿海经济带产业转型升级内涵质量情况

2017 年，辽宁沿海经济带 6 市人均 GDP 情况如图 7.3 所示。由图 7.3 可以看出，大连市一枝独秀，人均 GDP 达到 100033 元，其余 5 市人均 GDP 均不足 10 万元；盘锦市以 75682 元的人均 GDP 居辽宁沿海经济带 6 市的第二位；营口市以 52092 元人均 GDP 居辽宁沿海经济带 6 市的第三位；锦州市、丹东市、葫芦岛市的人均 GDP 均低于 40000 元，以 35254 元、32819 元、28158 元居辽宁沿海经济带 6 市的第四至六位。

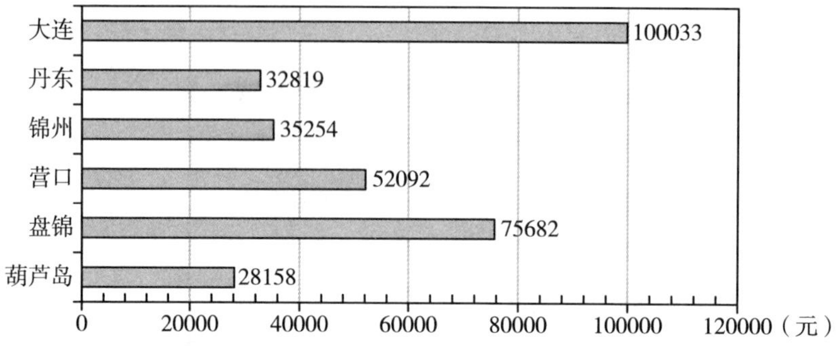

图 7.3　辽宁沿海经济带 6 市人均 GDP

注：数据来源于《辽宁统计年鉴（2018）》。

（二）辽宁沿海经济带创新情况

1. 辽宁沿海经济带创新投入情况

由于数据缺失严重，本部分将采用 2015 年的相关数据加以分析。一方面，从创新人力投入来看，2015 年辽宁沿海经济带 6 市的 R&D 人员情况如图 7.4 所示。由图 7.4 可以看出，大连市以 76301 人 R&D 人员位居辽宁沿海经济带 6 市之首，体现了大连市在创新人力方面的大力投入；其余 5 市的 R&D 人员数均不足万人，其中锦州市以 8518 人 R&D 人员居辽宁沿海经济带第二位，仅为大连市的 1/9；盘锦市以 8196 人 R&D 人员居辽宁沿海经济带第三位；丹东市和营口市的 R&D 人员均不足 6000 人，分列辽宁沿海经济带第四位和第五位；葫芦岛市仅有 R&D 人员 3092 人，约为大连市 R&D 人员数的 1/25。

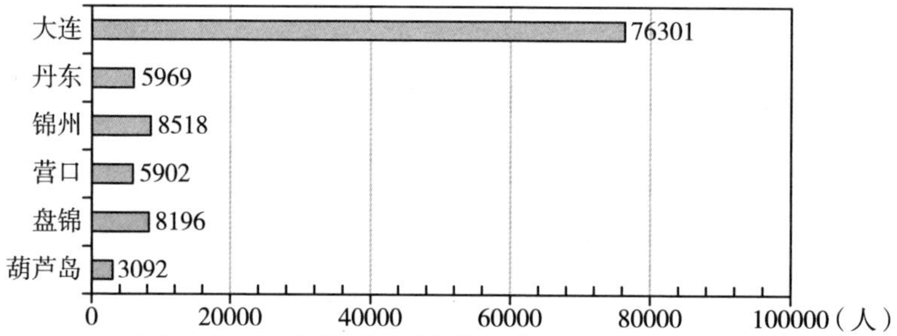

图 7.4　辽宁沿海经济带 6 市 R&D 人员情况

注：数据来源于《辽宁科技统计年鉴（2016）》。

另一方面，从创新资本投入来看，2015 年辽宁沿海经济带 6 市的 R&D 经费内部支出情况如图 7.5 所示。由图 7.5 可以看出，大连市以 1261716 万元的 R&D 经费内部支出位居辽宁沿海经济带 6 市之首，在创新资本投入方面表现突出，其余 5 市的 R&D 经费内部支出均不足 20 亿元；营口市以 172579 万元 R&D 经费内部支出居辽宁沿海经济带第二位，但不及大连市的 1/7；盘锦市和锦州市分别以 139529 万元和 108663 万元的 R&D 经费内部支出居辽宁沿海经济带第三位和第四位；丹东市以 26930 万元 R&D 经费内部支出居辽宁沿海经济带第五位，不及大连市的 1/46；葫芦岛市以 13730 万元 R&D 经费内部支出居辽宁沿海经济带最后一位，仅约为大连市 1/92。

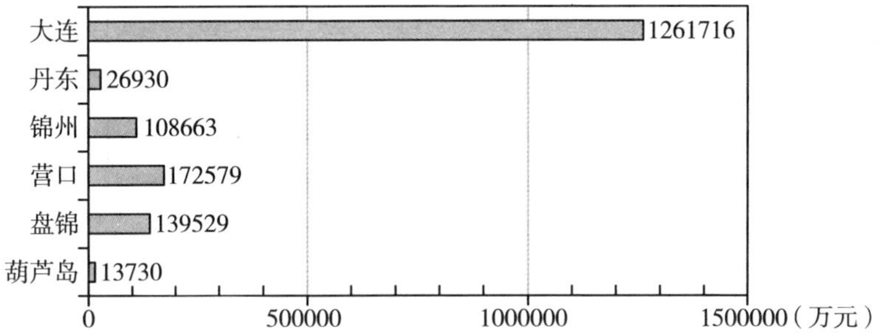

图 7.5　辽宁沿海经济带 6 市 R&D 经费内部支出情况

注：数据来源于《辽宁科技统计年鉴（2016）》。

2. 辽宁沿海经济带创新产出情况

首先，从专利授权数来看，2017 年辽宁沿海经济带 6 市专利授权数情况如图 7.6所示。由图 7.6 可以看出，大连市以 7768 件专利授权居辽宁沿海经济带 6 市的首位，专利产出成果显著；锦州市以 1274 件专利授权居辽宁沿海经济带第二位，但仅为大连市的 1/6；营口市、盘锦市、葫芦岛市的专利授权数不相上下，均不足千件，以 671 件、656 件、652 件分列辽宁沿海经济带第三至第五位。

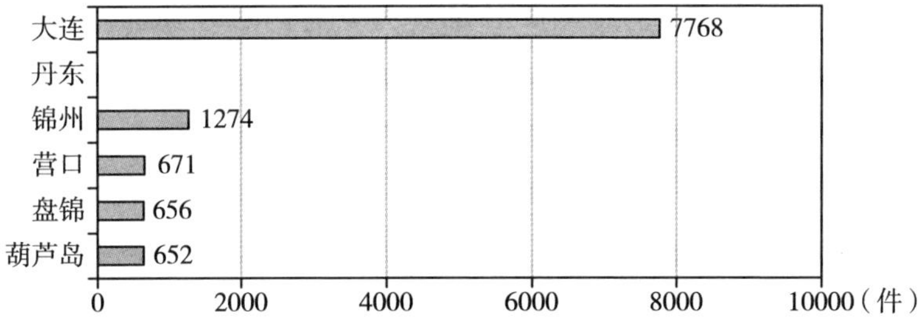

图 7.6　辽宁沿海经济带 6 市专利授权数情况

注：数据来源于各市《2017 年国民经济与社会发展统计公报》；丹东市数据缺失。

其次，从技术市场合同成交金额来看，2017 年辽宁沿海经济带 6 市的技术市场合同成交金额情况如图 7.7 所示。由图 7.7 可以看出，大连市以 124 亿元的技术市场合同成交金额居辽宁沿海经济带 6 市首位，技术成果转化效果显著；锦州市以 15.9 亿元的技术市场合同成交金额居辽宁沿海经济带第二位，但仅为大连市的 1/8；盘锦市以 8.5 亿元的技术市场合同成交金额居辽宁沿海经济带第三位，但仅为大连市的 1/14；营口市的技术市场合同成交金额仅为 2.5 亿元，约为大连市的 1/50。

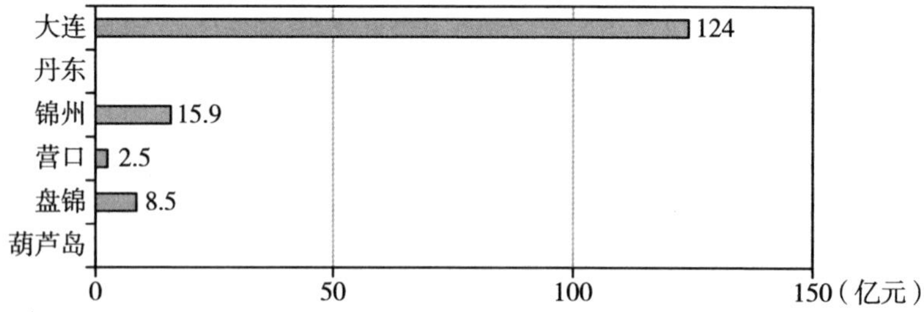

图 7.7　辽宁沿海经济带 6 市技术市场合同成交金额情况

注：数据来源于各市《2017 年国民经济与社会发展统计公报》；丹东市、葫芦岛市数据缺失。

最后，从大中型工业企业新产品销售收入情况来看，2015 年辽宁沿海经济带 6 市的技术市场合同成交金额情况如图 7.8 所示（鉴于数据的可得性，本指标只能收集到 2015 年的准确数据）。由图 7.8 可以看出，大连市以 14982452 万元的大中型工业企业新产品销售收入居辽宁沿海经济带 6 市之首，其余 5 市的大中型工业企业新产品销售收入均不及大连市的 1/10；盘锦市以 1433453 万元的大中型工业企业新产品销售收入居辽宁沿海经济带第二位；葫芦岛市、营口市分别以 1226967 万元、1106567 万元的大中型工业企业新产品销售收入居辽宁沿海经济带第三位和第四位；锦州市和丹东市的大中型工业企业新产品销售收入均不足大连市的 1/40，分别以 369518 万元和 325000 万元居辽宁沿海经济带第五位和第六位。

（三）辽宁沿海经济带创新驱动产业转型升级面临的问题

1. 产业结构有待进一步优化升级

从辽宁沿海经济带 6 市的三次产业占比来看，丹东市、锦州市和葫芦岛市的

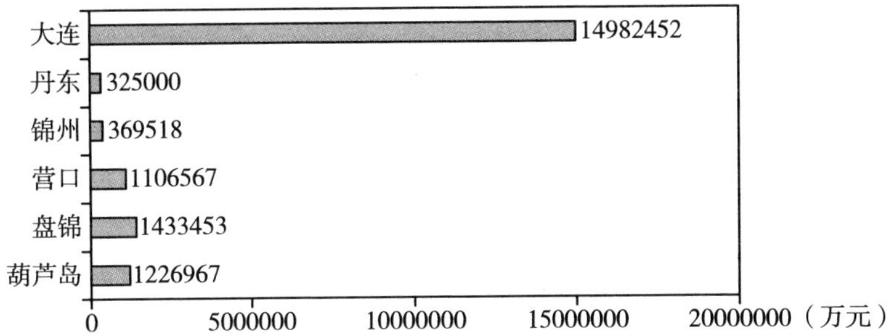

图 7.8　辽宁沿海经济带 6 市大中型工业企业新产品销售收入情况

注：数据来源于《辽宁科技统计年鉴（2016）》。

第一产业占比仍较高，说明其第二产业和第三产业还有待进一步提升；从辽宁沿海经济带 6 市的产业结构层次系数来看，只有大连市和营口市的产业结构层次系数超过 2.4，其余 6 市的产业结构层次系数仍较低，低于全国平均的 2.44① 这一指标，更进一步说明这 4 个城市的第二产业和第三产业对经济的贡献仍不足，特别是第三产业对区域经济的贡献还有待进一步挖掘。

2. 产业转型升级的内涵质量有待进一步提高

2017 年，丹东市、锦州市、营口市和葫芦岛市的人均国内生产总值与全国的全年人均国内生产总值 59660 元②仍有较大差距，特别是葫芦岛市的人均国内生产总值仅为全国的 1/2。产业转型升级对经济以及人民福祉的贡献仍有待进一步提高。

3. 创新投入有待进一步增强

除大连市外，辽宁沿海经济带其余 5 市的 R&D 人员和 R&D 经费内部支出仍不能满足产业转型升级及创新驱动的要求，严重阻碍了创新主体淘汰落后产能、实施技术革新的进程。

4. 创新产出效果有待进一步提升

从专利授权数来看，除大连市以外的其余辽宁沿海经济带 5 市的年专利授权数仅为 1000 件左右；从技术市场合同成交金额来看，除大连市外，其余各市的

① 数据来源：根据《中国统计年鉴（2018）》计算。

② 数据来源：《中国统计年鉴（2018）》。

年技术市场合同成交金额仅为 10 亿元左右；从大中型工业企业新产品销售收入来看，除大连市外，辽宁沿海经济带其余 5 市的大中型工业企业新产品销售收入仅为 100 亿元左右。创新产出的不足，特别是创新成果转化率不高，导致创新产出效果有待进一步提升。

（四）辽宁沿海经济带创新驱动产业转型升级的对策与建议

基于全国创新驱动背景下的产业转型升级研究，针对辽宁沿海经济带产业转型升级及创新驱动存在的问题，可以从以下几个方面，实施创新驱动发展，促进辽宁沿海经济带产业转型升级。

第一，正确看待产业转型升级外显效应与内涵质量的关系。产业转型升级的主要表现形式为产业结构的高级化，但核心在于转变经济增长类型与提高生产效率。一方面，提高第二产业和第三产业特别是第三产业的比重；另一方面，依照辽宁沿海经济带各市自身资源禀赋，合理有序地开展第二产业和第三产业建设，保证产业结构优化能够真正促进经济增长模式转变并最终促进经济增长。

第二，坚持市场导向。技术创新必须始终从市场需求出发，把准消费者的脉搏。同时，遵循市场规律与产业发展规律，合理确定产业发展方向和重点，提升产业发展的持续性和有效性。依照辽宁沿海经济带各市的产业布局，找准重点产业的市场定位，制定符合自身实际情况的技术创新模式及产业发展路径；要树立市场思维，突出主业、找准定位，坚持有所为有所不为，从市场需求角度出发，充分发挥资源比较优势，实现错位发展。

第三，坚持自主创新。坚持自主创新是实现高质量发展的必由之路，没有基础核心技术的创新驱动将难以为继。坚持自主创新，不断提高企业自主创新能力，是一个系统工程。必须从“高重复、低层次”模仿创新的禁锢中解放出来，提升核心技术的原始创新能力，真正掌握产业发展方向。依托辽宁沿海经济带丰富的科研资源，锚定关键产业的关键技术，突破一批核心技术难关，打造一批核心技术企业。坚持把发展基点放在创新上，大力培育创新优势企业，塑造更多依靠创新驱动、更多发挥先发优势的引领型发展。

第四，加大力度推动创新成果向生产力转化。加快科技成果转化为现实生产力，是实现科技与经济紧密结合的关键环节。只有加快创新成果转化，创新价值才能得以体现，才能发挥创新对产业发展的带动作用。从创新链的角度分析，我国创新活动的一个突出特点是“两头强、中间弱”，即前端技术研发、后端产业投资相对要强，但中间地带——技术成果的产业化开发非常薄弱。因此，要特别加强创新链中间环节建设，促进技术成果尽快转化。目前阻碍科技成果转移、流动的体制和政策障碍还大量存在，推动科技成果应用的措施还不到位，高校、科研院所的科技成果与企业技术进步的需求不能有效对接，支撑科技成果转化的投资非常薄弱，能够吸纳科技成果的新兴产业发展缓慢。因此，要依托辽宁沿海经济带国家发展战略和沈大国家自主创新示范区等战略条件，搭建产学研用协同创新模式，促进专利及技术市场合同向新产品的转化，实现创新的市场价值。一是组建由核心企业牵头、大中小企业参与、产学研用充分结合的产业技术创新联盟，促进创新链与产业链的对接。二是加强技术创新体系与区域创新体系的紧密结合，构建技术创新公共服务平台，促进科技资源集成与开放共享。三是创新科技与金融广泛合作的模式，引导政策、金融、文化、人才等要素合力支持，形成整体的转化能力和有效的保障机制。四是加大实施产业化示范工程力度，建立健全科研机构、高校的创新成果发布制度和技术转移机构。五是依托具有优势的产业集聚区，培育一批创新能力强、创业环境好、特色鲜明、集聚发展的战略性新兴产业示范基地。六是加强公共科技服务平台建设，发挥转制院所对所在行业共性技术研发和推广应用中的骨干作用，发挥国家工程技术研究中心在技术创新和公共服务中的作用。七是加强以科技为主要内容的社会化推广服务体系和技术交易市场的建设。加强多层次、多渠道、多元化的科技与市场对接平台或技术交易市场建设，研究和探索促进科技创新和金融投资相结合的技术创新成果评价体系。八是促进高校、科研院所科技成果与企业，特别是中小企业技术升级需求的有效对接，发展一支高水平的专业人员队伍，积极开展科技成果咨询、评估、经纪、推介、交易等有助于技术转移和产业化的各项工作。

第五，激发创新人才的创新活力。创新和发展离不开人才，创新驱动的关键是发挥人才的引领作用。人才是科技创新的核心主力，是新产品开发、技术升级的原动力。一方面，政府要进一步建立健全人才引进战略，拓宽引才渠道，为各类人才引进提供有利条件。如对稀缺人才落户安置本地企业时予以适当的费用补贴；结合本地优质教育资源，与大中专院校联合培养科研生产高层次专业技术人才和高技能人才，对做出突出贡献的科技人员进行表彰和奖励，对企业人力资本投资进行补偿等一系列措施，创造好的就业环境，吸引更多高层次、高技能人才就业。另一方面，通过科技体制改革，创新创优人才生成环境，打破制约人才发挥作用的各种束缚与桎梏，提升创新人才的获得感和幸福感，充分释放创新活力。积极探索有利于激发人才创新激情的体制机制，提高高校对地方经济的服务力度与效果。依托辽宁沿海经济带丰富的高校资源，激励高校毕业生留在辽宁沿海经济带就业、创业。

第六，加大政府财政对创新的扶持。首先，要加强创新意识宣传，对在研发创新活动有杰出表现的企业予以表彰奖励，树立通过科技创新促进企业发展的典型，在全社会形成科技创新的良好氛围，鼓励企业加大研发投入。其次，大力推进创新创业载体与平台建设，搭建“政产学研金服用”创新发展模式。最后，要出台系列组合政策，加强企业研发活动的引导，通过制定资金扶持、税收优惠、信贷优惠、财政贴息、创新产品激励和奖励等政策，为企业研发持续发展提供良好的资金和社会环境；降低享受优惠政策门槛，简化办理优惠相关操作流程，并加大优惠政策宣传力度，让更多企业享受优惠政策，调动企业科技创新积极性。

第七，加大高技术产业的创新投入。创新研发是企业长远、持续发展的不竭动力，不断加强技术创新，才会永远保持强劲的生机与活力。在新常态下，必须从传统的要素驱动、投资驱动转向创新驱动，积极转变发展模式，加大研发投入，依靠科技力量实现转型升级，使经济结构进一步优化，产业布局更加合理。重点加大对自主核心技术攻关和重大技术研发的投入力度，促进关键产业的快速发展。根据辽宁沿海经济带各市的高新技术产业布局，遴选重点企业加以重点支持，从技术指导、税收优惠等全方位加大投入。

参考文献

［1］戴万亮，路文玲，单亦函. 创新驱动产业转型升级研究——基于我国 1998~2016 年省域面板数据［J］. 河北工业科技，2019，36（2）.

［2］周柯，张斌，谷洲洋. 科技创新对产业升级影响的实证研究——基于省级面板数据的实证分析［J］. 工业技术经济，2016，35（8）：85-92.

［3］宋晶，陈劲. 全球价值链升级下中国创新驱动发展战略的实施策略［J］. 技术经济，2016，35（5）：6-9.

［4］白极星，周京奎. 研发聚集、创新能力与产业转型升级——基于中国工业企业数据实证研究［J］. 科学决策，2017（1）：1-17.

［5］Baumol W J. Macroeconomics of Unbalanced Growth：The Anatomy of the Urban Crises［J］. American Economic Review，1967，57（3）：415-426.

［6］Montobbio F. An Evolutionary Model of Industrial Growth and Structural

Change [J]. Structural Change and Economic Dynamics, 2002, 113 (4): 387 -414.

[7] 纪玉俊，李超. 创新驱动与产业升级——基于我国省际面板数据的空间计量检验 [J]. 科学学研究，2015，33 (11): 1651 -1659.

[8] 蔡玉蓉，汪慧玲. 创新投入对产业结构升级的影响机制研究——基于分位数回归的分析 [J]. 经济问题探索，2018，39 (1): 138 -146.

[9] Baptista R, Swann P. Do Firms in Clusters Innovate More? [J]. Research Policy, 1998, 27 (5): 525 -540.

[10] 霍远，王盛兰. 产业创新与产业升级耦合协调发展的时空特征及驱动因素研究 [J]. 商业经济研究，2018 (16): 175 -178.

[11] 陈生明，张亚斌，陈晓玲. 技术选择、产业结构升级与经济增长——基于半参数空间面板向量自回归模型的研究 [J]. 经济经纬，2017，34 (5): 87 -92.

[12] 高素英，钦彦祥，张烨. 创新投入影响产业结构优化升级路径分析——基于本地效应与多元空间溢出效应 [J]. 科技进步与对策，2017，34 (19): 60 -67.

[13] 干春晖，郑若谷，余典范. 中国产业结构变迁对经济增长和波动的影响 [J]. 经济研究，2011，21 (5): 4 -16.

GAN Chunhui, ZHENG Ruogu, YU Dianfan. An empirical study on the effects of industrial structure on economic growth and fluctuations in China [J]. Economic Research Journal, 2011, 21 (5): 4 -16.

[14] 金碚. 工业的使命和价值——中国产业转型升级的理论逻辑 [J]. 中国工业经济，2014 (9): 51 -64.

[15] 吴江. 科技创新与产业转型研究 [M]. 北京：经济管理出版社，2014: 98 -100.

[16] Schumpeter J. The Theory of Economic Development [M]. Cambridge, MA: Harvard University Press, 1934.

[17] Griliches Z. Issues in Assessing the Contribution of R&D to Pro - ductivity Growth [J]. Bell Journal of Economics, 1979 (10): 92 -116.

[18] 田晖，宋清. 创新驱动能否促进智慧城市经济绿色发展——基于我国47个城市面板数据的实证分析 [J]. 科技进步与对策，2018，35 (24): 6 -12.

[19] 张杰. 进口对中国制造业企业专利活动的抑制效应研究 [J]. 中国工业经济，2015 (7): 68 -83.

[20] 李小平，朱钟棣．国际贸易、R&D 溢出和生产率增长［J］．经济研究，2006（2）：31-43.

[21] 贾俊生，伦晓波，林树．金融发展、微观企业创新产出与经济增长——基于上市公司专利视角的实证分析［J］．金融研究，2017（1）：99-113.

[22] 李政，杨思莹．创新投入、产业结构与经济增长［J］．求是学刊，2015，42（4）：61-67.

[23] Hu A G Z, Png I P L. Patent Rights and Economic Growth: Evidence from Cross-country Panels of Manufacturing Industries [J]. Oxford Economic Papers, 2013, 65 (3): 675-698.

[24] 张杰，高德步，夏胤磊．专利能否促进中国经济增长——基于中国专利资助政策视角的一个解释［J］．中国工业经济，2016（1）：83-98.

[25] 张江雪．我国技术市场的发展状况及其经济效应研究［J］．中国新技术新产品，2010（12）：1-4.

[26] Greunz L. Industrial Structure and Innovation—Evidence from European Regions [J]. Journal of Evolutionary Economics, 2004, 14 (5): 563-592.

[27] 樊杰，刘汉初．"十三五"时期科技创新驱动对我国区域发展格局变化的影响与适应［J］．经济地理，2016，36（1）：1-9.

[28] Lawrence R M, Tatum J. Energy Possibilities: Rethinking Alternatives and the Choice-Making Process [J]. American Political Science Review, 1996, 90 (2): 440-441.

[29] 王永进，张国峰．开发区生产率优势的来源：集聚效应还是选择效应？［J］．经济研究，2016（7）：58-71.

[30] 李健．产权结构变迁和中国创新能力［J］．中国科技论坛，2018（2）：30-37.

[31] 冯智雨，戴万亮．辽宁省创新效率评估与创新驱动路径研究——基于 DEA-Tobit 模型［J］．科技与管理，2017，19（5）：16-20.

[32] 柯军．产业结构升级与经济增长的关系［J］．统计与决策，2008（11）：83-84.

[33] 戴万亮，金彦龙，王乐．基于 DEA 模型的高技术产业 R&D 效率评价［J］．河北工业经济，2015，32（2）：95-101.

[34] 朱有为，徐康宁．中国高技术产业研发效率的实证研究［J］．中国工业经济，2006（11）：38-45.

[35] 石奇，孔群喜. 动态效率、生产性公共支出与结构效应 [J]. 经济研究，2012 (1)：92－104.

[36] 白积洋. 财政政策如何影响产业结构升级——基于广东省 21 个地市级的动态面板数据的实证分析 [J]. 财政科学，2017，13 (1)：125－141.

[37] 徐春华，刘力. 省域居民消费、对外开放程度与产业结构升级——基于省际面板数据的空间计量分析 [J]. 国际经贸探索，2013，29 (11)：39－52.

[38] 时磊，田艳芳. FDI 与企业技术“低端锁定” [J]. 世界经济研究，2011 (4)：75－80.

[39] 李政，杨思莹. 科技创新、产业升级与经济增长：互动机理与实证检验 [J]. 吉林大学社会科学学报，2017，57 (3)：41－52.

[40] 付宏，毛蕴诗，宋来胜. 创新对产业结构高级化影响的实证研究——基于 2000—2011 年的省际面板数据 [J]. 中国工业经济，2013 (9)：56－68.

[41] 万钢. 加快推进科技成果向现实生产力转化 [J]. 求是，2011 (13)：52－55.

资政建言

| 资政建言一 |

打造全国现代海洋经济体系示范基地 实现辽宁海洋经济高质量发展

一、辽宁海洋经济高质量发展的背景及意义

海洋是21世纪人类生存和发展的重要资源和空间，已成为沿海国家经济增长的重要源泉。世界主要海洋国家相继制定了本国的海洋发展战略。海洋经济已成为我国经济增长的重要引擎，是孕育新产业、引领新增长的重要领域。党的十九大做出了“坚持陆海统筹，加快建设海洋强国、经济转向高质量发展”的重要战略部署。拓展蓝色发展空间，实现海洋经济高质量发展对于实现“两个一百年”奋斗目标、实现中华民族伟大复兴的中国梦具有重大意义。

实现辽宁省海洋经济高质量发展能够有效带动辽宁深层次改革开放，彻底激活市场潜力、深度融入国际体系、完善提升治理体系，形成全新增长板块，充分展示示范效应，从而推动东北老工业基地转型升级，引领东北地区全面振兴。

二、海洋经济高质量发展的基本内涵

海洋经济高质量发展强调海洋经济增长由数量维向质量维转变，发展动力由规模扩张向结构升级转换，驱动要素由传统海洋要素向海洋创新要素转移。具体来说，应该从五个方面做好设计并扎实推进。（1）科技创新引领的增长动力结

构。(2)市场机制主导的资源配置方式。(3)健全协同运转的产业结构体系。(4)协调合作主导的陆海统筹关系。(5)绿色发展约束的经济增长方式。

三、辽宁海洋经济高质量发展的现存问题

辽宁省发展海洋经济拥有得天独厚的资源优势与较好的产业基础，海洋经济已成为辽宁省经济发展与东北振兴的重要引擎。然而与其他沿海省份相比，辽宁省海洋经济发展相对落后，主要问题包括以下几个方面：

1. 海洋经济发展不平衡、不充分，生产要素亟待整合。辽宁海洋经济总量发展势头可观，但海洋战略性新兴产业发展不充分。省内沿海地区海洋经济差异显著。省内沿海地区之间产业同构系数高，相互之间同类产品竞争内耗大，缺乏生产要素的自由流动与经济的互补协作，导致海洋经济生产效率降低，规模效应和比较优势不能得到充分发挥。

2. 海洋产业体系"供给老化"，海洋产业结构亟待优化。辽宁省海洋捕捞业、海洋交通运输业、海盐业和滨海旅游业等传统产业占全省海洋经济总量60%以上，而增值型、高层次、深加工的海水利用、海洋电力及海洋生物医药等新兴海洋产业尚未形成规模。

3. 海洋资源日益匮乏，海洋生态环境压力较大，管理体制有待完善。围海造地、兴建港口码头及采矿采砂等活动，导致自然岸线不断减少，大量滩涂转换为工业用地，企业超标排放、违法偷排现象比较严重，区域内海洋生物呈锐减之势。海洋环境监测和预警服务平台建设仍然落后，长期监测数据缺乏，生态环境保护的相关体制机制有待健全。

4. 海洋科技成果转化率低，技术要素集聚能力不强，创新驱动远不能适应海洋经济新形势的需要。辽宁省海洋科技总体水平不高，对资源开发的引领与支撑不足。与全国海洋科技力量比较而言，辽宁省海洋科技力量在中下游水平，涉海机构与相关人才缺乏、政府对海洋科技创新的鼓励与引领机制效用不足、海洋科技投入低、科技力量分散、"官产学研"之间创新合作机制不健全，这些都是其海洋科技创新水平较低的主要原因。

5. 现代海洋经济管理体系有待健全。辽宁省存在法规协调机制缺位和海洋法规制度建设滞后的问题。在资源管理与利用、开发与保护、污染防治、港口和船舶管理等方面缺少操作性强、细致规范的条例或管理办法，海洋经济配套管理

有待完善。缺少海洋经济创新服务平台，缺乏优惠政策及资金扶持。“东北亚冰上丝绸之路”“东北老工业基地振兴”等国家采取和给予的政策措施，没有形成同频共振、共促发展的局面，与中国自由贸易试验（辽宁）沈阳、大连、营口片区的政策联系性有待加强。

四、辽宁海洋经济高质量发展的目标与战略要点

1. 辽宁海洋经济高质量发展的目标为：全国现代海洋经济体系示范基地

推动辽宁省海洋经济高质量发展，就是要建设现代化海洋经济体系，这是其海洋经济高质量发展的着力点以及战略目标。全国现代海洋经济体系示范基地是未来一个时期全国海洋经济发展的地区样本，担负引领发展和示范发展的重要职能。具体构成包括五个方面：（1）一个协同高效的创新网络。（2）一组健全协作的产业体系。（3）一套协调持久的治理体系。（4）一个基础支撑的综合服务平台。（5）一种人海和谐的绿色发展方式。

2. 打造全国现代海洋经济体系示范基地，实现辽宁海洋经济高质量发展的三个战略要点：

（1）以市场机制为手段实现海洋资源的高效益配置。实施负面清单，清理市场机制发挥作用的障碍，激发各类主体活力，汇聚国内外要素，引导资源合理高效流动，显著提升海洋经济的增值过程。（2）以创新系统为动力实现海洋经济的高效益增长。瞄准海洋经济前沿，以新技术开拓传统产业的发展潜力，以新产品打造经济增长的新板块，以新服务支撑经济增长的新领域，推动海洋产业结构体系升级换代。（3）以治理能力为抓手实现海洋利用的高效益模式。以高质量发展需求为标准，评估、调整现有治理模式，以依法治海、区域协调、陆海统筹、绿色发展、基础服务为重点，打造统一协调、持久灵活的海洋治理体系。

五、打造全国现代海洋经济体系示范基地，实现辽宁海洋经济高质量发展的几点建议

1. 坚持海洋科技创新引领，推动完善海洋科技创新网络。以大连市为核心，

整合辽宁省海洋科技资源，加快筹建中国（辽宁）海洋实验室，并积极参与中国“透明海洋”等重大专项后期计划。加快构建“官产学研”等构成的全方位、开放型创新网络，重点破解“官产学研”对接不及时、不精准、不顺畅的难题，促进创新链和产业链的深度融合，提升海洋科研成果转换率。制定实施《辽宁海洋人才引进和培养计划》，提高人才待遇，引进一批急需的关键技术人才，培养一批基础性成长型人才，打造优良的海洋人才成长环境。以工作站、合作研究等多种形式，加强与国内外海洋科研领域交流互动。建立辽宁智慧海洋协同创新服务平台，实现互联网平台、大数据中心、公共服务平台三大资源协同发挥作用。

2. 深化海洋产业结构改革，加快发展海洋战略性新兴产业。面向辽宁海洋经济优势领域，实施产业高端化战略，争创国家海洋高新技术产业发展基地试点。探索打造一批集生态保护、种植养殖和旅游体验等于一体的“新一代海洋牧场”，打造一批具有国际竞争力的优质农产品品牌。面向海洋高端装备制造、现代海洋物流、滨海旅游、海洋生物与制品、海洋新能源与材料、海洋生物医药等重点产业领域，促进辽宁各地企业间的整合互动，发挥集聚、合作潜力，形成竞争优势，推动辽宁海洋经济实力整体提升。立足滨海开发深蓝旅游热点，整合辽宁海洋旅游资源，建立跨区域旅游联盟，发展海洋创意旅游经济，打造辽宁海洋旅游新品牌。积极扶持一批具有前瞻性、带动性和高增长潜力的产业项目，持续培养海洋经济新的增长点。

3. 坚持陆海统筹，优化空间布局，实现区域海洋经济协调发展。以陆海统筹为原则，推动沿海经济带“多规合一”，规范海洋空间开发秩序。以港口、岸线、岛屿和海域等蓝色国土的主体功能划定为前提，完善《辽宁沿海经济带产业发展规划》，做好岸线利用调整的加减法，构筑海陆一体化产业模式。以重点港区、园区和湾区为抓手，推动海洋产业协同集聚，互动发展。强化重点项目或园区空间管制，细化产业发展的综合配套与保障措施，提升园区发展品质。将“以海定陆”和“以陆定海”相结合，统筹安排海洋资源开发和海洋产业布局，分区域、分海域确定资源和要素配置的准入清单和负面清单。以生态开发为导向，以“三渔”问题和美丽渔村建设为核心，以特色小镇为依托，推动实施海岛振兴计划。

4. 深度融入共建“一带一路”，大幅提升开放合作水平。构建“陆海空网冰”五位一体、顺畅衔接、高质高效的丝路枢纽，放大辽宁沿海沿边区位优势。依托自贸区建设，以自由贸易港、特区探索建设为牵引，高标准对标上海、新加坡等地经验，创新应用负面清单制度，构建全面开放型经济新体制，重塑高质量的营商环境。推动东北亚国际能源交易中心、东北亚大数据交易中心、东北亚航运大数据中心、“一带一路”大数据大连分析中心建设。培育东北亚区域性金融中心，鼓励保险、法律、咨询等服务业发展。面向“一带一路”沿线地区，积极发展跨境电商及国际仓储、物流和贸易基地，高水平建设一批海外产业园和科研平台，高质量引进一批引领性企业和人才。积极参与国际海域资源调查、项目建设及事故和灾害处理，推动辽宁海洋经济走向深海。

5. 创建海洋综合治理示范区，显著提升海洋治理水平。委托第三方权威机构，全面评估辽宁海洋综合治理能力和海洋经济依据法规、依据规划发展的情况，摸清问题，深挖根源。以创建海洋综合治理示范区为契机，以建全海域管理体制机制、完善海洋规划体系为基本方向，重点面向海域资源管理、海域使用管理、智慧海洋建设、海洋防灾减灾，探索并推广海洋综合治理能力提升的路径。在省、市、县层面组建海洋发展委员会及相应科室，推动、协调法律和规划的修订及实施。加大治理执行情况的考核力度，划定红线、加强追责，不折不扣落实各项规定和安排，真正实现法规及规划的权威性。建立海洋综合治理能力评估、反馈及调整的动态、长效机制。积极引导和鼓励企业、公众、媒体参与，监督海洋治理实施情况，广泛采纳不同领域和渠道的改进建议。

6. 严格贯彻绿色发展理念，扎实推进海洋生态文明建设。严格落实“碧海银滩也是金山银山”的绿色发展理念，严格防控海洋污染。制定重点河口、重点海湾各类入海污染物排放总量方案。积极推进海洋生态整治，实施“蓝色海湾”修复工程，对重点海湾、生态用地、滨海公园、海岛等实施针对性修整。开展海洋生物多样性普查，建立海洋保护区，以“三生空间”为指引，划定海洋生态红线，实施救护、繁育等拯救工程。健全海洋环境监测体系，对重点敏感海域全面覆盖，构建立体监测网络。加强绿色考核比重，探索建立“滩长制”“湾长制”等责任模式。加强信息共享与部门联动，形成监管合力。制定实施《辽宁省海洋生态损害赔偿方法》，促进海洋生态环境补偿制度化、规范化。扩大宣传，加强媒体和公众监督。

7. 搭建海洋经济发展综合平台，提高海洋经济基础服务能力。政府主导，委托第三方机构构建辽宁海洋经济信息平台，实时掌握辽宁海洋经济真实账本，完善海洋经济统计内容，编写《辽宁海洋经济发展年度报告》，支撑政府决策、引导资源合理流动、促进多方合作互动。政府推动，企业参与，打造辽宁海洋经济孵化与扶持平台，通过与投融资、财务、法律、展示、人才等机构合作，为企业创建和发展提供全面服务。政府组织，企事业单位参与，打造海洋综合保障平台，实现海洋观测监测、预报应急、防灾减灾、海上安全等多方面保障服务。政府引导，企业参与，搭建对外交流平台，依托研讨、会展、赛事、考察等活动，提升辽宁海洋经济知名度，培育辽宁海洋经济发展的新思路和新伙伴。

| 资政建言二 |

规划建设丹东渔港经济示范区
推进辽宁海洋渔业持续健康发展

党的十九大提出坚持陆海统筹，加快建设海洋强国，海洋渔业在拓展蓝色经济空间、维护国家海洋权益等方面具有不可替代的地位。2018 年 9 月，习近平总书记考察东北三省并主持深入推进东北振兴座谈会，提出以培育壮大新动能为重点，激发创新驱动内生动力，积极扶持新兴产业加快发展，尽快形成多点支撑、多业并举、多元发展的产业发展格局；深度融入共建“一带一路”，建设开放合作高地，发展优势产业群，实现多边合作、多方共赢。

《“十三五”全国远洋渔业发展规划》指出，远洋渔业是战略性产业，是建设“海洋强国”、实施“走出去”和“一带一路”倡议的重要组成部分，对保障国内优质水产品供应、保障国家食物安全、促进双多边渔业合作、维护国家权益等具有重要意义。

2018 年 4 月，国家发改委、农业农村部公布了《全国沿海渔港建设规划（2018 ~ 2025 年）》，为辽宁沿海城市发展海洋渔业带来新的巨大的契机。所谓渔港经济区，是在建设现代渔港的基础上，密切结合城镇建设和产业集聚，使之形成以渔港为龙头、城镇为依托、渔业为基础，集渔船避风补给、鱼货交易、冷链物流、精深加工、海洋药物、休闲观光、城镇建设为一体，区域产业结构平衡、产业层次较高、辐射效应明显的现代渔业经济区。

辽宁省的海洋渔业具有自然区位优势、产业比较优势、绿色发展优势，其中，远洋渔业在全国起步较早，发展势头强劲。省委省政府应抓住这个有利时机，积极推动辽宁省海洋渔业经济快速发展。

丹东位于东北亚经济圈与环渤海、黄海经济圈的交汇处，丹东港是我国海岸线最北端的天然良港，也是东北东部地区的唯一沿海港口。丹东海洋红中心渔港位于丹东与大连交界，毗邻大连的地域优势利于承接大连地区的海洋渔业产业转移。

丹东的渔业生产、捕捞、养殖、加工、冷链物流各环节门类齐备，产业发展具有一定规模，正逐步从粗放、单一型向精深、系列型发展，产业转型升级也不断完善。丹东海水产品总产量 48.02 万吨（辽宁 431.98 万吨），海洋渔船 3380 艘（辽宁 38153 艘）。辽宁在全国 10 个渔港群中位居第 5，丹东在 93 个渔港经济区中排名 26，在辽宁位次仅次于大连，比较优势明显。丹东拥有海产品加工企业 500 多家，规模以上海产品加工企业 35 家，占全市规模以上企业数量的 10.4%。出口额 500 万美元以上的企业 29 家，出口额 5.25 亿美元。全市水产品年加工能力 45 万吨，年加工产量 40 万吨，名列全省第二。丹东下辖的东港市获得“国家水产品外贸转型升级专业性示范基地”。丹东是辽宁除大连外唯一有远洋渔业的城市，现有远洋捕捞企业 3 家（辽宁 22 家），船只 63 艘（辽宁 318 艘），主要分布在西非的安哥拉、刚果、塞拉立昂等国专属渔场作业，2017 年远洋捕捞总量近 9 万吨（辽宁 25 万吨）。

综上分析，把丹东渔港经济区作为辽宁渔港经济区先导示范区，通过政策扶持和投资倾斜，在短时间内扶持发展为集朝韩渔业进出口贸易、远洋渔业、远洋水产品精深加工产业集聚的现代渔港经济区，成为辽宁远洋渔业走向国际化的重要平台，从而，推进全省渔港经济区建设。

为此，提出以下建议：

一、制定《辽宁沿海渔港建设规划（2018～2025）》，将丹东渔港经济区建设作为全省的先导示范区

1. 高起点规划我省沿海渔港建设

政府相关部门应尽快制订《辽宁沿海渔港建设规划（2018～2025）》，统筹沿海、沿江、沿边和内陆开放，实现同“一带一路”建设有机融合，培育国际经济合作竞争新优势。树立“一盘棋”思想，根据各渔港经济区的产业特点、发展潜力，统筹规划，差异发展，把辽东半岛沿海渔港群建成布局合理、结构优化、功能互补、生态良好、可持续发展的现代渔港经济区。

2. 将丹东渔港经济区作为辽宁省先导示范区

一是强化规划引导和示范带动作用。省相关部门应组织开展《丹东渔港经济示范区规划》编制工作，将丹东渔港经济区建设与辽宁沿海经济带发展规划相衔接，实现生产力布局合理，带动沿海一、二、三产业协调发展，推动产城融合，为辽宁省其他渔港经济区建设起到示范作用。

二是建设辽宁远洋渔业基地。目前，在舟山和威海，国家分别批准建设了2个国家远洋渔业基地，“十三五”期间，还将打造3～5个国家级远洋渔业基地。辽宁的大连远洋渔业公司已经申请国家远洋基地，因此，建议在丹东渔港经济区内，经省批准，规划建设辽宁远洋渔业基地。

通过对威海和舟山国家远洋渔业基地的学习考察可以看出，由政府主导的远洋基地更能体现为全省远洋渔业企业服务的社会效能。规划建设集渔船锚泊避风、产品交易加工、冷链仓储物流、生产物资补给、船舶航修保养和休闲旅游服务地一体的辽宁远洋渔业基地，既鼓励辽宁远洋自捕水产品回运，又带动辽宁远洋水产品精深加工产业发展。

三是积极推进水产相关产业向丹东先导示范区集聚。水产品加工产业具有劳动力需求多，用水量大且用水质量要求标准高，相对污水排量大，还需配套较大容量的冷库及冷链物流等特点。因此，可充分利用丹东的水产品生产和水产品加工产业的现有优势和劳动力的地缘优势，举全省之力，高标准规划建设水产品精深加工产业园，招商引资项目向集聚区倾斜，实现辽宁沿海经济带产业差异化发展。完善配套水、电、道路、污水集中处理等基础设施，引入金融、物流等配套服务企业入驻，将丹东的水产品资源优势转化为产业优势，从而对全省的水产加工产业产生巨大的牵引和带动作用。

二、争取国家政策支持并出台省支持渔业发展相应政策

1. 各级党委、政府应高度重视辽宁远洋渔业发展

《“十三五”全国远洋渔业发展规划》指出，到2020年，远洋渔业自捕水产品运回国内比例达65%以上。目前，辽宁省的远洋捕捞总量25万吨，自捕回运量5.7万吨，比例仅为22.8%。而浙江、福建等渔业发达地区相继出台政策支持

远洋渔业发展，大大提高远洋自捕水产品回运量，其中，舟山远洋渔业回运量接近 100%。

《“十三五”全国远洋渔业发展规划》提出，远洋渔业企业数量在 2016 年基础上保持“零增长”。浙江、福建两省在支持本地企业做大做强的同时，积极吸引域外远洋渔业企业落户，辽宁远洋渔业企业也在招募之中。如果我们再不出台相应的鼓励政策，不仅引不来外地企业，辽宁远洋渔业企业势必会被吸引到沿海其他地区落户，从而导致辽宁省的远洋渔业及相关产业萎缩，优势将不复存在。

2. 出台促进辽宁远洋渔业可持续发展具体措施

《“十三五”全国远洋渔业发展规划》指出，到 2020 年，全国远洋渔船总数稳定在 3000 艘以内，渔船专业化、标准化、现代化程度显著提升，严控并不断提高企业准入门槛；农业部《关于加快推进渔业转方式调结构的指导意见》中提出，要“加大减船转产力度，提高减船补助标准，落实渔船报废补贴，逐步压减海洋捕捞渔船的数量和功率总量”。这就要求我们的远洋渔业发展必须从实现从量变到质变的转换。因此，辽宁省应借鉴浙江、福建地方出台的扶持政策，尽快出台支持远洋渔业可持续发展的具体措施，对建造或购买远洋渔船、实施农业农村部远洋渔业资源调查与探捕项目、建设境外渔业基础、引进或并购外地企业、建设超低温冷库、远洋捕捞水产品回运、自捕远洋水产品精深加工、企业落户辽宁省远洋渔业基地等，在国家扶持政策的基础上制定我省相应的配套扶持政策，促进我省远洋渔业转型升级，构建远洋捕捞、冷链物流、精深加工、销售服务等全产业链发展模式，提升辽宁省远洋渔业整体竞争力。

三、积极搭建对外合作平台，拓展国际市场

1. 对接国家“一带一路”倡议，实现国际上的战略合作

习近平在 2018 年中非合作论坛北京峰会开幕式上的讲话为企业进一步走进非洲创造了良好的机遇，政府应积极支持远洋渔业企业同非洲国家的战略合作，开展远洋捕捞合作，投资建设集精深加工、流通贸易、后勤补给、渔船维修为一体的综合性远洋渔业基地，促进“中国龙”与“非洲狮”共舞。同时，积极搭建与东南亚、南美洲等国企业合作平台，为远洋捕捞和水产品加工企业增加国际

交流合作的机会。

2. 针对丹东特殊的地理区位，积极争取国家给予渔船赴朝鲜海域捕捞作业优先政策

一是已被国家纳入远洋渔业管理的朝鲜东海岸海域作业，应积极争取增加丹东入渔渔船的数量和捕捞配额。

二是朝鲜西海岸海域尚未纳入国家远洋渔业管理，该海域曾经在丹东当地相关部门联合监管下，开展民间联合捕捞，为当地渔民解决了作业渔场问题，增加了渔民的收入。建议由政府主导，把握机遇，适时主动推进丹东与朝方西海岸海域渔业捕捞合作。争取在国家双边协议的框架内，由丹东当地组织实施朝方西海岸渔业捕捞合作项目。

3. 推进杂色蛤等其他贝类产品进入欧盟市场

欧洲贝类产品需要量巨大，但自 1997 年 7 月 1 日全面禁止中国水产品进入欧盟市场。2002 年后，欧盟逐步恢复了中国野生鱼类等产品的出口禁令，但贝类产品的出口始终未能解禁。2016 年 3 月 4 日，欧盟正式解除对中国扇贝产品禁令，被拒 19 年之久的中国部分双壳贝类产品获准重返欧盟市场。但其他贝类产品仍然禁止从中国进口。丹东杂色蛤产品质量日臻完善，早已打入韩国、日本、美国等市场，由于禁令一直未进入欧盟市场，欧洲的杂色蛤主要从韩国等一些国家进口。建议加快其他贝类产品出口欧盟禁令解除的相关工作，帮助企业拓展欧盟这一巨大市场。

资政建言三

以园区和产业高质量发展促进辽宁沿海经济带的振兴

辽宁省委省政府制定的《辽宁沿海六市协同发展行动计划》，确定沿海六市2018—2020年主要经济指标增速高于全省平均水平、高于全国平均水平。

从目前沿海六市发展的情况来看，固定资产投资增长缓慢，项目建设不足的矛盾比较突出。2018年前三季度，全国固定资产平均增长5.4%，辽宁平均增长4.8%，沿海“6+1”市只有2个市达到省和国家平均水平，2个市低于平均水平，3个市负增长。4个市的制造业增速和5个市的民间投资增速低于省和国家平均水平。各市项目投资不平衡、与发展形势不适应已经成为我们当前亟待关注研究解决的问题。根据辽宁沿海经济带的区位和产业特征，必须坚持以开放为引领，以创新为动力，实施“东西协同、南北合作”推进园区产业高质量发展的思路，以功能完善的产业园区和高端精准的产业定位来吸引项目投资，促进经济振兴发展。

一是加快推进和融入“一带一路”建设，以增量促进产业园区和产业转型升级。建议国家和省加快推进“辽满欧”“辽蒙欧”“辽海欧”三条综合交通运输大通道建设，构建东北亚与欧洲互联互通国际枢纽，促进“南北合作”。一方面，沿海开发区利用三条大通道积极与沿线国家和地区以联合建园、合作建厂等方式扩大辽宁沿海园区建设规模，增加项目投资数量。另一方面，三条大通道也是京津冀企业“一带一路”的第二大通道。利用辽宁沿海区位和交通优势，积极推进与上海、江苏对口合作，实施“飞地经济”，吸引项目、人才、资金、技术以及管理模式整体入驻沿海产业园区，促进沿海园区和产业提档升级。实现以增量促发展、促转型。

二是着力改革园区管理体制和机制，建立与发达地区一致的政策环境、制度环境和服务环境。园区的功能、政策、环境和服务如何，直接影响项目落地和产业发展，也是外来投资者对投资地区的第一印象。按照“同温水养鱼”原理，不同地区的项目到异地投资，最适应与原地发展相同或相似的环境，这就要求我们要必须保持“同温度”的政策体制环境。必须解放思想观念，加快改革步伐，不能再墨守成规、沿袭旧制。沿海各市在园区体制机制改革上的对标标准应该是投资来源地。在国际合作上，应该积极加快复制推广上海自贸区等改革试点经验，在与南方发达地区合作上，复制与南方本地发展政策和发展环境，如实施大部门制、扁平化管理，管委会 + 公司模式，薪酬制度改革、人才政策创新等，让服务项目落地。同时，建议国家加大支持辽宁与上海对口合作，并为各市全面复制推广上海自贸区经验创造条件、提供支持。

三是加快产业新旧动能转换，构建具有国际竞争力的新型沿海产业新体系。目前，辽宁沿海经济带部分园区主导产业档次不高，传统重化工业占比偏大，新兴产业、高新技术产业，如信息技术、机器人、新材料、生物制药、新能源等占比较低，地方财政 80% 以上靠传统产业提供。特别是 2016 年以来，经济下行压力一直较大，有近一半城市工业增加值低于全国、全省平均水平，有的甚至出现负增长，规模工业企业数量减至 50%。再加上偿还债务、支付养老金等压力，有的县（市）区已经出现工资支出不能正常保障的问题。面对严峻形势，产业转型势在必行，迫在眉睫，必须忍痛转型、主动转型、积极转型，大力培育发展战略性新兴产业、先进制造业和现代服务业。当前应该采取有效措施，防止园区在招商引资上，饥不择食，将一些落后的高耗能、重污染的产业项目引进园区。同时，对那些现有的技术落后、产品滞销的企业，不再输血、扶持，让市场自然淘汰，腾出空间发展新产业。

四是促进沿海各市协同发展，形成辽宁沿海经济对外开放新优势。省委、省政府制定的沿海六市协同发展行动计划，是坚持资源共享、优势互补，促进区域经济一体化发展，提升辽宁沿海经济带整体综合竞争力的有力举措，也是“东西协同”必然要求。沿海六市协同发展的内容诸多，就新兴工业产业协同发展而言，建议各市在明确主导和特色产业的同时，一是要错位发展。按照项目园区化、产业集群化的发展思路，在产业布局和发展新的产业、项目上，主动让位，协同推进，互利共赢，避免同质化竞争。二是要配套发展。协同发展不是同步发展，按照经济发展的规律，以及各市经济发展的不同水平，拉长产业链条，共享产业发展成果。摒弃“小而全”“大而散”发展观念。建议国家和省关注和支持沿海协同发展计划，将重点项目、政策和资金向沿海经济带倾斜。

资政建言四

发展沿海现代服务业
推动辽宁沿海经济高质量发展

现代服务业的发展水平是衡量经济社会现代化程度的重要标志之一。党的十九大报告明确提出，“加快发展现代服务业，瞄准国际标准提高水平”。辽宁沿海经济带作为辽宁改革开放的窗口和辽宁经济的重要增长极，现代服务业发展空间广阔，发展潜力巨大。发展辽宁沿海现代服务业，对加快推动辽宁沿海经济高质量发展具有重要意义。

近年来，省委省政府高度重视服务业发展，出台了《辽宁省人民政府关于加快发展服务业的若干意见》《辽宁省人民政府关于推进服务业供给侧结构性改革的实施意见》《辽宁省人民政府关于加快发展生产性服务业促进产业结构优化升级的实施意见》等一系列加快服务业发展的政策措施，服务业呈健康发展态势。据统计，2017 年，全省实现服务业增加值 12362.1 亿元，同比增长 5%，高于 GDP 增幅 0.8 个百分点，其中，沿海经济带服务业增加值 6626.7 亿元，总量占全省的 53.6%；全省服务业固定资产投资额 4089.8 亿元，占全省总投资额的 63.5%；全省亿元以上服务业投资额 3668.3 亿元，其中，沿海经济带亿元以上服务业投资额 1992.9 亿元，占全省 54 %；全省 6344 家规模以上服务业企业实现营业收入 4031.6 亿元，同比增长 8.8%，实现营业利润 49.5 亿元，同比增长 229.4%，其中，沿海经济带规模以上服务业企业营业收入和营业利润分别实现 2207.3 亿元和 90.6 亿元，分别占全省的 54.8% 和 182.9%。服务业总体发展质量让人信心倍增。

但是，我们也应清醒地看到，服务业发展仍是全省及沿海经济带各市的短板，表现在：一是服务业总体规模和增速不高。2017 年全省服务业增加值虽有所增长，但总量在全国位居第11位，沿海“6+1”城市的服务业增加值总量也仅占辽宁全省的1/2强；全省亿元以上服务业投资额增速低于全国5.1个百分点，沿海经济带亿元以上服务业投资额增速低于全国4.2个百分点。二是沿海经济带的现代服务业协调发展不够，协同度不高。三是制约服务业发展的体制机制改革还不到位。四是服务于现代服务业的中高端技术人员、管理人员短缺。

习近平总书记在主持深入推进东北振兴座谈会上指出，“要全面深化改革，在谋划地区发展、解决突出矛盾问题、激发基层改革创新活力上下功夫。要形成协同开放合力，培育发展现代化都市圈。要加快落实辽宁自由贸易试验区重点任务，发展优势产业群，实现多边合作，多方共赢”。发展辽宁沿海现代服务业，推动沿海经济高质量发展，必须以习总书记关于东北振兴的重要指示精神为遵循，充分利用中央振兴东北的政策措施，深入结合辽宁沿海发展实际，有破有立，久久为功。

一是积极应对形势，持续坚定地发展沿海现代服务业。当前经济形势不容乐观，国内制造业产能过剩情况仍未明显改善，中美贸易战导致出口经济严重受阻，有效内需和投资相对低迷。在这种形势下，辽宁老工业基地的“稳增长”任务必然要依托发展辽宁现代服务业来完成。认清形势，有效应对形势，切实把发展现代服务业放到经济工作的突出位置上来，是实现辽宁经济振兴的有效抓手。辽宁沿海经济带是辽宁改革开放的窗口，也是现代服务业发展的前沿，肩负着推动现代服务业创新创业，做强现代服务业品牌，提高现代服务业质量和经济贡献度的重要使命，必须坚定不移、持续深入地推动辽宁沿海现代服务业发展。

二是深化体制机制改革，优化现代服务业发展营商环境。按照“人无我有，人有我优，人优我强”的原则和标准，优化营商环境。发挥大连、营口两个自贸片区“大胆闯、大胆试、自主改”示范引领作用，学习借鉴沈阳市“十三五”国家服务业综合改革试点工作的经验做法，带动沿海经济带城市在深化“放管服”改革，完善建立权责清单制度、行政审批管理目录制度，全面实行外商投资准入前国民待遇加负面清单管理制度，对外商投资项目及企业设立及变更实行备案制等方面加大改革力度，为辽宁沿海经济带贸易自由化便利化和打造服务贸易升级版打好基础。针对存在的阻碍现代服务业发展的体制机制障碍，通过深化改革，简政放权、放管结合、优化服务，拆除制约发展的“旋转门”“隐形门”，激发现代服务业的发展活力。

三是推动协同发展，打造沿海现代服务业经济“湾区”。辽宁沿海经济带具备湾区经济的特征，沿海各市应在推进沿海经济带一体化发展的框架内，明确各自服务业发展重点，完善区域产业分工协作，积极促进沿海经济带现代服务业科学、协作、协调、接继发展，打造辽宁沿海现代服务业经济的“湾区”。在“东线”充分发挥大连现代服务业“核心区”在国际航运、国际物流、区域金融、国际贸易、观光旅游等方面的辐射引领作用，带动营口、丹东相关产业发展。在“西线”以锦州为核心，以盘锦、葫芦岛、朝阳为放射性结点布局，设立现代服务业发展总部基地，总部基础侧重于发展现代物流、商贸流通、电子商务、文化旅游、湿地经济、特色农产品等现代服务业。加快沿海经济带各港口的深度整合，实现各港口协同发展、错位发展、优势发展、多元化发展。推动建设大连自由贸易港。在东线“核心区”、西线“总部基地”和港口集团的辐射带动作用下，形成辽宁沿海现代服务业“湾区经济”，推动国家“环渤海大湾区”发展。

四是提高产业集聚水平，加快现代服务业平台建设。沿海各市应按照产业集中、发展集约、资源共享、功能互补的要求，立足现有服务业集聚区发展基础，围绕增强沿海城市集聚和辐射功能的发展目标，做大做强一批龙头带动型现代服务业集聚示范区、重点培育一批高成长型现代服务业集聚区、优化提升一批特色型市级服务业集聚区，推进服务产业集聚、服务企业集中和服务功能集成，全面提升服务业集聚区发展水平，扩大集聚区的品牌影响力。同时，下大力气加强公共服务平台建设，重点推进科技创新平台、电子信息服务平台、电子商务平台、金融服务平台等建设，形成一批骨干企业和示范项目。

五是依托制造业基础，推动现代服务业与制造业融合。目前，除了大连之外，沿海各市的制造业普遍具有前沿技术不多、对相关产业拉动作用不强、整体效益不高的制造业特征。在这样的客观条件下，推动沿海经济带现代服务业与制造业的融合发展，是提升辽宁现代制造业竞争力的必然要求。因此，沿海经济带现代服务业发展应以制造业为基础，大力发展科技研发、金融、物流、中介、营销等现代生产型服务业，推动现代服务业与制造业的协同创新，提高辽宁制造业附加值。

六是集聚和培育人才，保障现代服务业发展的人才需要。沿海各市应协同建立服务业高端人才引进和激励机制，制定适宜的区域人才政策，创造人才发展空间，吸引服务业发展所需的中高端人才。建立沿海城市服务业人才共享平台，促进人才良性流动。同时，积极鼓励、引导省内高等院校及培训机构开设现代服务业相关专业，以及为现代服务业企业定向培训服务业专业人员，为加快发展辽宁沿海现代服务业发展提供人才保障。

七是完善服务业统计机制，为现代服务业发展提供统计支撑。对比其他沿海发达地区，辽宁省的现代服务业统计尤其是沿海现代服务业统计还存在差距，统计基础和统计能力较弱。应加强对沿海服务业的统计工作，完善沿海现代服务业统计制度，确定内分行业相应的指标设置、口径范围和统计标准，解决少统、漏统和不统的问题，确保统计数据科学完整。

资政建言五

以自由贸易试验区为引领 扩大辽宁沿海经济带对外开放

中国（辽宁）自由贸易试验区是我国设立的第三批 7 个自由贸易试验区中之一。2017 年 3 月 31 日，国务院印发中国（辽宁）自由贸易试验区总体方案，确定实施范围 119.89 平方公里，涵盖三个片区：大连片区 59.96 平方公里（含大连保税区 1.25 平方公里、大连出口加工区 2.95 平方公里、大连大窑湾保税港区 6.88 平方公里），沈阳片区 29.97 平方公里，营口片区 29.96 平方公里。战略定位为：加快市场取向体制机制改革、积极推动结构调整，努力将自贸试验区建设成为提升东北老工业基地发展整体竞争力和对外开放水平的新引擎。发展目标是：经过三至五年改革探索，努力建成高端产业集聚、投资贸易便利、金融服务完善、监管高效便捷、法治环境规范的高水平高标准自由贸易园区，引领东北地区转变经济发展方式、提高经济发展质量和水平。

在此，就如何充分激发辽宁沿海经济带内在发展潜能，用足用好自由贸易试验区先行先试的制度优势，推动构建辽宁沿海经济带全方位开发开放新格局，带动东北振兴发展做研究探讨。

一、辽宁沿海经济带开发开放与自贸试验区建设有着密切关联

在辽宁省诸多发展优势和潜力中，辽宁沿海经济带与自由贸易试验区是两大国家发展战略，两者之间存在紧密的内在关系。2017 年辽宁沿海经济带 GDP 当

量为 1.2427 万亿人民币（其中大连 GDP 为 7364 亿元，营口市 1288 亿元、盘锦市 1154 亿元、锦州市 1128 亿元、丹东市 793 亿元、葫芦岛市 700 亿元。）中国（辽宁）自由贸易试验区的大连、营口片区 GDP 占据了辽宁沿海经济带总量的近 70%。客观而言，对比其他发达经济区域，我们所处的辽宁沿海经济带的规模体量还较小、产业关联系数不高、区域经济的影响力还不强，内部联系的浓度和密度均不足，城市间呈现一定程度的疏离状态，具有较大的发展空间，也迫切需要找到新的出口。可以说，以辽宁沿海经济带和自由贸易试验区战略牵引形成的对外开放潜力，是辽宁最具比较优势的特质，是最具地缘和区域的特色，也是最核心的开放和发展根基。

从辽宁自贸试验区的角度看，辽宁自贸试验区建设的定位是要以制度创新为核心，以可复制可推广为基本要求，加快市场取向体制机制改革、积极推动结构调整，努力将自贸试验区建设成为提升东北老工业基地发展整体竞争力和对外开放水平的新引擎。为我国全面深化改革和扩大开放探索新途径、积累新经验，在辽宁沿海经济带协同发展和我国经济转型发展中发挥示范、引领、辐射与联动作用，成为推动辽宁沿海经济带开发开放的超引擎助推器，通过创新体系、通道体系、物流体系、贸易体系、双向投资体系、金融服务体系、人才保障体系等建设，有助于区域内生产要素的有效再配置，加速资源与要素流动，提振区域外贸与外资发展，推动辽宁沿海经济带的产业结构调整与重组。

从辽宁沿海经济带的角度看，辽宁沿海经济带承载着辽宁环渤海城市群面向海洋、深度发展的重任，为辽宁自贸试验区特别是大连、营口自贸片区的发展提供强大的腹地与空间。辽宁自贸试验区的改革创新成果，已经先行向作为协同区的辽宁沿海经济带其他城市复制与推广，通过政策与机遇共享，为辽宁自贸试验区发挥对外开放高地的综合优势奠定坚实的基础，引领了东北地区转变经济发展方式、提高经济发展质量和水平，实现资源整合、协同发展。

就辽宁沿海经济带与自贸试验区融合发展的角度看，实现辽宁自贸试验区与辽宁沿海经济带协同发展良性互动的关键，在于如何通过自贸试验区的制度创新与升级打造高水平、高质量、高标准的对外开放平台，形成与国际投资贸易通行规则相衔接的制度创新体系，最大限度地发挥辽宁自贸试验区的改革、创新、示范、倒逼功能，使辽宁沿海经济带实现整体跃升。一是有助于打造辽宁开放型经济升级版。推动辽宁自贸试验区与辽宁沿海经济带共同构筑起了辽宁新对外开放格局，自贸试验区建设侧重从降低贸易门槛，提升贸易便利化水平来加快区域内的经济一体化，而辽宁沿海经济带战略则侧重于以基础设施为先导促进沿海城市群经济体的互联互通点，实现全方位、宽领域、深层次开放的经济形态，实施更加积极主动的开放战略，提高开放型经济水平和质量，赢得国际竞争的主动性。二是有助于打造区域经济新增长极。9 年来，辽宁沿海经济带上七个城市的发展潜力逐渐得到释放。但随着发展阶段的转换，原有增长极的引领和带动作用有所减弱，必须打造新的增长极。自贸区的设立为沿海经济带的转型升级和动能转换注入了新活力，一些先行先试的制度创新成果落地，为辽宁自贸试验区与沿海经济带的融合发展奠定了良好的基础，有利于打造区域经济新的增长极，集中体现在“战略叠加”之后使得更多的要素在区域内集聚，培育外向型经济成为新的经济增长点，共同打造更加广阔、更加深入、更加活跃的区域经济新的增长极。三是有助于打造辽宁与“一带一路”沿线国家深度合作新载体。作为“一带一路”东线的核心区，要抓住新时代的新机遇，深度推进辽宁“一带一路”综合试验区与辽宁沿海经济带“16 +1”经贸合作示范区建设，推动辽宁省与日韩、俄蒙及中东欧国家经贸合作的深度发展，扩大辽宁省与各国各地区的利益汇合点，延展与“一带一路”沿线其他国家和地区的经贸合作，在合作中通过制度创新不断消除我国现有体制的内生性障碍，构建辽宁融入“一带一路”倡议的多点集成。

二、自由贸易试验区是辽宁沿海经济带全方位开放的新引擎

随着“一带一路”开启新征程，以习近平总书记调研东北三省并主持召开深入推进东北振兴座谈会讲话精神为指引，有力践行中央推动形成全面开放新格局的重大决策，以自贸区试验区为引领，扩大辽宁沿海经济带对外开放潜力意义重大。

从改革的大背景来看，经过四十年改革开放，中国正深度融入全球，并在世界经济中发挥着越来越显著的地位。以自贸试验区为牵引，有利于以更高的站位、更大的格局、更宽的视野，深化改革创新，优化体制机制，推动经济发展质量变革、效率变革、动力变革，推进由政策开放走向制度开放，更好地服务于辽宁沿海经济带建设。

从国家的战略任务来看，国家赋予辽宁自贸区的战略定位重心是加快市场取向体制机制改革、积极推动结构调整，努力将自贸试验区建设成为提升东北老工

业基地发展整体竞争力和对外开放水平的新引擎。以自贸试验区为牵引，有利于将辽宁沿海经济带等重大开放载体拓展成为东北地区扩大开放的共享资源，加快东北地区协同开放节奏、分享开放成果，为东北地区开放振兴贡献联系紧密、协作扎实、内涵丰富的高能级服务载体。

从制度创新辐射效应来看，“大胆试、大胆闯、自主改”，作为新时期深化改革和扩大开放的试验田，依赖制度创新突破体制机制障碍。以自贸试验区为牵引，有利于延伸放大辽宁沿海经济带区域放射作用，深化东北亚开放大门户功能，内承国内开放需求，外联东北亚合作要素，打造国内各地区参与东北亚国际合作的前沿支撑点和战略功能集成平台，实现互利共赢。

从战略牵动的引擎动力机制来看，制度创新是发展的核心动力，制度创新的根本目标就是要率先建立同国际投资和贸易通行规则相衔接的制度体系，形成法治化、国际化、便利化营商环境，努力构筑开放型经济新体制。以自贸试验区为牵引，有助于提升辽宁贸易便利化水平，提高开放型经济水平和质量，提升我国产业在全球价值链的分工定位，探索完善国际产能合作新机制新模式，打造更加广阔、更加深入、更加活跃的区域经济新的增长极。

可以预期，辽宁沿海经济带与自贸试验区的互动协同将成为辽宁参与全球竞争、建设区域城市群的重要载体，带动中国东北在全球价值链中的地位提升，并切实发挥好“一带一路”东线的重要平台和支撑区的作用。

三、当前自贸试验区引领辽宁沿海经济带对外开放中存在的现实问题

从目前自贸试验区作为辽宁沿海发展的动力引擎成效来看，其牵动作用还不强，创新的引领和带动还不够，同中央要求、同辽宁沿海经济带和自贸试验区的功能定位、同社会和市场主体的预期相比还有一定差距，需客观的把脉定向，理清问题，尽快破解。

一是体制机制有待创新。东北地区是计划经济开始最早、退出最晚、受影响程度最深的地区，现有的行政规划和管理体制仍然不能完全适应市场经济发展的需要，市场化程度不够高，政府改革不到位，新旧动能转换不快，单纯依靠要素投入和投资拉动的经济增长模式尚未完全扭转，新的经济增长路径尚未形成，转型升级的制度性障碍和现实困境较为突出。

二是经济结构尚需调整。各城市产业相对趋同，内生增长动力不足，自主创新能力不强。在产业结构上，沿海经济带的主导产业依旧以传统工业为主，国家确定的战略性新兴产业，比如新材料、新能源、航空航天等占比很小。在产品结构上，产品普遍低端，城市之间也没有形成产业互补，没能充分发挥产业协同、优势互补、联动发展的集群效应。在所有制结构上，国有企业占比多、活力不足，民营经济发展不完善，民间投资不能对政府和国企投资形成有效的补位，新的经济增长路径尚未形成。

三是开放合作水平不高。从辽宁沿海经济带开发开放路径来看，七个城市之间，未能形成一体化的发展格局，除大连外，各个城市的经济实力较弱，经济总量较小，主要外向产业发展水平较低，对区内资源的集聚程度不高，对外开放程度不足，辐射作用相对不明显，港口整体拉动效应没能有效发挥。

四是自贸区创新优势没能充分释放。区域内没完全形成与国际投资贸易通行规则相衔接的制度创新体系，还需探索更适应市场经济发展需要的行政规划和管理体制。自贸区作为海关特殊监管区域的要素集聚和辐射带动作用不强，制度溢出效应不明显，辽宁沿海经济带的区域放射作用还应继续延伸放大。

五是思想观念解放不够。营商环境存在诸多薄弱环节，部分干部工作不深入、一些部门服务不到位，形式主义、官僚主义不同程度存在，缺乏敢于啃硬骨头的韧劲、缺乏敢于涉险滩的魄力、缺乏敢于向积存多年的顽瘴痼疾开刀的胆略，更无法冲破思想观念的障碍，突破利益固化的藩篱，拿出创造性的改革举措。

四、释放自贸试验区创新优势，重塑辽宁沿海经济带城市群空间布局

基于城市群中不同城市个体的“体能”和“能量级”，应深度探索实施“一轴、双核、两翼”的空间布局。其中“一轴”是指丹东—大连—营口—盘锦—锦州—朝阳—葫芦岛的沿海经济带主轴；“双核”是指大连、营口两个自贸片区；“两翼”是指渤海翼（营口—盘锦—锦州—葫芦岛渤海沿岸）和黄海翼（大连—丹东黄海沿岸及主要岛屿）。

大连要充分发挥“发动机”的作用，以自贸区建设为对外开放的重要窗口，加快构建面向全球的贸易、投资、生产、服务网络，进一步增强制度创新的“示

范效应”、区域经济的“引擎作用”、聚集资源的“虹吸效应”、辐射周边的“扩散效应”以及创新驱动的“引领作用”，加快推进国际航运中心、国际科技创新创业创投中心、国际物流中心、国际贸易中心、区域性金融中心和现代产业聚集区建设，增强开放功能，提升城市群整体的国际化水平。

营口要充分发挥“核心枢纽”作用，发挥自贸区、高新区、综合保税区“三区叠加”的制度创新优势，依托营口的海港口岸、多式联运优势以及营口片区的制度集成优势，发挥“区域性国际物流中心”及“国际海铁联运大通道重要枢纽”的区位优势，借助中俄粮食走廊、中国进口博览会线下交易平台、中欧班列回程集散中心等项目建设，切实成为相关政策功能的先行先试示范区，成为我国“一带一路”开发开放的标志区和新时代改革先行先试的重要载体，承担起新一轮改革开放和创新发展的历史使命。

盘锦要充分承担起“深度合作承载区”的作用，承载辽宁沿海经济带其他城市及辐射腹地外溢的产业、人口或资源，发挥溢出传导效应，形成一批具有较强投资吸引力和项目承载力的产业集聚平台，吸纳自贸区的创新资源进行融合发展，充当好“二传手”角色，然后再传递、辐射到辽西北及东北腹地城市。

处于“渤海翼”核心区的锦州市应建设成为辽西的中心城市，全力打造“海洋经济高地”，以向海而生的魄力推动海洋经济成为支撑国民经济增长的新动能和经济结构调整的新引擎，释放引领辽宁海洋经济发展的“潜质”，促进港、城、区良性互动发展，加快形成海洋渔业、滨海旅游业、海洋交通运输业和海洋油气业等四大海洋产业，加快成为海洋经济发展的领头羊。

朝阳要牢牢站稳“北向开放桥头堡”的制高点，发挥国家“一带一路”倡议、中蒙俄经济走廊、京津冀一体化、东北老工业基地振兴、环渤海经济圈战略交汇枢纽的独特优势，整合中蒙俄区域资源，深度调剂和融合京津冀与东三省的资源禀赋，打造辽宁沿海经济带与中蒙俄经济走廊的连接通道，推动建设欧亚、俄罗斯远东及蒙古国出海集疏运平台，提升环渤海城市群的协同发展，实现跨区域、跨城市、跨国界的协同合作。

葫芦岛要充分发挥“区域制造中心”的产业带动优势，建设服务“一带一路”示范区，承接京津冀地区产业、资源外溢的辐射带动，深度对接“中国制造2025”发展战略，以创新发展为内在驱动力，以体制机制创新为突破口，以信息化与工业化深度融合为抓手，推动制造业向智能化、集成化、绿色化、服务化方向发展，协同培育沿海经济带城市群现代产业集群，重塑开放新优势。

处于“黄海翼”的丹东市，应充分发挥其较为平均和全面的外向经济联系优势，实现“联动经济示范区”的作用，向外深度融入朝鲜开发开放战略，向内深化与黑龙江、吉林、内蒙古的物流产业合作，成为沿海经济带南向开发开放的重要支撑区及半岛经贸合作的先导区，加速聚集各类生产要素，培育东北地区新的经济增长极。

五、强化自贸试验区溢出效应，探索辽宁沿海经济带对外开放实践举措

深化辽宁沿海经济带开发开放，解决制约自贸区制度效能释放的根本，要从统筹推进‘五位一体’总体布局、协调推进‘四个全面’战略布局的角度去把握，瞄准方向、保持定力，扬长避短、发挥优势，重塑环境、重振雄风，形成对国家重大战略的坚强支撑。

一是以优化营商环境为基础，在谋划地区改革发展思路上下功夫，全面深化改革，破解体制机制弊端，以改革新突破形成发展新动力。处理好“有形之手”与“无形之手”的关系，抓住“放管服”改革这一牛鼻子，做好简政放权的“减法”，打造权力瘦身的“紧身衣”，加强监管的“加法”和优化服务的“乘法”，啃政府职能转变的“硬骨头”，完成一场除烦苛之弊、施公平之策、开便利之门的“政府职能再造”，形成法治化、国际化、便利化，充满活力、富有效率、更加开放，稳定、公平、透明、可预期的营商环境。

二是以培育壮大新动能为重点，在解决突出矛盾问题上下功夫，激发创新驱动内生动力，破解经济结构困局，发挥制度红利对创新驱动的有效引领。目前，辽宁沿海经济带正处于向工业后期转型阶段，制造业大多数处于工业 2.5（ERP）阶段。应切实充分激发自贸试验区制度创新的动能提升机制，激活新增长要素、新市场需求和新的动力机制作用下自贸试验区的要素配置能力。优化出口商品结构，以科技核心技术为支撑，加大研发投入和市场开发力度，推进加工贸易转型升级，提升产业层次和加工深度，提升产业的价值链和产品的附加值。优化对外贸易方式，逐步实现对外贸易增长方式由粗放型向集约型的转变，鼓励企业坚持自主创新，逐步向中高端产品和生产制造环节延伸发展。优化外贸市场结构，发挥辽宁沿海经济带优势产能输出的基础优势，利用自贸区的开放平台，形成以创新为核心、以产业为基础、以城市合作为载体、以开发开放为标识的沿海经济带贸易合作新路径。

三是以全面扩大开放、深度融入共建“一带一路”为重心，在建立开放型经济新体制上下功夫，破解开放合作失衡，构建完整的战略支撑体系。一方面要积极策应“五国四方”格局下“北上南下东进西拓”大通道、大物流、大格局建设，充分利用“辽满欧”“辽蒙欧”“辽海欧”“辽新欧”班列，以大连大窑湾保税港区、营口综合保税区为中心、营口港、盘锦港保税物流中心及内陆无水港为节点，逐步形成辽宁沿海经济带具有现代化物流服务体系和开放功能的口岸集群和产业区。另一方面要强化以产业竞争为基础的内生联动，以大连东北亚国际航运中心和营口区域性国际物流中心建设为龙头，以全方位、全领域、全时空开放为依托，以盘锦、葫芦岛等地高端制造、协作配套的优势，形成互补互动的产业链条，深化投融资服务模式创新，激活人才要素集聚的配置性资源，在产业投融资服务上实施错位定向发展，推动形成新兴产业协同发展格局。

四是以制度创新为核心，在打造合作示范、深化区域辐射上下功夫，立足“点、线、面”区域合作实现新突破，牵动辽宁沿海经济带城市群协同发展。加大自贸区经验在沿海经济带推广力度，实现制度成果共享，逐步释放改革红利、开放红利，率先把大连、营口打造成为辽宁沿海经济带发展的示范引领区，抓住制度创新这个核心任务，努力形成更多可复制、可推广的制度成果，突破深化合作的体制机制障碍，发挥示范引领作用。重点在“点、线、面”区域合作上实现突破。“点”上立足各城市，加大制度创新的复制推广和政策倾斜力度，增强其融合发展动力，推动交通上互联互通、产业上错位推进、经济上合作共赢；“线”上，加强各城市间的开放合作，打造一体化的要素配置市场，突出城市间产业错位互动发展，推动沿海经济带与“一带一路”以及中蒙俄经济走廊等开放合作、融合发展；“面”上，完善区域合作机制，加强与京津冀、长江经济带、粤港澳大湾区的深度合作，通过自贸区的制度联通深化各经济区之间的合作关系，以“点点连线、线面互动”，探索区域合作新模式，为国家发展注入新的活力。

五是以补短板、提动能为关键，在拓展政策功能和国家支撑力度上下功夫，争取更大改革自主权，为全面社会改革和扩大开放探索新途径、积累新经验。积极争取国家政策支持，将跨境电商试验区、全面创新改革试验区等政策先行在其他片区同步实施。支持辽宁创建一系列政策功能平台，加快辽宁大连（营口）自由贸易港、“一带一路”综合试验区、“16＋1”经贸合作示范区、中捷经贸合作示范园区、营口物流金融改革试验区、东北地区民营经济发展改革示范城市等载体建设。支持中俄粮食走廊、“中国国际进口博览会”线下常年展示销售中心等重点项目建设。

六、深化沿海经济带与自贸试验区的协同融合发展，加快建立自贸区引领辽宁沿海经济带对外开放的战略支撑体系

辽宁沿海经济带并非是辽宁沿海经济带七个城市个体之间简单合作的升级版，而是要站在新的时代背景和国家发展战略需求视角，运用全新的理念、全新的思维，构建完整的战略支撑体系。

1. 打造合作示范的创新体系

一是全面深化改革。释放开放动能，破解体制弊端，形成强大的制度支撑。要加快自贸试验区制度创新经验复制推广和市场取向体制机制改革，通过政策与机遇共享，提高经济发展质量和水平，实现资源融合、协同发展。二是重塑沿海经济带城市群空间布局。以自由贸易试验区为联结，表明了辽宁沿海经济带城市之间合作将进入新阶段，由原来的区域政府间合作为主的模式向有更高层面规划引导、更深层次产业一体化支撑、更明晰发展目标牵动的区域协同发展模式转变。但我们也需切实明确，城市定位不是一成不变的，随着时间的推移，城市阶段性发展目标的实现以及城市群内其他城市定位变化等一系列内外部因素的变化，都会造成城市定位支持基因的变化，就需要对城市定位做出适当的调整、重新定位，进而生发出叠加效应和互补效应，实现以自贸区为引领的“一轴”城市群的协同发展目标。三是改进区域合作模式。以规划为引领，以自贸试验区为联结，推进由政府间合作为主的模式向有更高层面规划引导、更深层次产业一体化支撑、更明晰发展目标牵动的区域协调发展模式转变。

2. 建立集约化的通道体系

一是深化国际通道体系建设。充分利用“辽满欧”“辽蒙欧”“辽海欧”“辽新欧”，支持发展中欧班列，拓展外向新通道。进一步畅通辽宁与“一带一路”沿线国家的经贸联系，积极参与中蒙俄、中巴、中国—中亚—西亚等“一带一路”经济走廊建设。以中蒙俄经济走廊建设为契机，推进中蒙俄东线铁路走廊项目建设，形成辽宁港口与蒙古东线铁路以及西伯利亚大铁路便捷连接的新国际大

通道。二是建立环渤海翼、黄海翼具有较强自主创新能力和国际竞争力的临港产业带。加强各产业园区之间的合作与交流，建设覆盖经济带各园区和腹地各节点城市的物流网络体系，以大连大窑湾保税港区、营口综合保税区为中心、营口港、盘锦港保税物流中心及内陆无水港为节点建立东北保税物流网络。三是深化与东北腹地的通道体系建设。目前，连接辽宁沿海经济带与东北腹地有东、中、西三条主要的纵向运输通道。东部纵向通道由东北铁路将辽宁沿海经济带的大连、丹东与吉林、黑龙江东部沿边开放口岸紧密连接，是黑龙江和吉林两省东部地区经丹东、大连出海的最便捷陆路运输通道，也是辽宁沿海经济带与俄罗斯远东地区合作最为便捷的陆路运输通道。中部纵向通道由哈大铁路、哈大客运、哈大公路将辽宁沿海经济带、沈阳经济区两个优化开发区域和长吉图经济区、牡绥经济区、哈大齐工业走廊三个重点开发区域紧密连接，是辽宁沿海经济带与腹地的经济发展主轴。西部纵向通道由巴新铁路（内蒙古巴彦乌拉—辽宁阜新）、齐齐哈尔至锦州等运输线路将辽西沿海经济带与内蒙古东部、黑龙江和吉林西部地区紧密连接，是蒙东地区煤炭外运通道和辽宁沿海经济带与蒙古国合作的最便捷陆路运输通道。因此，辽宁沿海经济带与东北腹地的通道网络布局，要突出以东、中、西三条纵向运输通道为发展轴，以运输通道上的大连、营口为增长极和辐射源，以丹东、锦州、朝阳为潜在增长极和次级辐射源，以其他城市为承接辐射地，充分利用七个城市之间的港口通航、公路通行、铁路通联、航空通邮的便利，加速要素的自由流动，发挥各自的比较优势，促成产业分工的有序性，形成对外开放的新格局。

3. 形成全触角的开放体系

一是构建完善的基础设施体系、综合运输体系和航运服务体系。加快建设大连东北亚国际航运中心、营口中欧班列回程集散中心、盘锦分拨转运中心，健全和完善口岸综合服务系统，开展跨部门、跨区域口岸通关合作，建立集各类口岸信息资源于一体的电子网络数据交换平台和国际贸易“单一窗口”，逐步形成集商贸物流、金融保险、信息咨询、口岸通关、航运代理、海运结算与保险、后勤补给、海事支持等多种服务功能于一体的现代化物流服务体系和开放口岸。二是完善现代集疏运体系。辽宁沿海经济带是东北经济区和环渤海经济区的重要区段，有长达3034公里的海岸线，并拥有东北地区所有海港资源，已初步建成了海港、空港、铁路、公路、管道五位一体的立体式、现代化的运输体系，公路、铁路、港口密度均远高于全国平均水平，线路等级和装备技术在全国居于较高水平，要综合考虑海港与陆港的分工体系问题，以及铁路、公路和水路之间的多式联运问题，通过海港和铁路形成高效的“集疏运”运输体系。三是深化港口经济圈的辐射带动效用。加快启动实施沿海六市港口资源整合，成立辽宁港口集团。以港口整合为契机，大力发展口岸经济、海洋经济、临港产业集群和生态产业区，全面推进“港口、产业、城市”融合发展。扩大沿渤海、黄海两翼开放，力争把辽宁沿海经济带建设成为东北老工业基地产业结构优化的先导区和经济社会发展的先行区。

4. 构建外向型的贸易体系

自贸区是经济全球化和区域经济一体化的产物，同时也是中国经济深化改革的产物。以自贸区为承载，引领区域经济在增强资源配置能力的同时，重塑辽宁沿海经济带经济结构的开放。一是优化出口商品结构。以科技核心技术为支撑，加大研发投入和市场开发力度，推进加工贸易转型升级，提升产业层次和加工深度，提升产业的价值链和产品的附加值。二是优化对外贸易方式。逐步实现对外贸易增长方式由粗放型向集约型的转变，鼓励企业坚持自主创新，打造自主品牌，逐步向中高端产品和生产制造环节延伸发展。三是优化外贸市场结构。发挥辽宁沿海经济带优势产能输出的基础优势，利用自贸区的开放平台，形成以创新为核心、以产业为基础、以城市合作为载体、以自贸区为核心引擎、以开发开放为标识的沿海经济带贸易合作新渠道。

5. 完善多元化的投资体系

强化以产业竞争为基础的内生联动，形成互补互动的产业链条，强化内在经济联系，深化投融资服务模式创新，在产业投融资服务上实施错位定向发展，充分释放不同城市的基础条件以及政策要素的活力。一是在制造业投融资合作方面，要以产业链分工和协作配套为重点，充分发挥沿海经济带技术创新优势及强大的投融资支撑优势，特别是大连创新研发与运营总部的优势，以及营口、盘锦、葫芦岛等地高端制造、协作配套的优势，在产业链条较长、发展空间较大的重点领域，加强对接协作，引导合理分工；二是在现代服务业投融资合作方面，以产业间和产业链合作为重点，坚持专业化、高端化发展方向，以大连、营口、丹东等城市的航运物流、文化创意、会议展览、旅游服务、大健康产业、专业服务等为重点，构建错位发展、优势互补、协作配套的现代服务业体系及配套的投融资服务，打造服务东北亚、辐射欧亚的现代服务业基地；三是在合作深化投融资资本投入方面，以协同研发和市场的共同开拓为重点，充分发挥境外合作园区作用，打造高能级对外开放新平台，使其成为辽宁全面开放的标志性品牌，推进原创性、颠覆性、支撑性、关键性技术开发，促进生产要素合理流动和创新资源优化配置，推动形成新兴产业协同发展格局。

6. 创新现代化的金融服务体系

沿海经济带金融业的业态和体量规模总体而言还不强，要充分发挥大连作为区域性金融中心的牵动作用，优化金融资源配置能力。一是发挥自贸试验区金融创新示范作用。特别是在金融产品、业务创新和金融监管简政放权方面的示范作用，将经验推广到其他城市。二是创新传统金融。积极探索金融服务业负面清单管理模式，增加外资金融机构数量，不断丰富民营金融机构类型。我们的金融机构和企业，不仅可到自贸区投资设立融资租赁和股权投资基金机构，进行投资发展，而且可合资设立相关的金融市场，合作开辟境外发展空间。三是发挥自贸试验区金融机构和服务平台作用。积极与国家开发银行、国家进出口银行等政策性金融机构合作，为沿海经济带内企业提供银团贷款、出口买方（卖方）信贷、境外资产抵押贷款等优惠贷款及技术援助贷款，拓展投标保函、履约保函、预付款保函、质量保函等保函业务，优先保证融资需求，支持重点企业“走出去”。指导帮助企业利用丝路基金、中非基金、东盟基金、中投海外直接投资公司等融资服务平台，以股权投资、债务融资等方式，支持国际产能和装备制造合作等一批重点项目建设。

7. 搭建高端化的人才支撑体系

深入自贸试验区与沿海经济带创新要素集聚的本质，就是要激发要素市场活力，实现市场间要素充分流动与融合，而人才是最核心的要素资源。一是构建生态最优的人才开放体系。树立开放的人才工作理念，突出社会化、市场化导向，打造宜业宜居的人才生态环境，着力形成存量人才和增量人才并重、体制内人才和体制外人才并重、应用型人才与领军型人才并重、本土人才和引进人才并重、“刚性”引才与“柔性”引智并重的人才集聚、培养、使用机制；二是构建系统完备的人才需求体系。充分发挥市场在人才资源配置中的决定性作用，利用沿海经济带城市内的高等教育、科研机构及智库资源，建立健全系统完备、高效对接的人才供需体系，促进人才规模、质量和结构与经济社会发展相适应、相协调；三是构建规范高效的人才管理体系。推动建立经济带内各城市人才管理服务权利清单和责任清单，健全党委统一领导、政府宏观调控、市场有效配置、单位自主用人、人才自主择业的“五位一体”人才管理服务体系，促进人尽其才、才尽其用、脱颖而出。

总之，随着辽宁沿海经济带的发展以及辽宁自由贸易试验区建设步伐的加快，将极大推动辽宁经济发展迈入新时代，为区域经济发展注入强劲动力，展现出改革创新实践的勃勃生机。一个崭新的、充满活力的辽宁沿海经济新增长极，必将成为不久之后的现实图景。

资政建言六

推动“发展保护”向“保护发展”转变 打造国家湿地保护工程和国家湿地城市

党的十九大报告提出，“实施重要生态系统保护和修复重大工程，优化生态安全屏障体系，构建生态廊道和生物多样性保护网络，提升生态系统质量和稳定性”。近年来，盘锦以创建国家生态文明示范市为契机，推动“发展保护”向“保护发展”转变，践行绿苇红滩就是盘锦的金山银山的理念，加大湿地保护修复力度，进一步完善了生态文明顶层设计和制度体系，有力促进了湿地保护事业迈上新阶段。

一、强化湿地法制建设，构建有序的生态文明体系

盘锦在生态文明建设方面谋划早、布局早、动手早，在2000年就被国家环保总局命名为第一批国家级生态示范区。1996年制定了《辽宁双台子河口国家级自然保护区管理办法》，2014年进行了修改完善；2015年对全市湿地实行了网格化管理；2016年制定了《盘锦市湿地保护条例》，2017年5月颁布实施，成为辽宁省第一个颁布湿地保护条例的地级市。以创建国家生态文明建设示范市为契机，编制了《盘锦市国家生态文明示范市规划》，2017年12月颁布实施，成为全省首家在法制化、规范化、制度化层面实施生态文明建设的城市。去年，我们制定了《2017年生态建设专项行动计划》，安排了6个方面37项重点任务，目前全市共有国家级生态乡镇4个，省级生态乡镇21个，省级生态村137个，环境优化发展“十佳村”2个，环境优化发展“先进村”1个，大洼区获得全国首

批“国家生态文明建设示范区”，成为全省唯一入选县区。

为进一步完善生态文明顶层设计和制度体系，制定出台了《盘锦市污染防治攻坚战三年专项行动方案》《关于推进资源环境供给侧机构改革补齐生态环境短板的实施方案》《盘锦市土壤污染治理与修复规划》《辽河口自然保护区内违法违规问题整改和生态恢复工作实施办法》等方案，全面推进蓝天、碧水、净土、湿地保护工程。同时，着力强化目标考核，制定出台了《盘锦市生态文明建设目标评价考核办法》《盘锦市领导干部生态环境损害责任追究实施细则》《党委、政府有关部门环境保护工作责任规定》等制度，有效推动环境保护工作“一岗双责”“党政同责”的贯彻落实。

二、突出抓好湿地保护修复，大幅提升湿地功能

目前，盘锦已划建国家级和省级自然保护区各 1 处，国家级湿地公园 2 处，湿地保护面积 12.4 万公顷，占自然湿地面积的 57.4%。主要保护对象为丹顶鹤、黑嘴鸥等多种珍稀水禽，斑海豹和河口湿地生态系统。

积极开展湿地生态补偿、退耕还湿和矿山环境综合治理。2014～2017 年，投入 8500 万元，用于开展保护区及周边一公里辐射区基本农田和二轮土地承包耕地补偿、湿地生态补水、湿地生态修复、湿地周边环境整治、湿地保护项目等。在保护区内退耕还湿 1 万亩，生态移民 3 个村屯 526 户 1486 人，投入 7934 万元，更新改造 8 座泵站，实施生态补水，补水面积 82.5 万亩，投入 1.6 亿元实施湿地渠系改造清淤和扩大水域面积工程及矿山治理工程，建筑桥、站、闸等建筑物 152 座，涵 408 座，新建和清扩干、支渠 32 条 116 公里，环沟 216 公里，退养还湿 1000 亩，滩涂植被管理修复 448 亩，废弃垛场湿地恢复 780 亩、芦苇湿地平整与水系疏通 3 万亩，治理面积 64.05 万亩。制定了《保护区滩涂水产养殖清理和生态恢复计划》投入 3 亿多元，对近 6 万亩滨海湿地进行修复，这些项目的实施改善了湿地生态环境，提升了湿地保护区生态质量。

实施辽河河道封育和湿地重点区域封闭管理。2011 年回收、回租辽河干流河滩地 35820 亩，2013 年将辽河干流盘山闸至曙光大桥间河滩地退耕还河 27693 亩，共投入退耕还河资金 2.2 亿元，实现干流生态封育。按照 2015 年《盘锦市人民政府办公室转发辽宁辽河口国家级自然保护区管理局关于保护区内生产生活设施规范整改及生态恢复实施方案的通知》要求，清除鱼池 1800 亩，整改电力

线路27.2公里，地埋通信线路117.06公里，回填泥浆池50397立方米，封闭保护区入口19个，修建保护区管理大门3个。清理保护区内废弃油气生产设施，2012～2016年退出油气水井389口、井站8座、油田专用道路8条、油气集输管线104条、桥涵15座，拆除油田井场42座，拆除电力线杆20公里，通讯线杆落地7.6公里。2018年，油田计划退出油井44口，生态修复井站9处。

规范保护区内生态旅游项目。2013年编制了《辽宁双台河口国家级自然保护区生态旅游规划（2013～2020年）》，2014年得到国家林业局批复，并严格按照国家林业局批复，开展生态旅游设施建设，将建设项目控制在保护区实验区内，严格控制工程设施的规模和数量，修建的观景台和栈道全部为木质建筑，无永久性建筑，以减少对生态环境的破坏和影响。

通过湿地生态保护重点工程的实施，盘锦湿地得到了较好保护，水源涵养能力和生态功能得到增强，生态环境得到改善，减少了面源污染直排湿地，增加了湿地水系的连通性，湿地有效生态面积增加了1万公顷，湿地鸟类有了恢复性的增长，保护区也成为林业系统示范保护区，列入了《国际重要湿地名录》，被中国野生动物保护协会命名为“中国黑嘴鸥之乡”。2013年，被中央电视台等20多家单位评选为“中国十大魅力湿地之一”。

三、湿地保护中存在的主要问题和难点

盘锦在湿地保护管理中取得一些成绩，做出了一定贡献，但从湿地保护和可持续利用实际看，还存在着诸多问题和难点，湿地生态景观“破碎化”、湿地生态功能减退和面积减少的趋势并没有得到有效遏制，湿地利用还没有实现可持续性，与国家生态文明建设的要求尚存在差距。

（一）湿地生态景观破碎化，生态功能下降

农业生产、滨海养殖、油气开采、苇田生产、旅游开发等，造成自然湿地面积持续递减，人工湿地增加，湿地景观“破碎化”，生态服务功能降低。比如国家级自然保护区内有农田4039公顷、油气水井2752口、管线1461条、道路267条、桥涵111座，省级自然保护区有农田3985公顷、油井680口，不但改变了湿地的自然属性，造成湿地生态景观“破碎化”，管、井、道路的修建，也阻断

了自然物质的流通，生物被区域化；同时，稻田养蟹、养鱼、农田看护房和人员活动不断增加，以及农药、化肥使用的面源污染和原油泄漏引起的水体和土壤污染，造成了湿地生态功能和生物多样性不断下降。尽管油田已制定了《辽河油田自然保护区内已开发油田加快退出及生态恢复方案》，但要到 2047 年才能全部退出，这期间对生态环境、野生动植物的影响将持续存在。

（二）湿地缺水问题突出，生物生产力下降

盘锦市虽有自然河流 21 条，但湿地缺水问题依然严重，芦苇沼泽湿地春季灌溉难的问题非常突出。芦苇沼泽湿地淡水供给不足，造成植被变化，其中的 14 万亩，因不具备收割价值连续 4 年未收割。全市芦苇产量逐年减少，主要原因一是连续多年干旱造成辽河、大凌河流域淡水供给不足；二是资金投入不足，芦苇沼泽湿地水利设施老化、不完善、不配套，调水能力不足；三是部分区域受地质沉降影响，水利设施报废，不能修复，如东郭苇场红旗站，尽管水利部门已争取到水利设施资金，但在保护区内建设水利设施，相关手续不易办理。这些原因造成芦苇湿地供水不足，芦苇湿地生态退化严重，生物生产力下降。

（三）芦苇经济效益下降，职工收入偏低

盘锦现有苇场 3 个，生产职工 5904 人，其中辽河口经济区 5124 人，大洼区 780 人。近年来，芦苇生产效益降低，苇场经济困难，职工收入较低，在岗职工月均工资不足 600 元、待岗职工月均工资仅为 300 元，扣除社会养老保险、失业险、医疗险后，在岗职工月均实得工资不足 400 元，待岗职工月均实得工资仅 100 元左右；劳务输出到诚通集团的职工月工资也只有 1320 元，目前仅聘用 625 名，尚有 4499 名职工待岗，这些职工的生产生活问题难以解决。盘锦市各级人大代表和政协委员多次提案，建议国家尽快出台湿地生态效益补偿政策，但现在执行的湿地生态效益补偿试点只是给保护区内和保护区外 1 公里范围内耕地因野生动物损害农作物的补偿，对苇场职工和水域并无任何补偿，影响到苇田职工对湿地保护的积极性。

（四）湿地管理政出多门，执法力量薄弱

盘锦湿地管理涉及环保、海洋、国土、水利、林业等部门，湿地资源利用包括经济区、苇场、油田、水产养殖以及苇田承包经营人等，从湿地管理看，由于国家未出台湿地保护法，没有明确统一的湿地概念，湿地边界不清，不同土地类型交叉区域较多，湿地也没有得到确权，各职能部门依据各自职责进行管理，相互间难以形成合力。按照国家的行业管理职能划分，湿地管理由林业部门牵头，协调水利、国土、海洋等部门，但盘锦并没有一个统一、协调的湿地执法部门，就连已成立近 30 年的国家级自然保护区，现在也没有一个独立的管理机构，造成湿地执法力度不够，违法问题不能得到有效遏制和严惩。

（五）生态环境治理资金投入较大，地方财政难以承受

中央环保督察和“绿盾" 专项行动期间，为解决好保护区内历史遗留问题，恢复湿地生态环境和生态系统的完整性，采取积极修复的措施，拆除了一些影响湿地生态景观的设施和构筑物，主要为建于 20 世纪六七十年代的芦苇生产设施，如塘埔、苇垛等，其中大洼区拆除 130 余处 65000 平方米，红海滩管委会拆除栈道、观景厅等设施 30 余处，辽河口经济区拆除 14 处，拆除所需的大量资金，地方财政难以承受。

四、以创建国家生态文明建设示范市为契机，申请国家湿地保护工程和国家湿地城市

着力打好生态文明建设的持久战，树立和践行“绿水青山就是金山银山”的理念，加快创建国家生态文明示范市，启动申请国家湿地保护工程和国家湿地城市，加大湿地“封、拆、改、育”力度，保护好盘锦的“湿地个性”和“生态内涵”。

（一）积极修复退化湿地，提升湿地生态功能

编制《盘锦市湿地保护规划》，依照规划逐步实施，制订辽河油田在自然保

护区内开发油田退出和生态恢复方案，制订《盘锦湿地保护修复工作方案》，分区、分期进行湿地修复治理，积极争取国家生态修复治理资金，优先退出保护区核心区、缓冲区的油气生产、苇田生产等设施，对保护区核心区、缓冲区实施全面封闭、设施拆除、土壤改良等方式，开展生态修复，改善传统芦苇生产方式，保持足够水量，恢复渔业和生物资源。积极推进“蓝色海湾整治行动”，恢复滨海湿地自然岸线；加强鸳鸯岛保护，实施岛体保护工程、西侧辽河水道水动力恢复工程；开展海洋牧场建设，通过投放保护性鱼礁和资源放流增殖，恢复辽河口渔业资源。

（二）加快水生态修复工程建设，保证湿地生态供水

通过水库、闸、坝除险加固及改造，建设拦蓄工程、引调配水工程、抗旱应急水源工程、中小河流治理及湿地水系连通工程建设，构建水资源配置体系，保障供水安全；通过水土流失综合治理，湿地、水利风景区、城市河道生态工程建设，构建水生态保护体系，保障生态安全。开展湿地内水循环利用，通过将保护区核心区外围的水资源，在冬季收割时输送到保护区核心区存贮的方式，减少淡水排放入海的浪费，并改善保护区核心区、缓冲区的生态环境。

（三）发展替代产业，合理安置剩余劳动力

东郭、羊圈子两苇场职工大多以苇田养蟹为生，如果要修复湿地、做好保护工作，首先应该考虑当下5100多名苇场职工的生活保障问题，计划实行“一村一产”战略，引入劳动密集型企业，化解劳动力就业压力，在项目实施上需要上级部门政策、资金方面的扶持。

（四）学习先进经验，提升湿地管理水平

对标先进找不足，学习经验减差距，全面加强湿地保护，强化湿地利用监管，推进退化湿地生态修复，提升全社会湿地保护意识，建设生态文明和绿色盘锦。一是建设湿地博物馆，设立“盘锦湿地周”，开展广泛的湿地宣传，普及湿地科学知识，提高公众对湿地价值和效益的认识；建立湿地保护志愿者制度，动员公众参与湿地保护工作。二是建立湿地利用管控机制，按照国家、省主体功能

区定位和市生态保护红线划定的各类湿地功能区，实施负面清单管理，严格保护重要湿地。三是加大资金投入，开展湿地监测、湿地演替等基础性研究。以红海滩植被恢复和芦苇沼泽渔业资源恢复为重点，打造最美自然湿地景观和最丰富的河口鱼类产地，建立湿地保护和可持续利用有机结合的生态示范区。

（五）以机构改革为契机，切实解决湿地管理问题

针对湿地保护中的多头管理问题，应抓住本次机构改革和国家公园体制建设的有利契机，通过资源整合、机构改革，解决长期困扰我市湿地保护管理与合理利用的矛盾弊端，做好“创园确权”工作。一是创建“辽河口国家公园”，争取在国家创建第一个湿地类型的国家公园，将国家级自然保护区、省级自然保护区、红海滩国家海洋公园、双台河口水产种质资源保护区和辽东湾水产种质资源保护区全部纳入公园范围，整合林业、海洋、水利部门的湿地管理和执法职能，建立统一的管理和执法队伍，综合管理湿地资源；二是开展湿地确权，把湿地作为一个整体开展勘测调查，摸清全市湿地资源家底，划分登记单元，确定所有权，建立健全湿地保护制度；三是整合湿地旅游资源，统一规划，减少同质化开发项目，实施旅游开发区、封闭管理区和生态修复区分区管理，打出盘锦旅游特色和品牌。

（六）加大湿地投入，建立长效湿地生态补偿制度

科学制订全市湿地保护管理规划，树立可持续发展的思想，坚持湿地利用与保护相结合，坚持科学规划、合理利用、加强监测、生态补偿的原则，切实解决湿地保护与利用的矛盾。发挥政府投资的主导作用，形成政府投资、社会融资、个人投入等多渠道投入机制，进一步加强湿地保护、恢复、可持续利用、示范工程建设及湿地科研监测等工作。优先考虑保护区环境综合整治投入的资金，解决地方财政负担。建立湿地有偿使用制度和长效湿地生态效益补偿制度，对湿地区的乡镇财政给予补偿，解决财政困难。

资政建言七

关于深度对接京津冀协同发展战略切实加快辽宁海洋经济发展的几点建议

国家实施京津冀协同发展战略以来，辽宁省委、省政府赋予葫芦岛对接京津冀协同发展战略的重要使命，明确葫芦岛要建设成为对接京津冀协同发展战略的先行区和桥头堡。

走进新时代，依据新形势，认真学习贯彻落实习近平总书记在辽宁考察时和在深入推进东北振兴座谈会上的重要讲话精神，针对深度对接京津冀协同发展战略，切实加快辽宁海洋经济发展，提出五方面建议。

一、把握形势变化，抓好规划引领

自京津冀协同发展战略提出以来，其实施大致可以分为两个阶段。第一阶段是 2015 年 4 月审议通过《京津冀协同发展规划纲要》，从京津冀协同发展战略上升为国家战略到 2017 年 4 月设立雄安新区的两年时间。在这个阶段，由于北京转移产业和项目方向还不够清晰，发展核心区域还未明确，出现了各省区市尤其是京津冀周边省区市共同发力，争相承接转移产业和项目的情况，辽宁尤其是葫芦岛在这方面也取得了一定工作成果。第二阶段是设立雄安新区至今的不到两年时间。在这个阶段，由于发展核心区域已明确，北京产业和项目转移方向产生重要变化，各省区市的工作重心和打法也随之发生变化。特别是习近平总书记在京津冀考察，主持召开京津冀协同发展座谈会并发表重要讲话和 2018 年底中共中央、国务院批复《河北雄安新区规划纲要》，京津冀协同发展的新态势和雄安新区大规模建设的新时期即将开始。应该说，在深度对接京津冀协同发展战略上，雄安新区的设立是我们要面对的最大的形势变化，雄安新区的建设是我们最好的发展参照系。当前，雄安新区开发建设的方向和重点已确定，这使辽宁对接京津冀协同发展战略的空间领域明显收窄，工作余地明显变小。只有科学把握这个变化的形势，我们才能争取到更大的发展主动权。

为此，提出三项建议：

1. 深度研究《河北雄安新区规划纲要》，盯住雄安新区建设进展情况，紧抓大规模建设前的时间窗口，列出已引进、已签约、在推进、拟储备项目清单，对那些符合规划、产业、环保、安全规定的京津冀转移产业和项目，尤其是海洋经济产业和项目，有针对性地加大招商引资力度、加快招商引资节奏，建立重点引进标志性、支撑性项目“一对一”工作机制，以实际到资和达产达效为标准，实施项目奖励制度。

2. 深度挖掘自然禀赋、人文历史资源，明确沿海“向海”、走向“深蓝”是辽宁及葫芦岛在对接京津冀协同发展战略上，与雄安新区相比最大的基础优势和区位优势，坚持用好用足这个优势，做好海洋经济文章。积极把产业承接的重点由大量的重化工业项目转向海洋经济项目，把资源更多地向引进海洋经济项目倾斜。

3. 由辽宁省发改委牵头，会同省直有关部门、葫芦岛市政府及有关部门、县（市）区，对原有对接京津冀协同发展战略规划进行全面、科学评估。根据新形势，强化规划对接和协同，制定《辽宁省对接京津冀协同发展战略规划（2019～2023年）》，确保规划发挥地区优势，引领错位发展、差异发展、特色发展。突出优势，超前布局，把东戴河新区规划建设成为对接京津冀协同发展战略，进一步加快辽宁海洋经济发展的龙头平台。科学谋划，灵活运作，发展京津冀“飞地经济”，建设有规模、有分量、有影响的对接试点“飞地”。

二、发展特色产业，做强海洋经济

切实把辽宁及葫芦岛对接京津冀协同发展战略的着力点放在海洋经济上，有两方面深刻原因。从外部看，北京作为首都的核心功能、高端产业和创新资源是不可能大量转移的，即便移出，这类产业和资源会主要转向雄安新区，而低端的、传统的产业，又是辽宁及葫芦岛不需要的，海洋经济产业正是其可转移、又有发展前景且与雄安新区竞争性少的产业。从内部看，葫芦岛与北京比、与雄安比，最大的产业优势是发展海洋经济。应当看到，布局在沿海区域的产业并不都可以归类于海洋经济。辽宁沿海布局了石油化工、钢铁有色、船舶修造等诸多产业，有的海洋经济特色显著，有的海洋经济特点偏弱，有的甚至没有海洋经济特征。近几年，葫芦岛在引进和承接京津冀转移的装备制造、节能环保、商贸物流、教育医疗等项目上，取得了一些成果。但在承接和引进海洋经济项目上，还需要积极工作、实现突破。有的沿海城市在这方面已给我们树立了榜样，比如青岛，在发展各类港口、临港经济、外向经济的同时，把做大做强海洋科考产业作为海洋经济的重点来抓，已成为国家重要的海洋科考基地，凸显了海洋经济发展特色，促进了海洋经济发展。反之，辽宁及葫芦岛的一些沿海园区，把房地产业当作海洋经济特色产业，起高楼建别墅，不仅挤占了宝贵的临海资源，而且也没有做出海洋经济特色。

为此，提出三项建议：

1. 加大对葫芦岛泳装海洋经济特色产业发展的支持力度，集聚国家、省、市、县（市）区力量，在建设“政产学研会”协作机制、推进产业体系建设、完善产业集群模式、加强金融服务体系建设、把握产业升级技术路径、发展会展经济等方面形成合力，促进泳装产业做大做强和优化升级。

2. 坚持从辽宁及葫芦岛实际出发，在海洋装备制造、海洋旅游休闲、海洋文化创意三个领域，进一步打造和形成有特色、有实力、有影响的海洋经济产业集群。突出蓝色经济牵引，推动互联网、大数据、云计算、人工智能等现代创新科技与海洋经济的融合，积极打造海洋经济新产业新业态。以引进和发展海洋经济特色产业为引擎，一方面促进现有海洋渔业、海洋石化、船舶修造、港口物流等海洋经济传统产业板块转型升级；另一方面发展海洋科技教育、海洋文化创意、海洋国际合作、海洋生态保护、海洋体育运动等新增长板块，优化海洋产业结构。

3. 聚焦海洋经济发展，加强与京津冀有关中央企业、市（省）属企业、外资企业、民营企业、高等院校、科研院所、社会机构，特别是“国字号”海洋科研机构、海洋经济强校、海洋经济上市企业等联系和对接，分门别类列出工作对象清单，建立工作对象信息库，尽快构建合作项目库，打牢对接合作工作基础。

三、强化互通互联，建设物流中心

从当前看，葫芦岛要建设成为对接京津冀协同发展战略的先行区和桥头堡，发展好海洋经济，一个很重要的前提是改善交通条件，升级物流体系。不少人或许会说，葫芦岛的交通、物流基础和条件已经不错了。但实际情况并非如此。从三个方面可以看出：一是港口发展落后。这其中既有军事基地和军工企业的制约，也有建设后发劣势的影响，更有港口功能能力不足的拖滞，时至今日，葫芦岛港口还处于全港区未完全开放状态。二是高铁建设不够。葫芦岛和朝阳距离北京都是400多公里。2019年，京沈高铁全线将投入运营，结束朝阳没有高铁的历史，其将进入北京“1～2小时经济圈”范围，更易接受辐射和带动。而在辽宁沿海经济带各市中，葫芦岛到北京还没有严格意义上的高铁，与北京在互通时间上将没有优势可言。三是区域物流中心尚未形成。葫芦岛港口物流、公路物流、铁路物流“通道”特征明显，集聚效应不足，也不是辽宁西部快递物流集散中心。这些都对葫芦岛深度对接京津冀协同发展战略形成不利影响。

为此，提出三项建议：

1. 由辽宁省、葫芦岛市两级政府组成联合工作组，有针对性地做国家有关部委、军委有关部门的工作，尽早实现葫芦岛港口全港区的对外开放，不断增多港口航线。围绕建设与整合港口、发展临港产业和谋划辽宁至蒙古东部铁路通道，增强港口集疏运能力和多式联运能力。实施“东进、西融、北出、南联”港口发展战略，在北京、河北及其周边省区建立内陆港，拓展“一带一路”国家和地区市场，大力挖掘腹地货源，形成港口发展新优势，为对接京津冀协同发展战略打开新的出海通道，为融入“一带一路”倡议打下更坚实基础。

2. 加强与交通运输部、国家铁路总公司及中国铁路沈阳局集团有限公司的沟通与协调，通过对既有线路改造提速的方式，打造京葫互通新干线，有效缩短京葫互联互通时间。

3. 密切与国内外知名物流快递公司的联系，推动其在葫设立区域分中心，逐步形成对接京津冀物流快递中心。着力规划建设辽宁（葫芦岛）综合物流信息服务平台，加快构建高速度、大运量、快互通、低成本的物流体系。

四、坚持统筹施策，做好联动文章

对接京津冀协同发展战略，加快辽宁海洋经济发展是一项庞大、复杂的系统工程，牵涉面广，带动性强，影响力大。非统筹施策，不能见效；非互动联动，不能成功。这方面有不少正反两方面的例子可供我们借鉴。比如，曹妃甸是河北承接北京产业转移的核心区域，其最显著的工作成果是促成首钢集团搬迁落户。但从现状看，由于关联项目少、配套建设差、环保压力大、市场变化快，尤其是综合施策不到位等多种因素共同作用，其发展遇到了不少困难，更没有形成海洋经济发展新实力。在搬迁过程中，不少人才没有随企业一并迁到曹妃甸，而是留在了北京，既推高了企业运营成本，也造成了人才流失。

为此，提出四项建议：

1. 汇聚真知灼见，借鉴可行政策，制订《辽宁省深度对接京津冀协同发展战略若干意见》，在产业发展、人才引进、环境保护、公共服务等方面拿出“真金白银”政策，并出台专项配套政策，形成政策体系。打好政策“组合拳”，及时消除堵点和盲点，确保政策能落实能见效。

2. 由辽宁省及葫芦岛市共同研究、制订对接京津冀协同发展战略先行区人才政策，用好国家人才计划和项目，建立京葫人才合作机制，优先培育和引进海洋经济人才。做好“产业容器”，促进人才与重大产业项目、重大工程项目和重大科研项目的融合，做到“项目引进来，人才跟进来”。

3. 深入研究水、土地、生态、能源等资源的承载能力，合理整合和配置资源，慎重引入占地多、高能耗、高水耗项目，坚决防止污染项目落地。

4. 推动建立京津冀辽合作会商会机制并签订合作框架协议，率先加快辽冀两省、葫秦两市共同参加的联席会议、专题会商、高峰论坛等合作平台建设，形成葫芦岛—秦皇岛对接京津冀协同发展战略，发展海洋经济互动联动机制，促进错位发展、互利共赢。积极探索新型区域合作模式，不断提高合作效率效能。

五、创新体制机制，优化发展生态

深度对接京津冀协同发展战略，切实加快海洋经济发展，辽宁特别是葫芦岛还有许多工作要做。这其中一项很重要的工作就是进行体制机制创新、进行发展生态优化。在当前形势下，企业乃至产业对发展生态的关注程度日益提升，而发展生态的一项关键指标就是综合成本的高低。国内不少劳动密集型产业、企业陆续外迁到东南亚、南亚、非洲等国家和地区，以及一些产业、企业由沿海地区、一线城市向内陆地区、二三线城市转移，一个重要原因就是降低成本。比如，华为公司总部所在地深圳，体制机制不可谓不新，综合生态不可谓不优，但用人、住房、生活成本高企，连华为这样的有实力的世界知名公司也感觉吃不消，已把研发部门全部迁往东莞，发展生态的另一项重要指标是生态宜居。现在，环境好、生活易、节奏慢的中小城市对高端人才、年轻人的吸引力正在逐步增强，已是不争的事实，如果还拥有特色产业，发展更是不可限量。目前，北京、天津等京津冀一、二线城市生产、生活成本很高，“逃离”已是产业和人们的一种选择。葫芦岛作为沿海中等城市，具备成本低、环境好、生活易的优势，可以有所作为。

为此，提出三项建议：

1. 组建辽宁省对接京津冀协同发展战略工作委员会，决策重大事项，推进重点工作，解决重大问题。向上争取资金，汇集各方资金，择机设立对接京津冀协同发展战略基金，并建立海洋经济发展子基金。鼓励京津冀银行、证券、保险等金融机构在葫设立分支机构，用好各大银行促进海洋经济发展的融资额度，增强海洋经济发展金融支撑。

2. 利用丰富的旅游资源尤其是海洋资源，吸引京津冀游客，打造京津冀“后花园”“升级版”；利用宜居宜业环境，建设海洋生态型、生活型城市，做强价格竞争优势，发展好产业地产、居住地产；培育和做强农产品、海产品、蔬菜、水果产业特色优势，扩大品牌影响力，积极建设京津冀“菜篮子”和“果园子”；对标雄安新区，推进“放管服”改革，对重大项目提供全方位全程“管家”服务，争取更多项目落地落户；结合新型城镇化建设，处理好人—产—城关系，提高对新居民的服务质量和水平，切实打好环境好、成本低、服务优三张区域对接发展特色牌。

3. 推进园区资源整合与组合，对沿海重点园区进行新的发展定位、产业定位和创新定位，充实海洋经济发展内涵内容，率先对产业发展层次不高、海洋经济特色不强的沿海园区进行大刀阔斧的“腾笼换鸟”，腾出海洋经济产业发展空间，做出海洋经济发展特色，加快把辽宁东戴河新区、兴城滨海经济区、葫芦岛经济开发区建设成为海洋经济产业发展示范园区，集中力量规划、打造有特色、有实力的海洋经济小镇，推动海洋产业高聚集、高质量发展。

资政建言八

加快营口自贸区建设
为沿海开发开放增添新动能

营口沿海经济带建设初期到现在，沿海地区由废弃的荒地已变成营口地区的行政中心，逐渐发展为连接东北亚经济圈的重要枢纽，欧亚大陆桥的主要连接点，“一带一路”与自由贸易区建设的交汇处以及东北乃至国家向北开放的先行区。当风轻借力，一举入高空。营口的故事在风云激荡的 10 余年中，显得尤为波澜壮阔。

近年来的高速发展使得营口的开放载体日益完备，物流体系日臻完善，交通网络纵横发达，机场建设迅速扩张，“营满欧”“营蒙欧”等中欧班列相继开通，国家级经济开发区建设步入良性循环，7 家省级以上经济开发区从无到有，初具规模。自贸区制度创新取得积极进展，营商环境显著提升，营口成为“全国投资环境 40 优城市”之一，在国家发改委主办的城市信用状况监测中，名列全国第 19 位，居东北城市之首。

外向型经济发展取得长足进步。营口市外贸依存度由 2009 年的 14.1% 上升至 2018 年的 32.1%。2005 年至 2018 年，营口市进出口累计完成 3891.2 亿元，年均增长 9.7%。营口港年吞吐量由 2009 年的 1.76 亿吨上升为 2018 年的 3.7 亿吨，增长 110.2%；集装箱运量由 2009 年的 253.7 万标箱上升为 2018 年的 648.8 万标箱，增长 155.7%。2005 年至 2018 年，营口市累计实际利用外资 73.9 亿美元。截至 2018 年底，营口市累计境外投资总额 20.7 亿美元，涉及亚、欧、北美、非洲的 20 余个国家（地区）。

依托辽宁沿海经济带，辽宁自贸区于 2017 年 4 月 10 日正式挂牌运行，营口综保区于 2018 年 12 月 27 日通过国家正式验收。本文将就如何充分激发辽宁沿海经济带内在发展潜力，充分用好自由贸易试验区先行先试的制度优势，推动构建辽宁沿海经济带全方位开发开放新格局进行阐述。本文数据来源均为营口市政府各相关部门、单位公开数据。

一、营口是辽宁沿海经济带的重要组成部分

营口作为一座百年港城，早在1861年就成为中国东北第一个对外开埠的通商口岸。11个国家曾在营口设立领事馆，是东北面向世界的窗口，曾被誉为“关外上海”。营口地处渤海湾东北岸，东北亚经济圈中心。在国家“一带一路”倡议中，是既在“带”上，又在“路”上的城市，具有承启东西，连贯南北的枢纽作用。经过多年的发展，营口已形成海、陆、空三位一体的立体化交通物流网络。

海运方面，营口港是中国第八、世界第十一大港口，是东北三省连接日本、韩国、东南亚最近的深水海港；也是俄罗斯、蒙古、中国东北腹地最近的出海通道，与中国大连港相比，陆路运输距离缩短了200公里。

陆运方面，营口交通便利，高速铁路、高速公路贯穿全境。从营口出发，90分钟内可乘车抵达辽宁省内九个主要城市，6个小时内可抵达东北、华北大部分地区，十分方便快捷。

空运方面，营口兰旗机场的航空物流体系正在建设之中。目前，兰旗机场已开通至上海、深圳、海口、成都、西安等11个城市的航线。未来还将开通至日本等国家和地区的货运航线，助力航空物流等产业的发展。

目前，营口已成为全国现代服务业试点市和全国流通领域现代物流示范市，营口港与全世界40多个国家和地区的140多个港口通航，共开通中欧国际班列12条。内贸航线覆盖全国30多个主要港口，国内主要大中型内贸船公司均在此布局重点航线，内贸下水重箱生成量位居全国第一。2018年海铁联运量完成82.3万标准箱，同比增长27.7%，单港区海铁联运量位居全国首位。

二、自贸区是沿海经济带的重要平台载体

辽宁沿海经济带与自由贸易试验区是两大国家发展战略，两者之间存在紧密

的内在关系。辽宁自贸试验区建设的战略定位是要以制度创新为核心，以可复制可推广为基本要求，加快市场取向体制机制改革、积极推动结构调整，努力将自贸试验区建设成为提升东北老工业基地发展整体竞争力和对外开放水平的新引擎。要经过三至五年改革探索，形成与国际投资贸易通行规则相衔接的制度创新体系，营造法治化、国际化、便利化的营商环境，巩固提升对人才、资本等要素的吸引力，努力建成高端产业集聚、投资贸易便利、金融服务完善、监管高效便捷、法治环境规范的高水平高标准自由贸易园区，引领东北地区转变经济发展方式、提高经济发展质量和水平。

在大连、沈阳和营口三个片区中，各自的战略定位和发展方向也有所不同。大连正在努力打造东北亚国际航运中心，在自贸区建设中则倾向于推进贸易便利化改革。沈阳作为东北中心城市，依托于其较为完备的工业体系，则更侧重于装备制造业的转型升级和国资国企改革。而营口，则依托其天然的区位优势和港口资源，正着力打造区域性国际物流中心和国际海铁联运大通道的重要枢纽。

三个片区的错位发展，必将为我国全面深化改革和扩大开放探索新途径、积累新经验，在辽宁沿海经济带协同发展和我国经济转型发展中发挥示范、引领、辐射与联动作用，成为推动辽宁沿海经济带开发开放的超引擎助推器。通过通道体系、物流体系、贸易体系、双向投资体系、港航金融服务体系、人才保障体系等建设，促进区域内生产要素的有效再配置，加速资源与要素流动，提振区域外贸与外资发展，推动辽宁沿海经济带的产业结构调整与重组。

目前，辽宁省政府已经出台了《关于自贸区和省内重点园区协同发展的意见》，营口市政府和盘锦市政府也出台了《营盘一体化建设发展实施意见》，辽宁自贸试验区的改革创新成果，已经先行向作为协同区的辽宁沿海经济带其他城市复制与推广，通过政策与机遇共享，为辽宁自贸试验区发挥对外开放高地的综合优势奠定坚实的基础，引领了东北地区经济发展方式转变和产业转型升级。

此外，通过近两年的积累培育，自贸试验区的平台效应和改革红利逐渐释放，对地区的经济拉动开始逐步显现。以营口片区为例，2018 年新增注册企业 3150 户，综合运营率达到 35%。财政收入完成 6.85 亿元，实现翻一番的目标。外贸进口总额完成 9.58 亿元，同比增长 27%；外贸出口总额完成 21.9 亿元，同比增长 70%。高新技术产品产值完成 66 亿元，同比增长 30%。规划年运量 2000 万吨中俄粮食走廊、木材码头、高精尖医疗装备、智能安防装备产业化制造基地等一批重大项目相继落户，标志着自贸区大物流、高科技产业框架初步形成。

三、辽宁沿海经济带开发开放及自贸试验区建设需要解决的问题

从沿海经济带角度分析，辽宁沿海经济带的开放战略与国家的开放战略是同步的，但从辽宁沿海经济带开发开放路径来看，未能形成一体化的发展格局，究其根源还在于整个城市群除大连市外，各个城市的经济实力较弱，经济总量较小。同时，各个城市的主要外向产业发展水平较低。对区内资源的集聚程度较高，而辐射作用相对不明显；就出口结构而言，出口商品仍以低附加值的商品为主，产业结构亟须优化；产业集聚相对孤立且缺少具有带动作用的项目，产业园区分别依托于不同城市，竞争大于合作；体制机制尚不完善，现有的行政规划和管理体制仍然不适应市场经济发展的需要，这是“带”与“区”深度融合推进沿海经济带开放的关键“瓶颈”。

从自贸区建设角度看，各个片区的自贸特色还不够突出，差异化改革和特色案例创新培育需要加强。营商环境打造上，重点还在低水平的审批改革及制度上徘徊，未能在法治、政务和市场环境等方面多点发力，综合施策；队伍建设滞后，党员干部的专业化水平、国际化视野、思想观念、工作作风等都与所承担的改革创新任务和设立自贸区的要求仍有差距，尤其是高层次和专业型人才缺乏。新产业、新业态尚处在培育期，招商引资还在打“遭遇战”。

解决以上这些问题的根本“法门”还在于，加快释放自贸试验区的创新优势，重塑沿海经济带城市群空间布局。基于城市群中不同城市个体的“体能”和“能量级”，深度探索实施“一轴、双核、两翼”的空间布局。其中“一轴”是指丹东—大连—营口—盘锦—锦州—朝阳—葫芦岛的沿海经济带主轴；“双核”是指大连、营口两个自贸片区；“两翼”是指渤海翼（营口—盘锦—锦州—葫芦岛渤海沿岸）和黄海翼（大连—丹东黄海沿岸及主要岛屿）。

自由贸易试验区的设立，为辽宁沿海经济带城市之间合作带来了新机遇，由原来的区域政府间合作为主的模式向有更高层面规划引导、更深层次产业一体化支撑、更明晰发展目标牵动的区域协同发展模式转变。但我们也需切实明确，城市定位不是一成不变的，随着时间的推移，城市阶段性发展目标的实现以及城市群内其他城市定位变化等一系列内外部因素的变化，都会造成城市定位支持基因的变化，就需要对城市定位做出适当的调整、重新定位，进而生发出叠加效应和

互补效应，实现以自贸区为引领的“一轴”城市群的协同发展目标。

四、以自贸区建设为契机，构建辽宁沿海经济带开放新高地

开放是自贸试验区建设的主体，也是沿海经济带开发的核心要义。要不断深化沿海经济带与自贸试验区的协同融合发展，站在新的时代背景和国家发展战略需求视角，运用全新的理念、全新的思维，构建完整的战略支撑体系。

一是构建集约化的通道体系。充分利用“辽满欧”“辽蒙欧”“辽新欧”“辽海欧”（含北极东北航道）等综合运输大通道，支持发展中欧班列，拓展外向新通道。进一步畅通辽宁与“一带一路”沿线国家的经贸联系，积极参与中蒙俄、中巴、中国—中亚—西亚等“一带一路”经济走廊建设。以中蒙俄经济走廊建设为契机，推进中蒙俄东线铁路走廊项目建设，形成辽宁港口与蒙古东线铁路以及西伯利亚大铁路便捷连接的新国际大通道。加强环渤海翼、黄海翼各产业园区之间的合作与交流，建设覆盖经济带各园区和腹地各节点城市的物流网络体系，以大连大窑湾保税港区、营口综合保税区为中心、营口港、盘锦港保税物流中心及内陆无水港为节点建立东北保税物流网络。

当前，营口自贸区积极策应“五国四方”格局下“北上南下东进西拓”大通道建设，以“中俄粮食走廊”项目为契机，创建现代物流创新发展试点城市，开展无人机航空物流多式联运创新试点，打造国家级临空经济示范区，推进疏港铁路进入营口综合保税区，建立“一带一路中欧班列回程集散中心”，升级海关功能、提升海关效率，助力辽宁沿海经济带融入东北亚通道体系建设。

二是构建全触角的物流体系。大连、营口可以利用制度创新的平台，实现沿海经济带形成以“物流”为支撑的区域供应链和贸易链。加快建设大连东北亚国际航运中心、营口区域性国际物流中心，营口中欧班列回程集散中心、盘锦分拨转运中心，健全和完善口岸综合服务系统，开展跨部门、跨区域口岸通关合作，逐步形成集商贸物流、金融保险、信息咨询、口岸通关、航运代理、海运结算与保险、后勤补给、海事支持等多种服务功能于一体的现代化物流服务体系和开放口岸。此外，还要综合考虑海港与陆港的分工体系问题，以及铁路、公路和水路之间的多式联运问题，通过海港和铁路形成高效的集疏运运输体系。

当前，营口自贸区立足“一带一路”沿线国家和地区的市场发育和发展，

依托中俄粮食走廊项目、汉吉斯冷链物流项目等，梳理供应链管理理念，强化物流场站和海外仓建设，推动在俄罗斯境内建设粮仓集群（29个），通过多点布局，逐渐实现辐射区域、产品类别和服务类别的全覆盖。此外，营口自贸区国际邮件（快件）处理中心即将运行，通过简化快递业务经营许可程序，加速创建中国快递示范城市，推进联盟甩挂、接驳甩挂等新型甩挂运输模式，将40英尺硬开顶集装箱列入国家标准化示范项目，开展绿色低碳联运服务和创新试点。

三是外向型的贸易体系。自贸区是经济全球化和区域经济一体化的产物，同时也是中国经济深化改革的产物。以自贸区为承载，引领区域经济在增强资源配置能力的同时，重塑辽宁沿海经济带的经济结构；优化出口商品结构。以科技核心技术为支撑，加大研发投入和市场开发力度，推进加工贸易转型升级，提升产业层次和加工深度，提升产业的价值链和产品的附加值。优化对外贸易方式。逐步实现对外贸易增长方式由粗放型向集约型的转变，鼓励企业坚持自主创新，打造自主品牌，逐步向中高端产品和生产制造环节延伸发展。优化外贸市场结构。发挥辽宁沿海经济带优势产能输出的基础优势，利用自贸区的开放平台，形成以创新为核心、以产业为基础、以城市合作为载体、以自贸区为核心引擎、以开发开放为标识的沿海经济带贸易合作新渠道。

当前，营口自贸区利用综合保税区对外向型企业的扶持政策，积极引进大型外贸出口型企业，大力发展服务贸易、改善对外贸易结构，发挥营口片区在安全应急装备、环保新材料、汽车零部件等方面的产业优势，积极帮助企业走出去，解难题、拓市场。依托"贸能港国际商品展示中心项目"和"东胜进出口商品交易平台项目"，深化贸易领域的改革创新实践，推动设立"一带一路"技术贸易措施企业服务中心建设。积极打造国际高端镁制产品、粮食等大宗商品集散交割中心，全力推动在市场开放领域的国际贸易综合改革试点、海关特殊监管区域企业增值税一般纳税人资格试点、贸易多元化试点、消费金融公司试点等开放型经济新体制综合试点落地。

四是多元化的双向投资体系。强化以产业竞争为基础的内生联动，形成互补互动的产业链条，强化内在经济联系，充分释放不同城市的基础条件以及政策要素的活力。在投融资合作方面，要以产业链分工和协作配套为重点，充分发挥沿海经济带技术创新优势及强大的投融资支撑优势，坚持专业化、高端化发展方向，以大连、营口、丹东等城市的高端装备、航运物流、文化创意、会议展览、旅游服务、大健康产业、专业服务等为重点，构建错位发展、优势互补、协作配套的现代产业体系及配套的投融资服务，在产业链条较长、发展空间较大的重点领域，加强对接协作，引导合理分工。

当前，营口自贸区致力于创建辽宁“一带一路”综合试验区和“16+1”中东欧经贸合作示范区的核心区域，重点推进中国（辽宁）—捷克产业合作园区项目和“中俄农工产业经济贸易合作区”项目，深化与罗马尼亚、匈牙利、波兰等中东欧国家的经贸合作，扶持营口玉原集团在罗马尼亚建立辽宁境外工业园区项目，协调有关国家推进其在建欧洲最大的“装备制造业产品示范中心”建设。

五是现代化的港航金融服务体系。沿海经济带金融业的业态和体量规模总体而言还不强，要充分发挥大连作为区域性金融中心的牵动作用，优化金融资源配置能力。发挥自贸试验区金融创新示范作用，特别是在金融产品、业务创新和金融监管简政放权方面的示范作用，将经验推广到其他城市。积极探索金融服务业负面清单管理模式，增加外资金融机构数量，不断丰富民营金融机构类型。发挥自贸试验区金融机构和服务平台作用，积极与国家开发银行、国家进出口银行等政策性金融机构合作，为沿海经济带内企业提供银团贷款、出口买方（卖方）信贷、境外资产抵押贷款等优惠贷款及技术援助贷款，拓展投标保函、履约保函、预付款保函、质量保函等保函业务，优先保证融资需求，支持重点企业“走出去”。

当前，营口自贸区致力于创建物流金融改革试验区，打造“金融港”金融服务平台，利用营口片区金融集聚优势，大力发展航运金融产业，推出了一批制度创新案例，加快与国际接轨的相关业务标准制定和模式推广。谋划建立航运产业引导基金，积极引进国际知名的传播融资、航运保险、资金结算机构，不断完善金融服务体系建设。积极繁荣大宗商品现货中远期交易，加快国际贸易“单一窗口”建设，推进大数据信息化平台应用，不断完善物流信息平台、电子口岸建设，提升港航服务效率和水平。

六是高端化的人才支撑体系。深入自贸试验区与沿海经济带创新要素集聚的本质，就是要激发要素市场活力，实现市场间要素充分流动与融合，而人才是最核心的要素资源。要构建生态最优的人才开放体系，树立开放的人才工作理念，突出社会化、市场化导向，打造宜业宜居的人才生态环境和系统完备的人才需求体系。利用沿海经济带城市内的高等教育、科研机构及智库资源，建立健全系统完备、高效对接的人才供需体系，促进人才规模、质量和结构与经济社会发展相适应、相协调。

当前，营口自贸区充分发挥专家咨询委员会的智库作用，建立“专家组+自

贸区 + 主管部门 + 企业”多部门参与的工作机制，共同解决发展过程中的堵点和难点，实现政企互动、内外联动，协同创新，确保改革创新成果的前瞻性与实效性。探索放宽管委会员聘用人员的身份限制，对于特定需求人才，建立招聘录用的快捷通道。谋划建立企业性质的高端智库机构，高薪聘用研究型专业人才参与自贸试验区建设。根据国家赋权，出台有关政策，支持企业增强用工灵活性，承接独立审批中外合资和外商独资人才中介机构设立有关权限。

五、营口自贸区引领辽宁沿海经济带开发开放的重点工作

一是要强化制度创新，推进营商环境持续优化。充分学习借鉴上海等先进地区经验，聚焦发展需要和企业需求，在重点领域先行先试。进一步落实《国务院、商务部要求复制推广自贸试验区改革试点经验》和《辽宁自贸区总体方案》，制度创新任务完成率要达到两个100%。全年形成典型案例30项，20项全市推广，10项全省推广，1项全国推广。同步谋划自贸区升级版，探索形成《营口片区进一步深化自由贸易试验区改革开放的实施方案》。创造性落实好国发〔2018〕38号文件“53条”措施。对照普惠支持的39条探索任务，主动争取上级部门支持，逐条研究，细化落实。通过“互联网 + 政务服务”实现政务服务公开透明、可预期；加快自贸试验区大数据平台建设，实现行政审批、综合监管、社会信用体系和激励惩戒机制有机联动。赋予“16 + X”以新的生命力，从以严格审核为主的准入前审批转为以信用为支撑的事中、事后的管理模式，从市场准入的严格审查转变为强化维护市场秩序、提升服务市场主体水平上。升级建设项目全流程改革创新，从立项用地规划许可、工程建设许可、施工许可到竣工验收全链条有效压缩审批时限。对营口片区工业用地挂牌出让流程进行突破，提升工业用地挂牌出让到不动产登记的办理效率。

二是推进综合保税区封关运营，添补城市功能空白。营口综合保税区是大连关区唯一的综合保税区，营口综保区的设立对于加快补齐自贸区功能性短板，发挥中国与俄罗斯、日本、韩国、朝鲜、蒙古经贸往来的中转枢纽功能具有重要意义。要利用好综保区和营口港的平台优势，探索“港口 + 海关特殊监管区域 + 多式联运”的主要业务框架，把管理资源集中到监管服务的重点方向上，在人员培养、机构设置、产业入区、信息化平台建设等方面，全力保障营口综合保税区运营发展。要按照海关总署要求，推进市场化运作模式，组建营口保税集团，围绕

“五大中心”建设，加大招商引资力度，加快发展保税贸易、金融结算等新型服务贸易，带动进出口业务开展，推进现代服务业快速集聚。完善健全综保区的冷链仓储、恒温库、跨境电商保税库等基础服务设施，夯实综保区内相关项目的建设，做好相益食品、省供销社、俄罗斯 AVG 与光明集团、嘉华枫糖、绥芬河良运公司等项目的落地和服务。全面落实综保区内的制度复制和创新工作，落实好国家赋予综合保税区的相关扶持政策。加快营口市邮件快件处理中心各个场站的申请设立工作，全力推进驻邮办、国际快件、跨境直邮功能的实现。

三是实施自贸区和营口港、重点园区的协同发展。积极融入大连自由贸易港建设，探索适时将营口港保税物流中心做为营口综合保税区“一区两园”的 B 区，升级为综合保税区，推进保税展示业务、期货保税交割试点、仓单质押融资等功能落地营口港。进一步完善和发展以多式联运业务为主体的“东南沿海—营口—欧洲”集装箱公铁水多式联运物流主通道，推动建设多式联运海关监管中心。进一步贯彻《关于推进中国（辽宁）自由贸易试验区与重点产业园区协同发展的指导意见》，探索更多可复制、可推广的制度创新成果，将营口片区先进经验向市内重点园区、开发区复制推广。积极发展“飞地经济”，推动营口片区与沿海产业基地、仙人岛能源化工区以及省内其他重点园区项目合作，共同研究商定项目规划建设、运营管理、利益分配等事项，签订规范、详细、可操作的合作协议。积极争取省自贸办支持，推动沈阳、大连、营口三个片区工作交流常态化，避免各自为战和恶性竞争。进一步扩大与国内其他自贸试验区的交流合作，积极举办中国自由贸易试验区协同开放发展论坛，世界自贸区论坛、自贸区高端论坛等活动，争取与先进自贸试验区签订《战略合作协议》。参与京津冀协同发展、长江经济带发展和粤港澳大湾区建设等国家重大战略，把握营口市与江苏连云港市、太仓市，浙江温州市，广东佛山市，福建泉州市对口合作的有利机遇，签订并落实对口合作框架协议，打造重点产业合作典型示范。

四是积极打造“16 +1”中东欧经贸合作示范先行区核心承载区域。结合区域性国际物流中心建设，推动面向中东欧国家的中欧班列提质增效，逐步提高中欧班列的开行数量和频次。探讨举办中国营口—中东欧经贸合作论坛和中东欧国家投资贸易峰会、友好合作推介会等活动，扶持企业参加中东欧国家重点展会，有计划地到中东欧举办贸易投资洽谈会，在营口片区商展中心建立中东欧国家商品展示馆，举办中欧东商品购物节，打造国际性、品牌性、时尚型的购物节会。积极推进中捷经贸合作示范园区建设，加速捷克跨国公司地区总部、中小企业、贸易投资促进机构等市场主体在营口聚集，推进捷克水晶、啤酒、化妆品、机床等优势产业落户营口，并以捷克为突破口和示范样板，将合作方式、内容、路径逐步辐射至中东欧其他国家。

综上所述，辽宁自贸试验区营口片区利用自身的区位优势、产业基础，积极谋划，主动作为，通过一系列务实举措，推动了沿海经济带开发开放步入新阶段。2019 年，是营口片区建设发展的第三个年头，也是检验自贸区建设成果的关键之年，营口将按照党中央、国务院和省委、省政府的指示要求，进一步解放思想、求真务实，推进各项工作迈上新台阶。